W0203018

B&B Italia

Linda van Rijn

B&B Italia

uitgeverij marmer

PROLOOG

ZE WIST NIET ZEKER OF DE SCHREEUW DIE DOOR DE warme nacht klonk van haarzelf afkomstig was. Haar keel voelde rauw, haar huid gloeiend heet. De lucht was drukkend en rook naar vocht en bloemen, als een zwaar parfum. Puntige stenen boorden zich in de onderkant van haar blote linkervoet, de bandjes van de sandaal aan de andere voet begonnen het te begeven. Met al haar kracht rende ze, ook al leek het of haar longen elk moment konden exploderen. Ze moest het terrein af, de weg op. Daar zou hulp zijn. Een auto of misschien een huis waar ze naartoe kon rennen. Hoe ver zou het zijn in dit afgelegen gebied? Honderd meter? Tweehonderd?

Niet over nadenken, alleen maar rennen. Er zou iemand komen, of iets. Een oplossing. Dat kon niet anders. Ze kon hier niet sterven. Niet zo, en niet door hem. Natuurlijk had ze hier vanavond niet moeten komen, ze had niet eens moeten opnemen. Hoe zei Leonora dat ook alweer? Als ze bellen vanaf het feestje waar je blijft, is het feestje niet leuk genoeg. Of woorden van die strekking.

Het feestje was niet leuk geweest. Het was niet eens een feestje.

'Ik vertel alles!' had ze geroepen, woedend en gefrustreerd. Dat was het moment waarop de toch al gespannen sfeer ronduit ijzig was geworden. 'Ik doe het', had ze er hijgend van woede aan toegevoegd. 'Ik maak je kapot.'

Bij die laatste woorden had ze een verandering in zijn blik gezien die haar achteruit had doen wankelen. Misschien had ze die woorden niet moeten zeggen, misschien meende ze ze niet eens. Maar ze had gevoel, heel veel gevoel zelfs. En daar was hij overheen gewalst alsof ze niets voor hem betekende.

Angst, dat was wat ze bij hem zag. De meest gevaarlijke emotie. Ze had moeten weten dat het verkeerd zou aflopen. Ze had moeten stoppen met praten, gewoon weggaan. Maar dat had ze niet gedaan. In plaats daarvan had ze haar boodschap herhaald, keer op keer, schreeuwend. Tot hij zich op haar had geworpen, die vuist tegen haar slaap, het in haar oor gesiste dreigement waarvan ze wist dat hij het meende.

Struikelend kwam ze bij het einde van het pad. Ze zag het lampje dat met gelig schijnsel het gietijzeren hek verlichtte. Ze viel er met haar hele gewicht tegenaan. Een nieuwe kreet klonk toen het hek meegaf, deze keer was ze het wel zelf. Knarsend deden de oude scharnieren hun werk. Ze gaf zichzelf geen tijd om na te denken en sloeg rechtsaf, zonder reden, niets dan een gok. Aan de stem achter zich hoorde ze dat de afstand tussen hen afnam. Ze dacht aan haar telefoon op tafel, ver weg en nutteloos.

'Hé!' De stem was nu verstaanbaar. 'Stop!'

Ze wist niet precies waar ze de kracht vandaan haalde, maar ze verhoogde haar tempo nog wat meer. Aan de ondergrond van losse stenen en oud asfalt haalde ze haar voet open. In de verte zag ze koplampen – of verbeeldde ze zich dat alleen maar? Haar sandaal begaf het definitief en bonkte bungelend aan alleen een leren enkelbandje tegen haar voet. Ze gunde zichzelf geen tijd om te stoppen en probeerde al rennend om de schoen los te rukken.

Het was natuurlijk al die tijd kansloos geweest. Ze verloor te veel snelheid, struikelde over haar schoen of haar been of haar arm, dat wist ze niet eens. De huid van haar gezicht brandde toen die langs het asfalt schuurde. Ze trok aan de schoen, die eindelijk meegaf. Voortgestuwd door angst krabbelde ze overeind en rende verder, maar het was te laat. Het was verloren. Twee stevige handen kregen haar bovenarmen te pakken en dwongen haar tot stilstand. Ze vocht om los te komen, maar hij gaf niet mee, nog geen vijf centimeter. Dichtbij klonk gehijg, zo dichtbij dat ze warme adem langs haar oor voelde strijken. Er klonk een woord, hard en bijtend, maar ze verstond het niet. Het enige wat ze kon bedenken was gillen, zoveel mogelijk lawaai maken. Als er iemand in de buurt was, zou diegene haar horen. En helpen. Ze kon de lichten van het volgende huis al zien. Verscholen tussen struiken, maar geluid droeg ver in een nacht als deze. Hysterisch schreeuwde ze, huilde ze. Zonder straatverlichting was de blik in zijn ogen niet te zien, zelfs niet op zo'n korte afstand. Maar zijn bewegingen spraken voor zich. Hij vouwde haar armen naar achteren, zoals agenten doen bij een arrestatie. Daarna trok hij haar naar de grond, rukte aan haar handen, plantte zijn hand over haar mond om haar te laten zwijgen, maar ze zweeg niet.

Ze sperde haar ogen open. De koplampen die ze had gezien vervolgden hun route over een lagergelegen weg. Heel even was ze stil om haar adem te verzamelen. Het geluid van krekels drong haar oren binnen, verder niets. Ze begon opnieuw te schreeuwen, wat hem iets wat op een vloek leek ontlokte. Over haar hele lichaam beefde ze, maar toch verzamelde ze al haar kracht om zich nog één keer aan hem te ontworstelen. Ze voelde dat hij zweette. Hij hijgde ook. Ze was sterk, voor het eerst dacht ze dat ze misschien wel sterker was dan hij. Ze richtte zich op, onder haar lichaam voelde ze losse steentjes knarsen. Haar been stootte hard tegen rafelig asfalt. Ze proefde bloed en iets wat naar aarde smaakte. Ze negeerde de pijn en kwam verder overeind. In de verte verschenen nieuwe koplampen.

Hij gromde en riep iets, ze wist niet naar wie. Daarna stortte hij zich met een kreet op haar. De knie die hij tegen haar rug ramde, voelde als een dolk door haar longen. Ze probeerde lucht naar binnen te zuigen, maar had het gevoel dat ze stikte. Plotseling wist ze heel zeker dat ze nooit meer thuis zou komen. Dat als ze nu haar ogen sloot, ze ze nooit meer zou openen. Daarom sperde ze ze open, wanhopig op zoek naar een uitweg. Nog één keer gilde ze, maar het geluid ging verloren in de zwoele nacht. Het laatste wat ze voelde was een verstikkende klem om haar keel. Ze viel zonder te landen, steeds dieper, tot niets anders dan een grote, zwarte ruimte haar helemaal omringde.

Hoofdstuk 1

'EN DAN WENS IK JULLIE EEN GOEDE TERUGREIS.' Babette van As keek glimlachend naar het oudere stel dat net de sleutel van hun kamer bij haar was komen inleveren. De twee Nederlandse mensen met wie ze in de afgelopen dagen leuke gesprekken had gevoerd, stonden nu met gepakte koffers in de keuken en zeiden haar gedag met een welgemeende omhelzing.

'We komen zeker terug', beloofde Ria, met haar zeventig jaar de jongste van de twee. 'Er zijn een paar wandelingen die we heel graag nog willen maken.'

'Wellicht al in het najaar', vulde haar man Rob aan. Babette had met bewondering toegekeken hoe het stel bijna elke ochtend de wandelschoenen had aangetrokken, soms zelfs voor een wandeling van vijftien kilometer of meer. In de middag kwamen ze dan terug, een beetje verhit maar verder niet noemenswaardig vermoeid. Tot haar schaamte moest Babette bekennen dat ze in de drie jaar dat ze nu in Italië woonde slechts twee keer een wandeling van meer dan tien kilometer had gemaakt, en elke keer met zeker een dag lang spierpijn tot gevolg, met dank aan de heuvels en ongelijke paden.

'Ik kijk er al naar uit', zei Babette als antwoord op de opmerking van Rob. 'Ik zorg dat jullie dan opnieuw kamer 7 krijgen.'

Het stel had haar wel tien keer gezegd hoe blij ze waren met hun kamer op de eerste verdieping, die zo'n mooi uitzicht bood over de tuin en het omringende heuvellandschap.

'En die heerlijke *pasticciotto leccese* bij het ontbijt', zei Ria en haar gezicht kreeg iets dromerigs bij de gedachte aan de zoetigheid uit Lecce.

'Beloofd', lachte Babette en na nog een laatste omhelzing liep ze met het stel mee naar buiten. Ze keek toe hoe ze in hun huurauto stapten en zwaaide tot die uit het zicht was verdwenen. Even bleef ze staan, draaide haar gezicht naar de zon en sloot haar ogen. Er was geen wolkje aan de hemel en hoewel het nog ochtend was, voelden de stralen van de zon aan alsof het warmste moment van de dag al was bereikt. Babette opende haar ogen weer en liet haar blik over de binnentuin gaan.

Tegen de witte muur die het terrein omheinde groeide oleander, die met zijn roze bloemen kleur gaf aan de tuin. Her en der stonden olijfbomen, afgewisseld met laurier en vijgenbomen, die over een paar maanden zoveel vruchten zouden geven dat ze heel wat potten kon vullen met haar zelfgemaakte jam.

Babette haalde diep adem. Een licht briesje voerde de bloemige geur van oleander naar haar neus, vermengd met het kruidige van de laurier. Ze liep naar de pergola die met klimop was begroeid en zette de terrasstoelen recht. Daarna schikte ze de kussens op de loungebank zodat het zitje er weer uitnodigend uitzag voor gasten die hier van hun kopje koffie wilden genieten.

'Babette?' Vanuit de opening van de keukendeur klonk de stem van Gioia, Babettes vaste kracht in de B&B. Door Gioia's Italiaanse tongval klonk de naam meer als 'Babetta'. 'Er willen mensen uitchecken.'

'Ik kom eraan.' Babette wierp nog één kritische blik op de tuin, raapte een paar blaadjes op van het zandkleurige grind en liep daarna terug naar de keuken. Daar hielp ze de gasten, een jong stel uit Engeland, en nadat ze hen gedag had gezegd, keek ze naar de lichte chaos die de keuken net na het ontbijt altijd typeerde. De koekenpan van de eieren stond op het fornuis, de lege broodmanden stonden nog op het kleine buffet en het koffieapparaat liet knipperend weten dat het water op was. Dat laatste loste ze eerst maar eens op, zodat ze voor zichzelf en voor Gioia een cappuccino kon maken.

Even uitrusten voor ze zich op het opruimen zouden storten.

Van koffiedrinken zou daarna niet veel meer komen, want er wachtte haar een drukke dag. Nog eens zes gasten checkten vandaag uit en hun kamers moesten op orde worden gebracht voor er vanmiddag weer nieuwe mensen arriveerden. Gelukkig zou Gioia een deel van het werk op de kamers voor haar rekening nemen, maar dan nog bleef er genoeg te doen over. Het beddengoed moest gewassen geworden, de administratie op orde gebracht. Babette ontving nieuwe gasten altijd met een paar verse bloemen op de kamer, dus ze moest naar het dorp om die te kopen. En vanmiddag stond er een afspraak met de gemeente op de agenda – eentje waar ze met enige nervositeit naar uitkeek. Ze sprak genoeg Italiaans om zich in het dagelijks leven te kunnen redden, maar ze wist niet zeker of haar woordenschat toereikend was om haar plannen en enthousiasme overtuigend te kunnen overbrengen. Belangrijk was het wel, want de aankoop van het braakliggende stuk grond naast de B&B – de reden van haar bezoek – bepaalde deels haar toekomstplannen. Daar wilde ze de tuin uitbreiden en een zwembad aanleggen. Hier, in het meest zuidelijke deel van Italië, kwam de temperatuur in de zomer ruim boven de dertig graden uit. Dan zou het heerlijk zijn voor haar gasten om na een wandeling of dagje weg te kunnen afkoelen in het blauwe, ovale zwembad dat ze al sinds het begin van de B&B voor ogen had. Bastiaan had zelfs nog voor de opening van de B&B al bij de gemeente geïnformeerd, maar destijds was hij al snel verdwaald in het web van onduidelijke bureaucratische procedures en onbegrijpelijke aanvraagformulieren – iets waar ze bij het realiseren van hun Italiaanse droom toch al zo vaak in verstrikt waren geraakt. Bovendien was tijdens de verbouwing de bodem van hun spaarrekening en van de lening die ze bij de bank hadden, sneller in zicht gekomen dan ze hadden gedacht of misschien vooral: gehoopt. Het hele project van het zwembad was naar de achtergrond verdwenen, maar nu de B&B goed draaide, de lening deels was afgelost en de spaarrekening weer aangevuld, wilde Babette graag een nieuwe poging wagen. Van de procedures die haar eerder nog weleens tot wanhoop hadden gedreven, lag ze ook al niet meer wakker. Wat dat betreft had ze in de drie jaar in Italië veel geleerd. Als je iets met de gemeente of de overheid voor elkaar wilde krijgen, had je een lange adem en positieve inborst nodig en het nodige doorzettingsvermogen. Maar uiteindelijk was het linksom of rechtsom tot nu toe altijd voor elkaar gekomen.

Ze hoopte dat dat in dit geval ook zo zou zijn. Het perceel, zo'n achthonderd vierkante meter, was eigendom van de gemeente en stond op dit moment niet te koop. Maar Babette had advies ingewonnen en wist dat ze met een bod van vijftienduizend euro op z'n minst serieus genomen zou worden door de ambtenaar die over gronduitgifte in de regio ging. De gemeente zat voortdurend in geldnood en het was niet zo dat er voor dit perceel andere plannen waren. De grond lag al jaren braak, er lagen vooral veel losse stenen en her en der stonden een paar oude olijfbomen die Babette in haar eerste tekeningen had meegenomen. De bomen stonden nu verlaten op de dorre grond, maar straks zouden ze, omringd door hetzelfde ivoorkleurige grind dat nu al in de tuin lag, een echte blikvanger worden.

Terwijl ze bonen maalde voor de koffie en melk in het kannetje schonk om op te schuimen, dacht Babette aan wat er voor die tijd allemaal nog moest gebeuren. Het uitgraven van het zwembad zou in de harde en op sommige plekken rotsige ondergrond een uitdaging worden, maar Babette had al een bedrijf gevonden dat gespecialiseerd was in dit soort klussen. Als die in het najaar tijd hadden, zou ze misschien volgend zomerseizoen al de beschikking hebben over niet alleen het zwembad maar ook de vele extra vierkante meters tuin. En als ze dan...

Toen het geluid van haar telefoon klonk, merkte Babette hoe diep ze in gedachten was geweest. Een vrolijke ping gaf aan dat er een berichtje binnenkwam. Ze haalde haar mobiel uit de zak van haar rok. Het bericht kwam van Sabine en bevatte de nodige smileys met wild rollende oogjes. *Ben je er al klaar voor?*, stond erbij.

Babette moest even omschakelen van haar toekomstplannen naar waar haar vriendin op doelde. Het bericht ontlokte haar zowel een glimlach als een verhoogde hartslag. Was ze er klaar voor? Goede vraag, ja. Waarschijnlijk niet, al kon ze ook niet bedenken welke voorbereiding ze nog zou moeten treffen. Het beste was waarschijnlijk om het allemaal maar over zich heen te laten komen, al klonk dat natuurlijk vreselijk cliché. En het probleem was ook dat ze daar helemaal niet zo goed in was.

Op het scherm zag ze dat Sabine weer aan het typen was. Een paar seconden later verscheen het nieuwe berichtje in haar scherm. *Nog twee dagen, toch?*

Babette schreef terug dat ze er natuurlijk helemaal niet klaar voor was en dat dat in de komende twee dagen ook niet zou gebeuren, maar dat er nu geen ontsnappen meer aan was. Ze sloot af met zo'n zelfde smiley als haar vriendin had gestuurd en voelde opnieuw een kriebel in haar buik die deels uit opwinding en deels uit angst bestond. Zoals wel vaker in de afgelopen drie maanden vroeg ze zich af waarom ze ook alweer ja had gezegd tegen het plan van Sabine om haar op te geven voor een televisieprogramma dat weinig subtiel de naam *Amore, Amore* droeg.

In haar hoofd hoorde ze de voice-over van de video waarmee de zoektocht naar kandidaten werd aangekondigd. Een mannenstem riep met enige overdrijving: 'Bella Italia, het land van de liefde... Maar niet iedereen vindt *amore* tussen de glooiende heuvels, heerlijke gerechten en eeuwenoude steden. Vijf Nederlandse singles die een bestaan in Italië hebben opgebouwd, gaan op zoek naar iemand met wie ze naast een authentieke pasta carbonara ook hun leven kunnen delen. Herken jij jezelf in deze omschrijving? Geef je dan snel op.'

Sabine was de eerste die de via social media verspreide video naar haar doorstuurde, en ze was zeker niet de laatste geweest. Babette had erom gelachen en meteen besloten: dit is natuurlijk niets voor mij. Maar tegelijkertijd was er iets in haar hoofd blijven zitten dat zich ook niet zomaar meer liet negeren. Twee weken later had ze dan toch ingestemd met Sabine, die het aanmeldformulier al helemaal voor haar had ingevuld en niet kon wachten om het te verzenden. Nog eens twee weken later was het beklonken: naast een wijnmaker in Verona, een fietstourguide in Rome, een weddingplanner in Siena en een campingeigenaar in La Marche was ze de vijfde Nederlandse single die op zoek ging naar de liefde door vier potentiële geliefden te ontvangen en hen beter te leren kennen terwijl ze meedraaiden in het bedrijf en ze met elk van hen een-op-een uitstapjes ondernam. Het format, zo moest ze toegeven, was sterk en zelfs na vele andere datingprogramma's toch weer origineel. Ook al had ze aanvankelijk geaarzeld, ze stond nu helemaal achter haar deelname. Althans, in theorie.

'Omdat *amore* precies is wat jij nodig hebt!' had Sabine een paar dagen geleden nog geroepen toen Babette die vraag maar weer eens had gesteld. 'Je bent in het najaar al twee jaar single, het wordt de hoogste tijd.'

Dat laatste wilde Babette niet meteen zo formuleren, maar ze kon niet ontkennen dat het op het vlak van de liefde stil was in haar leven. Ze riep maar al te graag dat ze het heerlijk had in haar eentje, dat ze genoeg had aan de B&B om haar dagen te vullen en dat ze niets miste, maar natuurlijk voelde ze zich soms alleen als ze 's avonds in bed lag of als ze de dag afsloot met een glas wijn in de tuin en niemand had om haar belevenissen en gevoelens mee te delen. Tegelijkertijd was ze de pijnlijke breuk met Bastiaan nog lang niet vergeten en voelde ze nogal wat reserves bij het idee weer een man in haar leven toe te laten. Ze was net even te oud om nog te geloven in de prins op het witte paard. In plaats daarvan schotelde haar realiteitszin haar plaatjes voor van mannen met karrenvrachten emotionele bagage die bang waren om te dealen met hun problemen en zich in plaats daarvan maar al te graag in een avontuur met een B&B-houdster in Italië wilden storten, als ultieme vlucht van zichzelf en hun leven in Nederland. Dat was precies het type man dat Babette kon missen als kiespijn en het was ook precies het type man dat ze vreesde tijdens *Amore, Amore* over de vloer te krijgen.

'Ach welnee', had haar zus Lilian eerder al luchtig geroepen. 'De redactie van zo'n programma stuurt heus geen idioten op je af. Of misschien hooguit één, als tegenwicht tegen de echt leuke mannen. Die stuur je dan gewoon als eerste naar huis.'

'Soms vraag ik me af of er überhaupt wel leuke mannen bestaan', had Babette verzucht. Haar laatste romantische wapenfeit was een kortstondige flirt met een Italiaanse man, die zijn trouwring vakkundig in zijn zak had verborgen en ook niet had vermeld dat hij twee kinderen had. Daarvoor zat een man die tien jaar ouder was dan zij, haar een maand lang de hemel in had geprezen en nog net geen huwelijksaanzoek had gedaan, om daarna met de noorderzon te vertrekken en haar te blokkeren op WhatsApp. Babette wist nog steeds niet waarom.

Lilian was optimistischer gestemd. 'Natuurlijk wel. Maar jij hebt wel wat hulp nodig om die te vinden, want je eigen radar is blijkbaar niet echt goed afgesteld. Of eigenlijk: heb je wel een radar?'

Haar zus had het gezegd met een lach, maar eigenlijk had ze wel gelijk. Na de ervaringen van de afgelopen tijd en natuurlijk het debacle van de breuk met Bastiaan, kon Babette nu niet meteen beweren dat ze een goede neus had voor leuke mannen. Aan de andere kant: hoe kon ze iemand meteen doorzien zonder zuur of achterdochtig te worden? Dat ze positief in het leven stond en altijd uitging van het goede in mensen, was misschien hopeloos naïef. Maar het maakte haar ook wie ze was. Liever het deksel op de neus krijgen dan leven met een rem van wantrouwen, had ze laatst eens tegen Lilian verzucht, die die nogal filosofische tekst hilarisch genoeg op een tegeltje had laten drukken en dat naar Babette had opgestuurd. Voor boven de haard, had haar zus erbij gezet, maar vooralsnog was het niet verder gekomen dan Babettes kantoor.

Babette schonk de inmiddels opgeschuimde melk in de kopjes en goot voorzichtig de espresso erbij. Ze liep met de koffie naar Gioia en gebaarde naar buiten, maar haar werkneemster pakte het kopje aan en zei dat ze liever even doorging omdat ze straks iets eerder weg wilde. Babette knikte en nam haar eigen cappuccino wel mee naar de tuin. Ze zette het kopje op het lege tafeltje onder de pergola en ging op de bank zitten. Daar pakte ze haar telefoon en bekeek het regionale nieuws. *Quotidiano di Puglia* berichtte over een ongeluk met vier Vespa's in Tarente en chaos in het gemeentebestuur van Gallipoli. Ze scrolde wat door de berichten. Haar oog viel op een berichtje over de vermissing van een jonge vrouw die al ruim twee jaar zo nu en dan in het nieuws opdook. Babette tikte de link aan maar haar gedachten gleden weg terwijl ze het bericht las. De 25-jarige Serena Giannuzzi uit Galatone was iets meer dan twee jaar geleden spoorloos verdwenen en de politie had nu laten weten dat een onlangs binnengekomen tip geen aanwijzingen had opgeleverd waar Serena was en of ze nog leefde. Babettes duim zweefde al boven het pijltje om terug te gaan toen ze vluchtig naar de foto van de jonge vrouw keek. Donkerbruin, bijna zwart haar, groene ogen, Serena was werkelijk een schoonheid.

Ze klikte het bericht weg en legde haar telefoon aan de kant. Ze keek om zich heen en voelde zich onrustig, zoals zo vaak als ze zichzelf een kleine pauze toestond terwijl er genoeg te doen was. Daarom liep ze naar het kleine opslaghok aan de zijkant van de B&B om een bezem te pakken. Het grind waarmee een groot deel van de looppaden was bedekt was mooi, maar het waaierde maar al te gemakkelijk uit over de drie bestrate terrassen, waardoor die een rommelige aanblik kregen.

Ze opende het hok, pakte wat ze nodig had en liep terug naar het terras, maar toen pingde haar telefoon opnieuw en kon ze de verleiding toch niet weerstaan het berichtje meteen te lezen. *Als het te erg wordt, kom ik naar je toe,* beloofde Sabine. Babette antwoordde met een smiley met een zweetdruppeltje en wilde daarna haar telefoon aan de kant leggen om te gaan vegen, maar er begon een dromerig Italiaans melodietje te spelen. Ze keek op het scherm om te zien wie de beller was en fronste toen ze zijn naam zag staan.

'Hé Bastiaan', zei ze toen ze opnam, verwonderd dat haar ex haar belde. Nu hun breuk na een lang traject zo goed als afgerond was, hadden ze de laatste tijd nog maar weinig contact.

'Hé', zei hij. 'Hoe is het?'

'Ja... goed. Met jou?' Babette ging zitten op een van de tuinstoelen en pakte haar cappuccino. Ze nam voorzichtig een slokje terwijl ze wachtte op Bastiaans antwoord.

'Goed, goed', zei hij. 'Ik wilde alleen even checken of je die laatste mail hebt gekregen, met daarin de verzekeringspolis. Ik heb de verklaring ondertekend, wat volgens mij betekent dat alles nu op jouw naam staat.'

'Die heb ik gekregen', bevestigde Babette, hoewel ze moest toegeven dat ze niet meer dan een vluchtige blik op de formaliteit had geworpen. 'Dank je wel voor het regelen.'

Bastiaan humde wat, maar gaf niet echt antwoord. Babette keek naar de bezem. 'Hé, als er verder niets is...'

'Nee, nee', zei hij snel. 'Niet echt. Ik vroeg me alleen af hoe het met je is. Zeker nu, met het programma in aantocht. Dat begint over eh... een paar dagen, toch?' Hij vroeg het zo opzichtig nonchalant dat het Babette een glimlach ontlokte.

'Over twee dagen, ja', zei ze. 'Hoezo?'

'O... niks.'

Babette grinnikte. 'Kom op, Bastiaan.'

'Ja, oké, het houdt me bezig', gaf hij toen toe. 'We hebben de B&B samen opgebouwd en nu zit jij daar alleen en komen er ineens een paar van die mannen binnen. Ik vond het toch een gek idee toen ik de aankondiging voorbij zag komen op Facebook.'

Ach ja, die aankondiging, dacht Babette. Twee maanden geleden was er een cameraploeg naar Italië gekomen om een introductiefilmpje van Babette en wat sfeerbeelden van de B&B te maken. De video was gebruikt op de website en social media van het programma, waar geïnteresseerde mannen zich konden aanmelden. Ze vond het dermate gênant om zichzelf terug te zien, dat ze het filmpje nog niet één keer in z'n geheel had kunnen kijken. De manier waarop ze 'hai, ik ben Babette' zei was gemaakt en haar eigen stem klonk haar vreemd en hoog in de oren. Maar volgens Jack en Sophia, de regisseur en producer die alles in goede banen hadden geleid, deed ze het fantastisch. Ook Mandy, de verslaggeefster, had gezegd dat ze heel natuurlijk overkwam.

'Zijn er veel aanmeldingen?' wilde Bastiaan weten.

'Geen idee, daar hebben ze nog niets over gezegd. Alleen dat er overmorgen vier mannen komen, die door de redactie als de beste match worden gezien. Ze hebben er zelfs deskundigen bij gehaald, wat dat ook moge betekenen.' Ze lachte zacht en Bastiaan deed met haar mee. Babette realiseerde zich dat het lang geleden was dat ze ontspannen met elkaar hadden gepraat. Vaker waren hun gesprekken uitgelopen op discussies over de voorwaarden waarop Babette Bastiaan uitkocht uit de B&B of, als ze op de meer emotionele toer gingen, over waar het precies mis was gegaan in hun relatie. Die eerste soort discussies was nu gelukkig afgerond. Discussies van de tweede categorie ging Babette al een tijdje uit de weg. Ze kwamen er toch niet uit en de gesprekken leverden niets dan frustratie op.

Ze rondde het telefoongesprek met Bastiaan af, maar liet de bezem nog even rusten nadat ze had opgehangen. In plaats daarvan zette ze haar cappuccino op tafel en liet haar blik over de tuin dwalen, terwijl haar gedachten bleven hangen bij haar ex-vriend. In het begin, in de maanden nadat ze hem had verteld dat ze niet met hem verder wilde, had zijn stem zo vaak gebroken en ronduit depressief geklonken. Van de vrolijkheid en het enthousiasme waar ze ooit voor was gevallen, was niets over. Verdriet, woede en verongelijktheid waren ervoor in de plaats gekomen, aangevuld met een heleboel verwijten aan haar adres. Zij had hem alleen maar gebruikt om de B&B te kunnen kopen en verbouwen, zij had al die tijd het plan gehad om het bedrijf in haar eentje te runnen. Ze was doortrapt, berekenend en meedogenloos, zo had hij haar meer dan eens voor de voeten geworpen. Woorden die, ondanks het feit dat Babette niet langer een relatie met Bastiaan had, toch veel met haar hadden gedaan. Want dat hun gezamenlijke droom uiteen was gespat, had Babette juist onnoemelijk veel pijn gedaan. Dat Bastiaan niet lang na hun vertrek naar Italië ineens was veranderd, dat hij weigerde zijn problemen onder ogen te zien en dat hij al zijn gevoelens op haar afreageerde, had ertoe geleid dat ze zich zo vaak eenzaam en verdrietig had gevoeld. Dat ze 's nachts aan haar kant van het bed lag te huilen, en niet omdat bleek dat de gastenbadkamers duurder zouden uitvallen dan gepland of omdat ze een tegenslag te verwerken hadden gekregen bij de constructie van het dak van het hoofdgebouw. Op dat soort tegenslag was ze voorbereid, voor dat soort tegenslag hadden ze zelfs een spaarpot klaargezet omdat ze bepaald niet naïef aan dit project waren begonnen.

Maar hoe had ze zich vooraf tegen Bastiaans ommezwaai moeten wapenen? Hoe had ze kunnen vermoeden dat hij nog geen jaar na hun vertrek elke avond dronken zou zijn en haar soms uitschold met woorden waarvan ze nooit had gedacht dat die zelfs maar in het hoofd van haar vriend huisden? En toch had het toen nog ruim vier maanden geduurd, tot de drukte na het eerste hoogseizoen wat wegebde, voor ze de knoop had doorgehakt en hem had verteld dat ze alleen verder wilde. Achteraf was ze verbaasd over zichzelf, en niet op een goede manier, over wat ze allemaal van Bastiaan had geaccepteerd. Met het grote doel van de B&B voor ogen was ze heel vaak over haar eigen grenzen gegaan en had ze hem toegestaan dat ook te doen. Toen hij eenmaal doorhad wat zijn eigen gedrag kapot had gemaakt, had hij er eerst alles aan gedaan om de schuld daarvan bij haar neer te leggen. Zij had in haar blinde ambitie om een bed and breakfast in Italië te beginnen geen rekening gehouden met zijn gevoelens, zij had haar zin doorgedreven, zij had hem het gevoel gegeven er niet toe te doen – wist ze wel hoe moeilijk dat voor hem was?

Het had een tijd geduurd voor Babette had begrepen dat Bastiaan vooral met zichzelf in de knoop zat. De alcoholverslaving was niets anders dan een symptoom daarvan. Toen ze het eenmaal zag, had ze geprobeerd er met hem over te praten. Ze had gezocht naar een goede psycholoog in Italië die Engels sprak en zelfs naar een afkickkliniek, maar Bastiaan had er niets over willen horen. Met zichzelf aan de slag gaan was het laatste wat hij nodig had. Zíj moest gewoon haar gedrag aanpassen, dan was alles opgelost. Dan konden ze hun gezamenlijke droom tenminste waarmaken zonder al die negativiteit die zíj met zich meebracht.

Terwijl ze de laatste slok van haar cappuccino nam en toekeek hoe een kleine muurhagedis wegschoot onder een steen, dacht Babette aan het begin van die gezamenlijke droom, aan het eerste moment dat zij en Bastiaan naar elkaar uitspraken dat ze weg wilden uit Nederland. Het was eind november, zo'n typische dag waarop de lucht grijs bleef en het bijna niet licht of droog werd. Babette had een lastige dag gehad op de middelbare school waar ze werkte, Bastiaan had net een discussie met zijn compagnon over hun gezamenlijke restaurant achter de rug. Allebei waren ze na die werkdag thuisgekomen en hadden ze in een soort tsunami van frustratie alles op tafel gegooid dat hen allebei al langer dwarszat maar dat ze niet eerder naar elkaar hadden uitgesproken.

'Ik wil dit gewoon niet meer', had Babette half huilend geroepen en ondanks de emoties die erbij hoorden, voelde het ook goed om dit eindelijk eens te zeggen. En al helemaal toen Bastiaan hetzelfde 'is dit het dan'-gevoel bleek te hebben. Ze waren halverwege de dertig, werkten allebei fulltime en hadden een hoge hypotheek en voornamelijk stress. Om hen heen regende het baby's en hoe meer er geboren werden, hoe meer Babette zeker wist dat zij geen kinderwens had. Ze was stapelgek op de twee dochtertjes van Lilian en vond niets leuker dan ze knuffelen, verwennen en met ze spelen, maar ze vond het ook prima als de meisjes weer naar huis gingen. De vrijheid die gepaard ging met het niet hebben van kinderen, gebruikten zij en Bastiaan echter alleen maar voor het maken van nog meer werkuren. Ja, ze hadden een prachtig vrijstaand huis in de Randstad en ja, ze konden zoveel reizen maken als ze maar wilden, zo vaak uit eten als ze maar wilden en net zoveel mooie spullen kopen als ze maar wilden, maar erg gelukkig was Babette niet. Dat uitte zich vaker en vaker in frustratie en ontevredenheid, ook bij Bastiaan. In de beginjaren van hun relatie hadden ze altijd het beste in elkaar naar boven gehaald, nu leek het juist alsof ze elkaar versterkten in het negatieve. Waarop Babette Bastiaan verweet dat hij een zwartkijker was en hij haar juist dat ze niet met emoties kon omgaan, en zo hadden ze meer en meer ruzie gekregen terwijl ze op papier toch zo'n mooi leven hadden.

'Ik wil iets anders', had ze die avond tegen Bastiaan gezegd. 'Noem het cliché, maar ik zou zo graag een bed and breakfast in het buitenland willen beginnen. Ik zie het al helemaal voor me: altijd zon, een mooie oude boerderij die we verbouwen en inrichten, nieuwe mensen die we leren kennen...'

'Welkom bij *Ik Vertrek*', had Bastiaan met een grappige stem gezegd en daarna hadden ze samen slap gelegen van het lachen, maar het zaadje voor een nieuw leven was die avond wel geplant. Want ook Bastiaan bleek vaak te denken aan een andere toekomst. Een toekomst waarin ze niet voor hun vijftigste hun hypotheek hadden afgelost en ondertussen al hun dromen tot later uitstelden of misschien wel nooit zouden verwezenlijken. Een toekomst waarin ze samen het avontuur zouden aangaan dat je zag bij het programma waarvan hij de voice-over zo treffend had nagedaan en waar hij en Babette maar al te graag naar keken, vanaf de bank commentaar leverend op de vaak onvoorbereide manier waarop mensen huis en haard verlieten voor een toekomst in het buitenland. Maar ergens was Babette ook jaloers op het lef dat die mensen wel, en zij en Bastiaan niet hadden. Voor Bastiaan bleek hetzelfde te gelden.

Die winter had het grijs ineens minder grijs geleken en de waterkoude regendagen minder troosteloos. Nadat de principebeslissing was genomen, was er geen houden meer aan. Babette had ieder vrij uurtje op internet doorgebracht, zoekend naar te koop aangeboden B&B's of panden die tot zo'n plek omgevormd konden worden. Ze wist niet meer precies wanneer, maar niet lang na die eerste avond dat ze hun eerlijke gevoelens met elkaar hadden gedeeld, hadden ze besloten dat Italië hun nieuwe thuisland zou worden. Hoewel Babette ook dol was op Spanje en Frankrijk, voelde ze zich nergens zo goed als in Italië. Het heerlijke eten, de prachtige steden, de opgewonden energie van de Italianen, de dromerige landschappen: er was niets wat haar niet aantrok aan het land. Eerst had de zoektocht naar een geschikte plek om hun droom te verwezenlijken zich op Toscane gericht, maar al snel hadden ze vastgesteld dat in de meest toeristische regio van het land weinig eer te behalen viel. De huizen die ze er vonden waren relatief klein en duur en lagen vaak ook nog op een locatie waar iets te veel op af te dingen viel.

'En Puglia?' had Babette toen voorgesteld. Een jaar eerder hadden ze een heerlijke week doorgebracht in 'de hak van de laars', zoals de regio vaak werd aangeduid. Daar was nog ruimte, daar waren nog betaalbare huizen te koop en het toerisme was er, zo hadden ze destijds van de uitbater van hun *agriturismo* begrepen, in opkomst.

Babette knipperde een paar keer terwijl haar gedachten in het verleden verkeerden, maar haar benen werden verwarmd door de zonnestralen die net onder het randje van de parasol door kwamen. Ze zette haar zonnebril op haar neus en keek naar het hoofdgebouw van de bed and breakfast. Nu lag het wit en blakend in het zonlicht, maar toen zij en Bastiaan hier voor het eerst waren gekomen, was dat een heel ander verhaal geweest. De B&B had toen al tientallen jaren dienstgedaan als *masseria*, zoals een vakantieboerderij hier werd genoemd, maar zeker de laatste jaren was er niet veel aan onderhoud gedaan. De eigenaars waren de tachtig al gepasseerd en hadden in hun twee kinderen geen opvolgers gevonden. Met het idee van verkoop in hun achterhoofd hadden ze geen grote investeringen meer gedaan. Dat betekende dat de plek een wat troosteloze aanblik bood, al had de hartelijkheid van het oudere echtpaar op dat gebied veel goedgemaakt. Maar op hartelijkheid van de verkoper kon je geen bedrijf bouwen, dus waren Babette en Bastiaan tijdens hun tweede bezoek met een bouwkundige teruggekomen die een lange maar niet onoverkomelijke lijst had gemaakt waarop ze het plan en budget van de verbouwing hadden gebaseerd. Natuurlijk hadden ze, als een waar *Ik Vertrek*-stel, dat budget ruimschoots overschreden door tegenslagen als betonrot in de huisjes in de tuin en een vermolmde ondervloer op de benedenverdieping van het hoofdgebouw, maar dat hadden ze weten op te vangen doordat de bank in hun plannen geloofde en een extra lening had verstrekt. De weken waarin de stress over het wel of niet doorgaan van de lening en daarmee de hele verbouwing hoogtij had gevierd, waren echter niet de beste uit Babettes leven. Als ze terugkeek, moest ze toegeven dat toen de scheuren in hun relatie steeds zichtbaarder waren geworden.

Maar ja, dat was achterafgepraat. Dat Bastiaan zich bij een kleine tegenslag helemaal liet meeslepen in een stroom van negatieve gedachten, had ze niet voorzien. Ze had gedacht dat de negativiteit die hun laatste jaren in Nederland had gekenmerkt, bij de verhuizing naar Italië als bij toverslag zou verdwijnen, wat een niet erg realistische voorstelling van zaken bleek te zijn. Maar ze had hun nieuwe toekomst zo zonnig ingezien dat ze gemakshalve de naïviteit de boventoon had laten voeren. Achteraf gezien was dat natuurlijk niet zo slim, want bij tegenslag bleek Bastiaan nog steeds de doemdenker te zijn die hij altijd was geweest, en daarmee bleek de stempel die hij op hun relatie drukte nog groter dan in Nederland omdat ze nu samen een bedrijf te runnen hadden. Andersom had ze over zichzelf geleerd hoe zij bij tegenslag juist overdreven positief ging reageren, misschien wel ter compensatie van de zwarte scenario's waar Bastiaan mee kwam. Daarmee had ze zijn gevoelens juist volledig ontkend en op die manier waren Bastiaan en zij elkaar verloren in onbegrip voor de houding van de ander. Maar met het verstrekken van de lening had de bank die scheur tussen hen gerepareerd en dat Bastiaan in die periode van de stress bijna elke avond met te veel drank op naar bed was gegaan, had Babette vakkundig geparkeerd in vergetelheid. Dat hij die gewoonte niet had afgeschud toen de stress verminderde en de verbouwing vorderde, had ze ook genegeerd. Misschien had ze op dat moment moeten ingrijpen, strenger moeten zijn voor hem, hem een helpende hand moeten bieden om zijn problematische alcoholgebruik de baas te worden, maar ze had het niet gedaan. Met nog maar een paar maanden te gaan tot de opening van de B&B, had ze zich gericht op de duizend dingen die nog op haar to-dolijst stonden en waar ze, dat moest ze ook toegeven, veel gelukkiger van werd dan proberen Bastiaan ervan te weerhouden twee flessen wijn per avond leeg te drinken. Het inrichten van de kamers, de perfecte meubels voor de tuin vinden, het maken van de website – ergens aan bouwen, dat had haar energie gegeven. De keren dat ze tegen Bastiaan had gezegd dat hij wel erg veel dronk en dat zijn bijdrage aan de B&B steeds minder werd, waren uitgelopen op ruzies die uren en soms zelfs dagen duurden.

Met de opening van de B&B in april had het er even op geleken dat alles toch nog op z'n pootjes terechtkwam. Maar de groeven waarin ze allebei beland waren, waren toen al te diep om nog uit te stappen. Misschien, had Babette toen weleens bedacht, was het cliché toch waar. Misschien was hun verhuizing naar het buitenland toch niets anders dan een vlucht.

In een paar maanden tijd – terwijl de B&B zich tijdens dat eerste seizoen wonderbaarlijk genoeg als vanzelf leek te vullen en werkdagen van meer dan twaalf uur geen uitzondering waren – had ze Bastiaan zichzelf zo ver van haar zien vervreemden, dat ze soms het gevoel had met een volslagen onbekende te maken te hebben. Van de gedroomde zwoele avonden waarop ze te midden van de olijfbomen zouden proosten op het waarmaken van hun droom, was niet veel terechtgekomen. In plaats daarvan waren er veel avonden waarop ze doodmoe in bed waren gerold, te uitgeput om zelfs maar met elkaar de dag door te spreken. Of, en dat gebeurde pijnlijk genoeg nog vaker, avonden waarop ze elkaar doodzwegen of juist bittere ruzies uitvochten – vaak zonder duidelijke oorzaak. Toen het in september rustiger werd in de B&B en ze weer wat ademruimte had, had Babette hem verteld dat ze geen gezamenlijke toekomst meer zag. Bastiaan had onmiddellijk de oorzaak van alles bij haar neergelegd. Ze had immers nooit gezegd dat ze ontevreden was, dus hoe moest hij dat dan weten?

Het was een redenering die ze niet kon, of wilde, volgen. Toen ze dat aan Bastiaan duidelijk had gemaakt en hem ook had laten zien dat de breuk haar menens was, had Bastiaan geroepen dat ze een grote fout maakte. Dat ze het nooit zou redden, dat ze zou wegkwijnen in haar eentje op het Italiaanse platteland.

'Misschien', was haar antwoord geweest. 'En toch zou ik de B&B graag willen voortzetten. Tenzij jij hem wil?'

Bastiaan had gezegd dat hij dat inderdaad wilde, maar al snel was gebleken dat dat slechts woorden waren, voornamelijk bedoeld om haar te dwarsbomen in haar wensen. Toen zijn halfslachtige pogingen om de financiering rond te krijgen op niets waren uitgelopen, had ze uiteindelijk zelf doorgepakt en een afspraak bij de bank gemaakt. De financiële en administratieve rompslomp die dat had gevraagd, had haar op de rand van een burn-out gebracht, maar uiteindelijk was het gelukt en iets minder dan anderhalf jaar geleden had ze met haar handtekening bezegeld dat de B&B helemaal van haar was. Een gevoel waar, ook nu nog, niets tegenop kon – zeker toen bleek dat het succesvolle eerste seizoen geen toeval of incident was. Het tweede seizoen was het minstens zo goed gegaan en dat was bovendien tot ver in oktober doorgelopen. Tussen oktober en grofweg maart verhuurde ze nog steeds kamers, al was het in een lagere frequentie. En in het huidige, derde seizoen was er in de zomervakantie al geen kamer meer te krijgen. Ook in het voorseizoen zaten sommige weken al helemaal vol. Het was zelfs nu, begin mei, een puzzel geweest om de vier mannen van *Amore, Amore* een eigen kamer te kunnen geven, al kwam dat vooral ook doordat de programmamakers zo nadrukkelijk om de kleine trulli in de tuin hadden gevraagd. *Geweldig beeld,* hoorde ze de stem van Jack in haar hoofd. *Dit móéten we hebben.*

Ze voelde een kriebel in haar buik bij de gedachte aan het programma. Een kriebel die haar onrustig maakte. Ze stond op, pakte de bezem en werkte het grind weg. Daarna pakte ze haar kopje en liep ermee naar binnen, waar Gioia inmiddels orde in de chaos van de keuken had weten te scheppen. Babette zette het kopje in de vaatwasser en dwong zichzelf daarna haar gedachten te richten op de werkzaamheden die op haar wachtten. Nog twee dagen, dan begon het avontuur. Tot die tijd had ze genoeg te doen.

Hoofdstuk 2

HET GELUID VAN GRIND DAT KNERPTE ONDER AUTObanden deed Babettes hartslag omhoogschieten. Ze wierp een blik op de klok. Tien uur in de ochtend en het voelde alsof ze er al een hele dag op had zitten. Dat kwam niet doordat ze voor de gasten van alle tien de kamers ontbijt had gemaakt en al vier check-outs had gedaan. Het kwam ook niet doordat vanochtend vroeg de stroom was uitgevallen en ze een uur bezig was geweest de oorzaak daarvan te achterhalen – het bleek een probleem met de oude koelkast in een opbergruimte te zijn. Dagelijkse werkzaamheden en problemen in de B&B bezorgden haar allang geen stress meer. Maar dat ze vannacht slechts een paar uur had geslapen en verder vooral had gepiekerd over de vraag waarom ze zich ook alweer had aangemeld, aangevuld met tientallen gedachten over mogelijke manieren waarop ze zichzelf op de nationale televisie voor schut zou zetten, hielp niet echt mee bij haar huidige energieniveau. En dat op een dag dat ze veelvuldig gefilmd zou worden voor diezelfde nationale televisie. Gelukkig had haar huid sinds ze in Italië woonde altijd een gebronsde teint en waar ze vroeger elk halfjaar ruim honderd euro neerlegde voor highlights in haar hazelnootbruine haar, had de zon datzelfde effect bewerkstelligd. Slechts een klein beetje make-up deed haar er nu uitzien alsof ze vannacht acht uur slaap had gehad.

Babette deed een laatste check van haar gezicht en haar in de spiegel, streek haar donkerblauwe mouwloze zomerjurkje glad en schoot in de espadrilles die ze speciaal voor deze dag had gekocht. Normaal gesproken liep ze zoveel op een werkdag dat teenslippers of sneakers haar standaardschoeisel waren, maar ze moest vandaag natuurlijk wel een beetje uitpakken. Ze keek nog eens kritisch in de spiegel en liep daarna naar buiten, de tuin door, naar de kleine parkeerplaats van de B&B. Daar had een wit bestelbusje een plek gevonden en net toen Babette aan kwam lopen, zwaaide het portier aan de passagierskant open.

'Hé, hallo!' Een vrouw van rond de dertig met losjes opgestoken haar en een open, rond gezicht kwam op

Babette afgelopen. Met haar blauwe ogen keek ze Babette opgewekt en onderzoekend aan, voor ze haar met een welgemeende omhelzing begroette.

'Hé, Mandy!' Babette beantwoordde de omhelzing al even hartelijk. Ze had de vrouw maar één keer eerder gezien, maar het leek in tv-land heel normaal te zijn iedereen te omhelzen en drie zoenen te geven alsof het om lang verloren familieleden ging. 'Hoe is het?'

'Goed, goed', zei Mandy terwijl ze Babette losliet. 'En met jou? Ben je er klaar voor?'

'Geen idee', zei Babette grinnikend.

'Ah joh, het komt helemaal goed.' Mandy trok een grappig gezicht en kneep even in Babettes hand voor ze zei: 'Het avontuur gaat beginnen.'

'Zeg dat wel', antwoordde Babette met een glimlach. 'Hé Thijs.' Dat laatste was bedoeld voor de cameraman die ze de vorige keer ook al had ontmoet. Ook hem begroette ze met een omhelzing, net als zijn collega Roy, die als geluidsman bij het productieteam hoorde. 'Kom verder', zei Babette en ze gebaarde naar de tuin. 'Hebben jullie haast of is er tijd voor een kop koffie?'

'Koffie', zei het drietal bijna gelijktijdig. Babette knikte. 'Cappuccino?'

Terwijl de crew de camera's, geluidskoffers en statieven uit het busje haalde en richting de B&B sjouwde, liep Babette naar binnen om de koffie te maken. Vanuit het keukenraam keek Gioia nieuwsgierig naar wat er allemaal in de tuin gebeurde. Op haar gezicht was opwinding te zien. 'Zal ik de cappuccino maken?' bood ze aan. 'De kamers voor de nieuwe gasten zijn trouwens klaar.'

'Dank je wel', zei Babette en ze had het idee dat haar werkneemster meer uitkeek naar de opnames dan zijzelf. 'En ook fijn dat je vandaag wat langer kan doorwerken.'

Omdat ze vanmiddag zelf druk zou zijn met het ontvangen van de mannen en de kennismaking, kon ze niet op hetzelfde moment de reguliere gasten ontvangen. Gelukkig had Gioia geen moment geaarzeld toen Babette had gevraagd of zij die taak kon overnemen.

'Ik hoopte al dat ik langer mocht blijven', had Gioia meteen geroepen. 'Ik ben zo benieuwd. Toen ik klein was, wilde ik altijd bij de televisie werken.'

'Je moet wel eerlijk tegen me zijn', had Babette haar werkneemster laten beloven. 'Als ik mezelf compleet belachelijk maak, moet je zeggen dat ik heel snel normaal moet gaan doen. Die andere datingprogramma's hebben altijd één kandidaat die tot nationale clown uitgroeit en ik voel er weinig voor om die rol te krijgen.'

'Natuurlijk niet', had Gioia serieus gezegd. 'Jij gaat de ster van dat programma worden en als een van die mannen het geluk heeft bij jou te mogen blijven, moet hij zijn handen dichtknijpen.'

Die opmerking had haar bijna tot tranen geroerd en ze had er maar snel overheen gepraat. Nu keek ze naar Gioia terwijl die de melk opschuimde. 'Ik kom het zo brengen', zei de vrouw.

Babette liep naar buiten. Mandy, Thijs en Roy hadden alle spullen uit het busje gehaald en waren nu bezig de camera's aan te sluiten, het geluid te testen en de juiste plekken voor opnames te bepalen. Hun stemmen klonken opgewekt en ontspannen en anders dan Babette leken ze helemaal geen last te hebben van zenuwen. Mandy bladerde door een stapeltje papieren, tikte ertegen met haar vinger en gaf een paar aanwijzingen aan Thijs. Die keek op zijn beurt zoekend om zich heen, wees vragend naar een van de olijfbomen en verplaatste een camera toen Mandy knikte.

Babette vroeg of ze ergens mee kon helpen. 'Nee hoor', zei Mandy. 'We komen zo even bij je zitten, wat dingetjes doorspreken.'

Babette knikte en nam plaats op het bankje onder de pergola. In haar korte spijkerbroekje en roze wikkeltop liep Mandy energiek heen en weer, wijzend naar plekken waarvan Babette ontging wat er precies mee moest gebeuren. Ze verplaatste haar aandacht naar haar telefoon, waar een stroom berichtjes duidelijk maakte dat haar vrienden en familie in Nederland niet waren vergeten wat er vandaag te gebeuren stond. Ze wierp er een blik op, maar liet de berichten ongelezen omdat het haar ontbrak aan de rust om erop te antwoorden.

Gioia kwam naar buiten met de koffie. Ze zette de kopjes op het lage tafeltje bij de bank en keek daarna nieuwsgierig om zich heen. Bij het opnemen van de introductievideo had ze het team ook al gezien, al was het slechts vluchtig. 'Ah, lekker', zei Mandy en ze voegde zich bij Babette. 'Hi Gioia.'

De twee vrouwen begroetten elkaar hartelijk en daarna verdween Gioia naar binnen en Thijs en Roy voegden zich bij Babette en Mandy. 'Laten we even het draaiboek voor vandaag doornemen', zei Mandy en ze streek haar opgerolde papieren glad. Eerder had Babette haar over het callsheet horen praten, inmiddels wist ze dat dat een soort heilig document was waarin precies beschreven stond wat er moest gebeuren, op welk moment en door wie. 'We hebben ongeveer twee uur de tijd voor de mannen arriveren', zei Mandy. 'In die tijd gaan we wat scènes draaien van jou in de B&B, waarin je de laatste voorbereidingen treft. Ook nemen we alvast een testimonial op. Misschien moeten we dat als eerste doen.'

Die laatste zin was geen vraag, maar Mandy liet haar toon aan het einde omhooglopen en keek Babette aan. Die knikte, ook al wist ze niet wat een testimonial was.

'Zo'n stukje waarin jij buiten gehoorafstand van anderen met de kijkers je gevoel deelt', zei Thijs, die de vraag feilloos van haar gezicht aflas. Daarna richtte hij zich tot Mandy. 'Is dat oké voor Jack?'

Mandy maakte een geluid dat het midden hield tussen een lachje en iets smalends. 'Hij heeft het callsheet gemaakt, dus ik neem aan dat het de bedoeling is dat we het uitvoeren.'

Babette dacht aan de ietwat gezette vijftiger die er de

vorige keer ook bij was geweest. Als regisseur had hij destijds duidelijk de leiding gehad, maar nu was hij in geen velden of wegen te bekennen.

'Hij komt zo', zei Mandy toen Babette ernaar vroeg. 'Hij heeft alleen wat vertraging opgelopen.'

'Zijn jullie vandaag pas aangekomen?' vroeg Babette ongelovig. 'Dat moet een hele reis zijn geweest.'

'O, nee.' Mandy wuifde die woorden luchtig weg. 'Dat bedoel ik niet. Volgens mij moest hij nog ontbijten toen wij vertrokken, ik heb hem in elk geval niet gezien. Maar hij heeft zijn eigen huurauto.'

Ze haalde een pen uit de zak van haar spijkerbroekje en kraste iets door op een van de papieren. Daarna tikte ze even nadenkend met de achterkant van de pen tegen haar lippen voor ze begon te schrijven. Babette monsterde haar onopvallend. De vorige keer had de jonge vrouw zich voorgesteld als Mandy Leenstra en had ze uitgelegd dat ze als verslaggever in dienst was bij de producent van *Amore, Amore*. Het was Mandy's taak om de interviews met Babette en haar dates te doen en daarnaast, net als Jack, voortdurend alert te zijn op situaties die het filmen waard waren. Die beelden moesten vervolgens gemaakt worden door Thijs en Roy, de camera- en geluidsman, die vanuit Nederland naar de B&B waren gestuurd. Op dagen dat er gelijktijdig op meerdere locaties gedraaid moest worden, zo had Babette begrepen, zouden er lokaal extra mensen voor het camerawerk worden ingehuurd. Babette had zich eigenlijk nooit gerealiseerd wat een logistiek er kwam kijken bij het opnemen van een programma als dit.

'Dat hoeft ook niet', had Jack de vorige keer gezegd. 'Daar moet jij je zelfs helemaal niet druk om maken. Het beste is om te doen alsof wij er allemaal niet zijn.'

Dat ging nogal makkelijk, dacht Babette een tikje sarcastisch bij de herinnering aan die woorden. De camera die Thijs op zijn schouder droeg was groot en zwart en had een enorme lens die ongetwijfeld met grote regelmaat recht op haar gericht zou zijn, of het nu was omdat ze met de mannen een gesprek voerde, in de B&B bezig was of een uitje maakte, of omdat ze tussen de bedrijven door moest vertellen hoe ze over de mannen dacht. Hoe graag ze ook wilde doen alsof 'ze er allemaal niet waren', de cameraploeg zou zich niet heel makkelijk laten negeren. Nog los van het feit dat de complete situatie nogal afweek van de normale gang van zaken in de B&B.

Ze had destijds een soortgelijke opmerking gemaakt tegen Jack, die er smakelijk om had moeten lachen. 'Geloof me maar, je went er sneller aan dan je denkt. Na een paar dagen zie je die camera al bijna niet meer.'

Babette hoopte dat dat waar was. Bij het introductiefilmpje had het haar best wat moeite gekost om natuurlijk over te komen. Uiteindelijk was ze, na tien pogingen, tevreden over het resultaat, maar ze wist dat er tijdens de echte opnames van het programma natuurlijk niets opnieuw opgenomen zou worden.

'Als een stukje echt te erg is, knippen we het eruit', had Jack daarover gezegd, maar wat er dan wel of niet 'te erg' zou zijn, daarover liet hij zich niet uit. Babette had niet het idee dat ze daarin veel zeggenschap had. In het contract dat ze had getekend – de quitclaim, zoals de crew het noemde – stond dat ze toestemming gaf voor het uitzenden van al het beeldmateriaal, met enkele uitzonderingen. Die uitzonderingen hadden te maken met momenten waarop ze bijvoorbeeld per ongeluk naakt te zien was. Maar verder had het, als ze spijt had van een bepaalde opmerking of actie, geen zin om bij de producent aan te kloppen om te vragen of haar stommiteit buiten de uitzending kon blijven. En dat was niet de enige bepaling in de quitclaim. Het programma werd pas over een paar maanden uitgezonden en tot die tijd mocht ze aan de buitenwereld niet vertellen hoe het was verlopen. Geen foto's op haar social media, geen enkele informatie over welke mannen ze had weggestuurd. Een foutje, al dan niet bewust, kon haar duur komen te staan. 'Tienduizend euro?' had ze verbijsterd gezegd toen ze het boetebedrag zag dat ze moest betalen als ze iets zou verklappen. Maar zowel de bepaling als de boete was standaard bij tv-contracten, bleek toen ze juridisch advies inwon. De hele quitclaim was een standaardcontract. Toch bezorgde het haar de zenuwen dat ze nu en de komende tijd zo goed op haar woorden en daden moest letten.

'Zijn jullie hier vierentwintig uur per dag?' had ze wat

zenuwachtig aan Jack gevraagd. Het zou prettig zijn om af en toe even geen cameraploeg om zich heen te hebben en bovendien had ze niet nog eens vier extra kamers vrij voor de crew.

'Geen zorgen', had Jack geantwoord. 'Wij zullen in een hotel verblijven, dat is allemaal al geregeld.' Hij had de naam van het hotel genoemd en hoewel het geen overdreven luxe plek was, wist Babette dat de kamers in het voorseizoen al behoorlijk prijzig waren. Vier personen, vier weken – in haar hoofd had ze een snelle rekensom gemaakt. En dan had ze nog niet eens nagedacht over de vliegtickets, de huurauto's, de vergoeding die zijzelf voor de kamers van de B&B kreeg, de uitjes die ze met de mannen zou ondernemen en al die andere uitgaven die geen probleem leken te zijn voor de producent. En dan was zij slechts één van de vijf kandidaten.

'Het is Rising Stars' belangrijkste zomerprogramma', was Mandy's bijna nonchalante antwoord geweest toen Babette er iets over zei. 'Daar moet je flink voor investeren. Maar maak je geen zorgen hoor, de omroep betaalt meer dan genoeg voor *Amore, Amore.*'

Het had Babette moeite gekost om te begrijpen, maar inmiddels wist ze dat de producent waar Jack, Mandy, Thijs en Roy voor werkten, het programma had bedacht en ontwikkeld om het vervolgens te verkopen aan een van de commerciële omroepen. 'Ze verwachten echt enorm hoge kijkcijfers', had Jack nog genoemd. 'En als je het mij vraagt, is dat meer dan terecht. Het publiek is dol op dit soort televisie.'

Dat waren geen loze woorden. Zelf keek Babette sinds ze in Italië woonde amper televisie en al helemaal geen Nederlandse programma's, maar ze had begrepen dat vergelijkbare programma's een enorme hit waren. En nu zou ze straks zelf het onderwerp worden van waar kijkers het kennelijk op saaie werkdagen en zomerse barbecues over hadden. Dat idee was zo bizar dat ze er maar niet te veel over nadacht.

'Ik zou ook als het wordt uitgezonden even wegblijven van social media', zei Mandy met een veelbetekenende blik toen Babette haar gedachten hardop uitsprak. 'Je gaat er veel volgers bij krijgen, maar mensen kunnen ook snoeihard zijn in het delen van hun mening.'

Babette had al wat zitten lezen op de Facebook- en Instagrampagina's van de kandidaten in andere programma's en wist daardoor wat Mandy bedoelde. Van hun uiterlijk tot de bedrijfsvoering van hun accommodaties, van elk woord dat ze zeiden tot hoe ze hun hond aaiden: alles leek reden voor anonieme reageerders om iemand aan te vallen.

'Zou jij het zelf doen?' vroeg ze nieuwsgierig aan Mandy.

'Wat? Reageren op social media?'

'Nee, een man zoeken via zo'n programma.'

'Eh...' Er speelde een lachje om Mandy's mond. 'Ik geloof niet dat mijn vriendin dat zo leuk zou vinden.'

'O, ik...' Babette sloeg gegeneerd haar hand voor haar mond. 'Sorry, ik ging er stom genoeg automatisch van uit...'

'Nee joh, dat geeft toch niks', wuifde Mandy haar excuses weg. 'Maar na vijf jaar samen denk ik dat Angelique het wel gek vindt als ik me ineens opgeef voor een programma om op zoek te gaan naar een vent.'

Ze lachten allebei. Daarna veerde Mandy overeind en zette haar hand als een afdakje boven haar ogen. 'Daar heb je Jack.'

Babette keek naar de zwarte Seat die de oprit op kwam en naast het busje parkeerde. Het duurde even voor het portier openging en de regisseur met enige moeite uitstapte. Hij droeg een geel overhemd en een buitenproportionele strohoed en toen hij dichterbij kwam, zag Babette dat hij duidelijk last had van de warmte. Maar de brede glimlach waarmee hij haar begroette, deed zijn gezicht oplichten. 'Babette, ben je klaar voor het grote avontuur?'

'Ik vermoed van wel', antwoordde Babette en ze nam zijn begroeting met drie zoenen in ontvangst, terwijl ze zich afvroeg hoe vaak die vraag de afgelopen dagen al aan haar was gesteld.

'Ah, ik zie dat ze al hebben opgebouwd', zei Jack goedkeurend.

'Koffie?' vroeg Gioia, die naast hen was opgedoken, in het Engels.

'Heel graag', antwoordde Jack met een dankbare glimlach. 'Espresso, als je hebt? Een dubbele?'

'Welkom in het land van de espresso', was Gioia's lachende antwoord en ze verdween weer naar binnen. Jack keek naar Mandy. 'Hoelang hebben we nog?'

'Iets minder dan anderhalf uur. Voor de mannen er zijn filmen we de shots in de B&B en de testimonials, neem ik aan?'

Jack humde instemmend. 'Zijn ze al onderweg?'

Mandy trok met haar mondhoeken. 'Sophia houdt contact met jou, toch?'

Babette wist over wie het ging, ze had de vrouw de vorige keer gezien. Als producer zorgde Sophia voor de logistiek, tickets, huurauto's, hotels, maaltijden, maar ook dat iedereen op tijd op de juiste plek was. Dat leek Babette in Nederland al een uitdaging van formaat met zoveel mensen, maar hier in Italië zou Sophia helemaal alle zeilen bij moeten zetten. Op de luchthaven van Bari alleen al viel er geen peil op te trekken hoelang het duurde voor de bagage er was of wat de wachttijd was voor de huurauto. Om het nog maar niet te hebben over het verkeer dat zonder reden kon vastlopen.

'Zijn de mannen vandaag aangekomen?' vroeg ze aan Mandy.

Die schudde haar hoofd. 'Nee, gisteren. En dat is maar goed ook, want de vlucht had ruim twee uur vertraging en een van de koffers stond nog in Amsterdam. Maar inmiddels is alles compleet, begreep ik. Sophia is bij de mannen in het hotel en zorgt dat ze op tijd deze kant op komen. O, Jack?' Er leek haar iets te binnen te schieten.

'Een van die twee ingehuurde cameramensen heeft zich ziek gemeld, dus er gaat er maar eentje mee in de auto's. Dat betekent drie keer een wissel om van iedereen een goed shot te krijgen.'

Jack fronste diep en mompelde binnensmonds iets dat Babette niet kon verstaan. Daarna pakte hij zijn telefoon en keerde zich van Babette af. Een paar seconden later hoorde ze hem op luide toon een gesprek voeren.

'Laten we de shots in de B&B straks maar even doen', zei Mandy met een nadenkende blik richting de regisseur. Ze richtte haar papieren rol op Babette en vroeg: 'Ga je eerst mee quoten?'

'Ja', zei Babette en ze kwam overeind, al wist ze niet precies wat Mandy bedoelde. 'Natuurlijk. En wanneer doen we dan de testimonial?'

'Nu', zei Mandy en ze keek verontschuldigend. 'Dat betekent hetzelfde, sorry. Thijs?' Ze wenkte de cameraman, die haar kant op kwam. In zijn kielzog volgde Roy met een grote microfoon. De hengel, zoals Babette hem eerder had horen zeggen.

'Ik wil graag de eerste quotes opnemen', zei Mandy. 'Bij de olijfboom doen?'

Thijs keek nadenkend naar de bewuste plek. Hij kneep zijn ogen samen, liep erheen en schudde toen zijn hoofd. 'Ik vind het licht hier nu te fel, met de weerkaatsing in dat lichte grind. Wat waren de alternatieven?'

Mandy keek op het callsheet. 'Hier staat: de olijfboom, een van de trulli, de loungebank in de tuin of het uitzicht.'

'Welk uitzicht?'

'Dat is die plek buiten de tuin.' Mandy gebaarde naar de houten poort in de muur die de B&B omringde. 'Dan moet je hier eruit lopen.'

'Ik voel wel voor een shot met wat diepte', zei Thijs terwijl hij naar de poort liep. 'Laat me even kijken.'

'O, die is op slot.' Babette liep snel naar binnen voor de sleutel, pakte hem uit het sleutelkastje en opende daarna de houten poort voor de cameraploeg. Die bood toegang tot het naastgelegen stukje land waarover Babette eergisteren op het gemeentehuis nog een pittig gesprek had gevoerd. Het land was nu eigendom van de gemeente, die het wel aan haar wilde verkopen, maar daar was kennelijk een ingewikkelde procedure voor nodig waarvan Babette het nut volledig ontging. Ze had er echter mee ingestemd dat die procedure in gang werd gezet, want het had in dit land weinig zin om te proberen de bureaucratie te omzeilen.

'Ja, dit is mooi', zei Thijs goedkeurend. Hij was naar de rand van het stukje grond gelopen, waar een laag en vervallen muurtje weinig veiligheid bood tegen de vier, vijf meter die je naar beneden kon vallen voor je op een lagergelegen en met stugge struiken begroeid plateau landde. In gedachten had Babette de huidige muur van de B&B al doorgetrokken rondom dit stuk grond, maar wel met doorkijkjes naar het uitzicht over de lagergelegen olijfgaarden. De muur die nu de tuin afscheidde van de braakliggende grond wilde ze laten staan, zodat het zwembad dat ze op deze plek voor ogen had van de rest van de tuin was afgeschermd.

'Ga hier maar staan', zei Mandy, zich natuurlijk niet bewust van de toekomstdromen in Babettes hoofd. 'Is dit goed?' Die vraag was voor Thijs bedoeld, die het shot op het display van zijn camera bekeek om vervolgens zijn blik langs Babette te laten glijden. Hij trok met zijn mond en schudde zijn hoofd. 'De achtergrond komt nog niet mooi uit. Ik wil meer van de heuvels laten zien.' Hij deed een stap naar achteren, keek weer door de zoeker en leek al wat meer tevreden. 'Kun je iets naar links?'

Babette deed wat er werd gevraagd, zette vervolgens nog een stap en toch weer een stapje terug. Jack kwam aanlopen, wenkte Mandy en liet haar na een paar woorden terugkeren naar Babette. Van een afstandje bleef hij staan kijken, maar toen Babette opnieuw een blik in zijn richting wierp, was hij verdwenen. 'Oké', zei Mandy toen Thijs eindelijk gelukkig leek te zijn met de positie van de camera. 'Roy? Ben je zover?'

De geluidsman had Babette al voorzien van een zendertje en vroeg haar nu een aantal keer het woord 'test' te herhalen. Bij gebrek aan een achterzak of broekband om het aan te bevestigen, hield Babette het kastje, dat bij het op haar jurk gespelde microfoontje hoorde, in haar hand.

'Camera loopt', zei Thijs en hij vroeg Babette om haar naam en die van de B&B te zeggen. 'Even testen.'

Opeens dook Jack weer op om mee te kijken bij de test van het beeld en het geluid. Op het schermpje van Thijs' camera keken ze de opname terug, Thijs en Roy beiden met een koptelefoon op. Er werden termen uitgewisseld die Babette niets zeiden en toen was het drietal kennelijk tevreden, want Jack gebaarde naar Mandy dat zij van start kon met haar interview.

'Ik ga je zo meteen een aantal vragen stellen', zei de verslaggeefster nu tegen Babette. 'Het is, net als de vorige keer, belangrijk om te onthouden dat we die vragen eruit knippen. Jij praat alsof je uit jezelf je bevindingen en gevoelens met de kijker deelt. Het werkt het beste als je mijn vraag herhaalt in je antwoord. En je hoeft niet in de camera te kijken, kijk maar naar mij alsof wij met elkaar in gesprek zijn.'

'Oké', knikte Babette.

Mandy knikte en checkte nog iets in haar aantekeningen. Babette streek vluchtig met haar hand over haar voorhoofd. Door het wachten in de zon voelde ze zich verhit en ze hoopte dat haar gezicht niet rood was geworden.

'Nee hoor', zei Mandy toen ze dat vroeg. 'Je ziet er geweldig uit.'

Hoewel het geruststellen van nerveuze camera-leken ongetwijfeld een vast onderdeel van haar werk was, klonk de zin oprecht. Babette haalde diep adem en probeerde wat te ontspannen. Rustig praten, sprak ze zichzelf in gedachten toe. Ze had er een handje van om te gaan ratelen als ze nerveus of opgewonden was.

'Klaar voor?' vroeg Mandy en Babette knikte. Het wachten was nog even op Thijs en Roy en toen ook zij hun hand opstaken, gaf Jack het startsein voor de opname.

Mandy verschoof haar zonnebril naar haar voorhoofd, zodat haar blik die van Babette ontmoette. 'Kun je vertellen hoe je je op dit moment voelt?'

Babette slikte en zocht nerveus naar een goed antwoord. 'Ja, ik eh... O, wacht.' Ze keek verontschuldigend. 'Vraag herhalen, sorry.' Ze slikte even en zei toen: 'Ik voel me op dit moment behoorlijk nerveus en tegelijkertijd kijk ik uit naar de aankomst van de vier mannen. Ik ben benieuwd met wat voor types ze mij hebben gematcht en of er een klik zal zijn.'

Een klik... In gedachten moest ze een beetje om zichzelf lachen. Bij het bekijken van vergelijkbare programma's was het haar opgevallen dat dat woord om de haverklap voorbijkwam. Aan de telefoon met Sabine, die gelijktijdig hetzelfde programma keek, was ze zelfs melig gaan turven hoe vaak het woord viel. Bijna iedere kandidaat en potentiële geliefde gebruikte het, en altijd alsof ze daarmee iets volledig origineels zeiden.

'Vergeet ook niet te zeggen dat je graag leuke dingen wil doen', had Sabine lachend aangevuld. 'Om de bingokaart vol te maken.'

Vanaf dat moment had Babette niet meer zonder te lachen naar de kandidaten kunnen luisteren. Bijna iedereen zocht een partner om, inderdaad, leuke dingen mee te doen. Want allemaal hadden ze hun leven wel zo'n beetje op orde, runden ze hun B&B of boerderij makkelijk in hun eentje, maar waren ze het wel zat om 's avonds dan toch weer alleen op de bank te zitten. En ook al was het cliché en had ze zich voorgenomen met originelere bewoordingen te komen, haar eigen verhaal verschilde er natuurlijk niet veel van. Ze redde zich prima in Italië, ze zocht geen mede-eigenaar voor de B&B, maar als ze op een zwoele zomeravond in de tuin met een glas primitivo naar de sterrenhemel keek, miste ze iemand om simpelweg dat moment mee te delen.

'Zo moet je het zeggen', had Sabine knikkend gezegd, na haar eerdere lachbui toen weer serieus. 'Je bent een sterke vrouw die het prima in haar eentje redt, maar met z'n tweeën kan het leven net wat leuker zijn.'

Woorden van die strekking gingen door Babettes hoofd toen Mandy haar volgende vraag stelde. 'Wat zoek je in een man?'

'Ik...' Babette keek per ongeluk in de camera, herstelde haar fout en richtte haar blik weer op Mandy. 'Ik zoek een man die samen met mij het leven nog wat leuker wil maken. Een man die me aan het lachen maakt en die bij een goed glas wijn de wereld met me wil doornemen, die me een andere blik weet te geven en me kan verrassen. En die niet bang is voor een vrouw die haar eigen bedrijf runt en haar eigen geld verdient.'

Mandy knikte goedkeurend en stak haar opgerolde papieren op als teken dat de volgende vraag eraan kwam. 'En kan je ook vertellen wat jij een man te geven hebt?'

Gek genoeg had Babette over het antwoord op die vraag minder lang nagedacht. Ze beet even op haar lip, haalde diep adem en liet toen de woorden die als eerste in haar opkwamen maar gewoon haar mond uit rollen. 'Wat ik een man te bieden heb is een heerlijk leven onder de Italiaanse zon in een prachtige B&B, met een vrouw die positief in het leven staat, altijd in is voor een avontuur of een goed gesprek, die vrij en onafhankelijk is en eh...' Ze haperde een paar seconden omdat ze zelf hoorde hoe haar verhaal suikerzoete vormen begon aan te nemen. '... en die totaal niet kan koken', voegde ze er daarom gekscherend aan toe. 'Op dat gebied valt er voor een man echt heel veel eer te behalen.'

Grinnikend gaf Mandy aan Thijs het teken dat hij kon stoppen met filmen. Dat was eigenlijk het werk van Jack, maar die stond verderop te telefoneren. 'Dat laatste is echt geweldig', zei ze tegen Babette. 'Daar moeten we misschien iets mee doen als de mannen hier zijn. Een avond voor jou koken, bijvoorbeeld.' Ze liep op een drafje naar Jack om het idee aan hem voor te leggen. De regisseur beëindigde net zijn telefoongesprek en aan zijn lichaamshouding was af te lezen dat het hem beviel wat Mandy zei. Met z'n tweeën kwamen ze naar Babette toe. 'Dat met dat koken is briljant', zei Jack goedkeurend. 'Dat gaan we zeker doen. Maar voor nu hebben we meer shots nodig waar we straks de voice-over onder monteren. Ik wil eigenlijk dat je een rondje door de tuin loopt en straks misschien even naar de weg, zogenaamd om te kijken of de mannen er al aan komen.' Hij wees in de juiste richting, alsof Babette niet zou weten waar de weg was. 'Dat zou wel een mooi shot kunnen opleveren.'

Babette knikte en volgde de ploeg naar de tuin, waar ze achtereenvolgens deed alsof ze het grind aanharkte, de kussens van de stoelen schikte, een olijfboom water gaf – wat door het sprinklersysteem niet nodig was – en uiteindelijk heel vaak een controlerondje liep. Jack overlegde ondertussen voortdurend met Thijs of de B&B wel goed in beeld werd gebracht en vooral of de vier kenmerkende ronde huisjes met hun kegelvormige dak – trulli, zoals de Italianen zeiden – niet werden overgeslagen. Het terrein was van oorsprong een hoeve met als hoofdgebouw een groot huis van twee verdiepingen, waar zich naast zes gastenkamers ook de keuken, de centrale woonkamer en Babettes eigen studioappartement bevonden. De hoeve en tuin werden omheind door een witgeverfde muur en daarbinnen stonden de vier trulli waar de regisseur vooral interesse in had. Op zijn verzoek had Babette de mannen daarin ondergebracht, ook al betekende dat dat ze haar reguliere gasten voor enkele weken moest teleurstellen.

'Kun je nog één keer de deur van het huisje opendoen?' vroeg Jack, nadat Babette dat al een keer of vijf had gedaan. 'En dan naar binnen lopen? Wacht even, ja, wacht, wacht...' Hij staarde ingespannen naar de cameraman, stak zijn hand op en bewoog die toen naar beneden ten teken dat Babette in actie kon komen.

Ze begon te lopen, maar Jack riep haar onmiddellijk een halt toe. 'Iets rustiger', zei hij. 'Je hebt geen haast.'

'Oké, oké.' Babette knikte en probeerde haar pas in te houden. Als ze had gedacht dat de cameraploeg vandaag als een soort vlieg op de muur haar normale verrichtingen zou vastleggen, kwam ze bedrogen uit.

Blijkbaar kon haar tempo Jack nu wel bekoren, want hij zei niets meer. Babette liep het huisje binnen, controleerde zogenaamd of de handdoeken waren bijgevuld, de badkamer in gereedheid was en het bed wel goed opgemaakt. Ze stond even stil bij een raam, haalde haar vinger over een randje dat uiteraard stofvrij was en vertelde aan niemand in het bijzonder dat Puglia bekendstond om de witte, ronde huisjes en dat haar gasten zonder uitzondering enthousiast waren over het verblijf erin, ook al was de plek door de ronde vorm eigenlijk best onpraktisch.

'Super', zei Jack uiteindelijk. 'Dat staat erop. Dan lopen we nu even naar de weg voor de laatste shots, oké?'

Babette knikte en bewoog zich zo natuurlijk mogelijk over de oprit van de B&B naar de weg, alsof ze zomaar een wandelingetje maakte en er helemaal geen crew van vier man achter haar aan kwam. Eenmaal bij de weg keek ze naar links en naar rechts en veegde wat stof van het grote naambord, waarop in gouden, krullende letters B&B ITALIA geschreven stond.

Heel even gleden haar gedachten terug naar die avond, een paar maanden voor de opening van de B&B, toen Sabine en haar vriend Eelco naar Italië waren gekomen om een weekend te helpen. Babette en Bastiaan waren er nog steeds niet over uit geweest hoe ze hun plek zouden noemen. Sabine had het uitgeproest van het lachen toen Babette hun gekscherende idee met hun vrienden had gedeeld.

'B&B Bastiaan & Babette? B&B B&B?' Sabine kwam echt niet meer bij. 'Dat is geweldig, dat moet je doen!'

Babette en Bastiaan hadden het serieus overwogen, maar waren toch voor een iets gangbaarder naam gegaan. Eentje die de lading dekte en makkelijk te onthouden was. Maar in hun vriendenkring was die naam nooit echt geland, iedereen was bij het eerdere B&B B&B gebleven. Tot Bastiaan naar Nederland was vertrokken en Babette maar wat blij was dat ze voor 'Italia' hadden gekozen.

'Helemaal goed zo', zei Jack, waarmee hij haar uit haar gedachten haalde. 'We hebben het wel.'

Ze liepen terug naar de B&B, waar Gioia voor de lunch had gezorgd. Daarna stelde Thijs zich op aanwijzing van Jack op voor de aankomst van de mannen. Babette verdween naar haar eigen appartement om zich op te frissen. In de spiegel boven de wastafel keek ze naar haar ietwat verhitte gezicht. Wie haar goed kende, zou feilloos in haar bruine ogen de spanning kunnen aflezen. Maar voor anderen kon ze vrij goed doen alsof ze behoorlijk ontspannen was.

Ze werkte haar make-up bij, haalde een borstel door haar haar en verschikte er nog wat aan. Daarna spoot ze wat parfum achter haar oren, trok haar jurkje recht en na een laatste blik in de spiegel liep ze weer naar buiten.

'Nog een paar minuten', zei Jack en hij wees haar waar ze moest gaan staan. Babette nam haar plek in en wachtte af, terwijl Mandy druk aan de telefoon was en Thijs de geheugenkaart uit de camera haalde en er iets op schreef. Daarna stopte hij een nieuw kaartje in zijn camera. En toen, na wat een eindeloos lange tijd leek, zag Babette beweging aan het einde van de oprit.

Vier zwarte SUV's reden in colonne de oprijlaan van de B&B op, alsof de president van de Verenigde Staten in hoogsteigen persoon arriveerde. Het grind knarste toen de auto's achter elkaar stopten. Thijs liep nu heen en weer om het tafereel vanuit verschillende hoeken zo goed mogelijk vast te leggen, Roy volgde hem telkens op een meter afstand. De twee waren duidelijk op elkaar ingespeeld.

Net toen Babette zich afvroeg waarom de portieren niet opengingen, zag ze dat Jack met zijn hand in de lucht stond. Kennelijk moest hij het teken geven dat het arriveren van de auto's voldoende op band was vastgelegd voor het volgende moment van de aankomst van start kon gaan. Babette staarde met een gespannen gezicht naar de kleine file voor haar neus en voelde haar hart pijnlijk tegen de binnenkant van haar ribbenkast bonken. Jack stak nu vijf vingers op en haalde er telkens eentje weg. In haar hoofd telde ze mee. Nog vier seconden, nog drie. Nog twee. Ze slikte moeizaam. Van elke auto ging het achterportier open. Bloed steeg naar haar wangen en ruiste zo luid in haar oren dat de normale geluiden naar de achtergrond werden gedrongen. Bij elk geopend portier verscheen een figuur. Even voelde ze de camera van Thijs zwaar en nadrukkelijk op zich gericht, maar toen werd haar aandacht als vanzelf naar de derde auto in de rij getrokken. Ze kneep haar ogen samen, staarde een paar seconden ademloos voor zich uit en schudde toen haar hoofd. 'Nee...' zei ze zacht voor zich uit, voornamelijk om zichzelf ervan te overtuigen dat ze het bij het verkeerde eind had. 'Nee, dat kan niet...'

Hoofdstuk 3

STEMMEN KWAMEN DOOR ALSOF HAAR HOOFD ONDER een stolp was gestopt, bewegingen leken vertraagd te gaan. Slechts met grote moeite lukte het Babette om haar mond te sluiten en al die tijd hield ze haar blik gericht op de derde auto in de rij en vooral op de man die daar net uit was gestapt en die nu haar blik nadrukkelijk vermeed.

'Jeroen?' bracht ze uiteindelijk uit met een stem die niet echt op die van haar leek. Ze sprak de naam vragend uit, maar eigenlijk viel er niets te vragen, want ze wist natuurlijk wel dat de man die hier op een meter of tien afstand zijn donkerblauwe overhemd rechttrok en wat om zich heen keek, ooit een van de beste vrienden van haar ex was geweest. Hij en Bastiaan kenden elkaar al voor Babette hem leerde kennen en regelmatig was Jeroen erbij geweest als ze met vrienden op stap waren. Wat hij hier, als deelnemer aan *Amore, Amore*, op haar oprijlaan deed, was haar echter een raadsel.

'Babette?' De stem van Jack brak door de stolp heen en eindelijk kwamen geluiden en stemmen weer normaal haar oren binnen. 'Je eh... je reageert niet. Is alles oké?'

'Ja.' Ze slikte, maar haar mond voelde kurkdroog. Blijkbaar was haar gedrag dermate vreemd dat de regisseur, ondanks de briefing waarin stond dat dit soort momenten ongeregisseerd moesten verlopen, toch ingreep. Babette veegde haar klamme handen af aan haar jurk en deed haar best zichzelf te herpakken. 'Ik eh... ik kan dit echt niet geloven.'

Met de mannen was nog een cameraman gearriveerd, die nu zijn best deed alle vier de dates zo goed mogelijk in beeld te krijgen. Thijs had zijn lens intussen op Babette gericht en ze dwong zichzelf haar verbijstering te beteugelen en meer reactie te geven dan domweg staren. 'Ik ken een van de mannen', zei ze tegen niemand in het bijzonder. De woorden klonken houterig en haar stem was zacht, maar ze moest íéts zeggen. 'Dat is Jeroen, hij is bevriend met mijn ex Bastiaan. En ik heb echt geen idee wat hij hier doet. Het is niet zo...' Ze zocht naar de juiste woorden. 'Ik kan me niet herinneren dat hij ooit op die manier in mij geïnteresseerd is geweest.'

Jeroen had blijkbaar eindelijk genoeg moed verzameld om haar blik te ontmoeten. Op zijn gezicht verscheen een lachje dat iets verontschuldigends had. Met stramme passen liep ze op hem af, Thijs volgde in haar kielzog.

'Hé Babette', zei hij en hij begroette haar met drie zoenen. 'Wat een verrassing, hè?'

'Dat eh...' Ze knipperde een paar keer. 'Dat kun je wel zeggen.' Hij was ouder geworden, dat viel haar op. En hij oogde een beetje onzeker. 'Jij bent echt een van de laatste mensen die ik hier had verwacht.'

'Dat begrijp ik.' Hij fronste even. 'Ik mocht het uiteraard niet vooraf vertellen.'

'Maar ben je... heb je...' Ze wilde zoveel vragen dat er juist geen enkele vraag uit haar mond kwam. 'Ik moet dit even laten bezinken.'

Een seconde lang keken ze elkaar ongemakkelijk aan, toen mompelde Babette dat ze de anderen ging begroeten en draaide zich snel om. Van haar voornemen om relaxed en hartelijk over te komen bij de ontvangst was nu even niets meer over. Ze wist vrij zeker dat de vraagtekens van haar gezicht af te lezen vielen.

Toch dwong ze zichzelf haar gedachten voor nu aan de kant te zetten. Bij elk van de andere auto's stond een man op haar te wachten en ze voelde de lens van de camera nog steeds nadrukkelijk op zich gericht. Met benen die onvast aanvoelden, liep ze naar de eerste auto. Een man met gemillimeterd zwart haar en donkere ogen keek haar aan. Zijn handdruk voelde warm en ietwat nerveus. Even was er een moment waarop de vraag of ze elkaar wel of geen drie zoenen zouden geven in de lucht hing, toen boog Babette zich maar gewoon naar hem toe. Zijn wang voelde net zo warm als zijn hand en hij rook lekker, naar iets kruidigs. 'Ik ben Sam', zei hij. 'Leuk om je te ontmoeten.'

'Babette', antwoordde ze, ook al was die introductie overbodig. 'Welkom in B&B Italia.'

'Prachtige plek', zei Sam terwijl hij zijn blik langs haar liet gaan. 'Nog mooier dan op de foto.'

'Nou, dank je wel. Ik ga even eh...' Ze gebaarde naar de volgende auto. 'Even begroeten.'

'Ja, ja, natuurlijk.' Sam leek opgelucht dat het moment zonder haperingen voorbij was gegaan en Babette liep naar de tweede auto. Daar wachtte een man op haar die meteen zijn intense blik aan de hare haakte. Zijn ogen waren donkerbruin, zijn haar had dezelfde kleur en was lang genoeg om in zijn nek te krullen. De stem waarmee hij zich voorstelde paste precies bij dat enigszins woeste voorkomen. 'Ik ben Harold.'

'Welkom, Harold', antwoordde ze. Ze ging zich niet meer voorstellen, besloot ze, dat stond stom. 'Leuk dat je er bent.'

'Om jouw hart te veroveren', zei hij zonder enige vorm van ongemak. 'Ik wil je graag beter leren kennen, Babette.'

Als deze mannen met elkaar een van die boybands vormden waar ze in haar tienerjaren fan van was geweest, zou Harold ongetwijfeld voor de gedoodverfde hartenbreker moeten doorgaan, bedacht Babette. Sam was dan degene met het knappe, ietwat jongensachtige voorkomen, Jeroen meer de buurjongen die uiteindelijk altijd leuker was dan je dacht. Haar eigen gedachte ontlokte haar een glimlach, zeker omdat ook de vierde man perfect in de vergelijking bleek te passen. Elke band had immers een wat ouder, authentiek lid dat zich zo opvallend niet in een hokje liet vangen dat dat een hokje op zichzelf vormde.

'Frank Hoving', zei de man en hij drukte haar stevig de hand. Deze keer kwam het initiatief voor de zoenen van hem en dat beviel Babette wel. Na de begroeting ontmoette ze zijn donkerblauwe ogen en keek ze vluchtig naar zijn donkere haar, dat aan de slapen al wat grijs begon te worden. Aan zijn huid kon ze zien dat hij ouder was dan zij en ook dat hij veel buiten was geweest. Zijn blik was onderzoekend. 'Leuk dat je er bent, Frank', zei ze.

'Leuk om hier te zijn. En ik ben niet alleen gekomen. Dit is Roxy.'

Hij maakte een gebaar met zijn hand en uit de auto sprong een bruine herdershond tevoorschijn. Babette klapte verrukt in haar handen. 'Geweldig', zei ze en voor het eerst viel er iets van de spanning van haar af. Ze ging op haar hurken zitten om de hond te begroeten met een aai over zijn kop. 'Hé jongen', zei ze, om daarna naar Frank op te kijken. 'Jongen?'

'Nee', zei hij geamuseerd. 'Maar Roxy heeft er geen problemen mee om zo genoemd te worden.'

Babette kwam overeind en keek even naar Jack, maar die gebaarde dat ze gewoon door moest gaan. 'Ik wil jullie graag ontvangen met een hapje en een drankje in de tuin', zei ze tegen de vier mannen. 'Maar eerst wijs ik jullie de kamers waar jullie je even kunnen opfrissen. Hebben jullie hulp nodig met de bagage?'

Ze voelde haar nervositeit afnemen nu ze haar vertrouwde rol van gastvrouw kon aannemen. Gioia dook naast haar op en bood haar hulp aan voor de koffers, maar de mannen droegen hun eigen bagage naar de vier trulli. Babette opende de deuren en liet elk van hen voorgaan naar binnen. Ze vertelde dingen die ook wel voor zich spraken, wenste de mannen een aangenaam verblijf en bleef toen voor de trulli staan omdat ze niet goed wist of ze weg kon lopen. Jack was druk bezig en ook de camera- en geluidsmannen werkten zich in het zweet om de aankomst zo volledig mogelijk vast te leggen.

En toen ineens was de drukte over. De deuren van de huisjes vielen dicht en de crew zette de camera's en microfoons op de grond. 'Geweldig gedaan', prees Jack. 'Dit is een hele fijne scène.'

'Laten we even quoten', zei Mandy. 'Ik kan me voorstellen dat je genoeg gedachten hebt om te delen.'

Die gedachten vlogen als losse flodders door haar hoofd toen Babette Mandy volgde naar de olijfboom. 'Wist jij dit?' vroeg Babette. 'Dat er een bekende bij zat?'

Mandy knikte, maar ging er verder niet op in. Ze wenkte Thijs voor Babette nog iets kon zeggen. 'Is het licht goed hier?'

'Ga hier maar staan', wees de cameraman, waarna hij zelf een stap naar achteren deed en door de zoeker keek. 'Ja, perfect.'

Mandy nam haar plek rechts van de camera in en wachtte tot Jack zich bij hen had gevoegd. Babette hoorde hen kort overleggen en daarna zei Thijs: 'Camera loopt.'

'Babette, je hebt de mannen nu gezien, wat is je eerste indruk?' vroeg Mandy.

Babette zocht naar de juiste woorden, deed haar mond open, maar aarzelde toen weer. Mandy trok haar wenkbrauwen op en keek bemoedigend en een tikje verwonderd tegelijk. 'Ik eh... nee.' Babette schudde haar hoofd, haalde diep adem en zei toen: 'Ik dacht echt dat ik het verkeerd had gezien toen de mannen aankwamen en het portier van de derde auto openging. Degene die uitstapte, ken ik van vroeger. Jeroen is een vriend van mijn ex.'

'Wat vind je ervan dat hij hier nu is?'

'Ik moet wel even wennen aan het idee dat hij hier nu is, maar ik ben ook benieuwd waarom hij zich heeft opgegeven. Toen mijn ex en ik nog bij elkaar waren en ik Jeroen weleens zag, had ik nooit de indruk dat hij echt in mij geïnteresseerd was.'

'Denk je dat hij dat goed wist te verbergen?'

Babette moest nadenken over het antwoord op die vraag. 'Ik denk echt dat het toen niet speelde', antwoordde ze toen. 'Of hij moet heel goed toneel kunnen spelen. Maar ik vraag me wel af wanneer zijn gevoel over mij dan is veranderd.'

Babette wist eigenlijk niet of de vriendschap tussen Jeroen en Bastiaan nog bestond. Ze hoorde Bastiaan nooit over hem, maar dat hoefde natuurlijk niets te betekenen.

'Een geheime aanbidder, dus', zei Mandy met een lachje. 'Wat vind je daarvan?'

'Ik weet niet of hij een geheime aanbidder is', zei Babette nadenkend. 'Maar dat gaan we de komende dagen uitvinden. Ik ben heel benieuwd naar wat hem hier brengt.'

'En de andere mannen?' wilde Mandy weten. 'Wat is je eerste indruk van hen?'

'De andere mannen lijken me heel interessant', zei Babette, bij gebrek aan een beter woord. 'Allemaal verschillende types, dus er is genoeg om uit te kiezen.'

'Is er nu al iemand die je opvalt? Iemand van wie je meer wil weten?'

Babette fronste even. 'Ik heb niet echt één type waar ik op val, dus ik sta voor iedereen open. Ik kijk ernaar uit om de mannen allemaal beter te leren kennen en uit te vinden wie ze zijn en met wie ik een klik heb.'

Mandy knikte goedkeurend, maar Babette vond haar eigen woorden vreselijk. Ze leek alleen maar in algemeenheden en clichés te kunnen praten. Maar ze wist ook niet wat ze anders moest zeggen nadat ze de mannen minder dan vijftien minuten had gezien.

'Dat komt vanzelf goed', zei Mandy toen Babette er iets over opmerkte. 'En het is ook goed om te weten dat we natuurlijk veel meer opnemen dan we kunnen uitzenden, dus misschien komt dit stukje er helemaal niet in.'

'Kunnen we door?' vroeg Jack. Hij keek op zijn telefoon. 'Een drankje in de tuin met alle mannen nu het nog licht is, is dat oké voor jou? Dan nemen we meteen het programma voor de komende dagen door.'

Babette knikte en liep achter de crew aan naar de tuin, waar Gioia uit eigen beweging glazen en koele drankjes had klaargezet. In een koeler gevuld met ijs stond een fles witte wijn naast een fles prosecco, sap, water en een paar flesjes bier. Babette maakte een mentale aantekening om haar steun en toeverlaat op z'n minst loonsverhoging te geven, en compensatie voor alle overuren. 'Nog iets nodig?' vroeg Gioia. 'Ik heb wat antipasti klaargemaakt, die zal ik zo brengen als de mannen er zijn.'

'Je bent geweldig', fluisterde Babette haar toe. 'Wat moet ik zonder jou?'

Gioia wuifde die woorden weg en verdween weer naar binnen. Babette ging op de loungebank zitten.

Mandy klopte op de deuren van de trulli om de mannen naar de tuin te halen. Frank kwam als eerste tevoorschijn, op de voet gevolgd door zijn hond. Heel even leek hij te aarzelen, toen koos hij voor een plek op een van de stoelen, niet op de lege plek naast Babette op de bank. De hond ging aan zijn voeten liggen. Net toen Babette iets over het dier wilde zeggen, voegde Jeroen zich bij hen.

'Dat was een verrassing, of niet?' vroeg hij toen hij naast haar op de bank ging zitten. 'O, lekker.'

Hij leunde meteen weer naar voren en begon drankjes in te schenken. 'Wat drink jij?' vroeg hij aan Babette. 'Nog steeds pinot grigio?'

'Dat je dat hebt onthouden', zei Babette verbaasd.

'Natuurlijk.' Jeroen opende de wijnfles en schonk een glas voor haar in. 'Biertje?' vroeg hij aan Frank, maar die schudde zijn hoofd. 'Ik neem wat water.'

Jeroen overhandigde hem de fles en een glas en leunde daarna achterover. Hij hield zijn wijnglas op naar Babette. 'Op een mooie tijd hier in B&B Italia', zei hij enigszins vormelijk en tikte met zijn glas tegen het hare. Daarna hief hij zijn glas in de richting van Frank. '*Saluti!*'

Een paar seconden was het stil toen ze alle drie een slok namen. Daarna zette Jeroen zijn glas neer, draaide zich naar Babette en vroeg: 'Schrok je?'

'Eerlijk gezegd wel', zei ze met een lachje. 'Ik had nu niet bepaald het idee dat jij mij altijd zo leuk vond. Meer een soort bijkomstigheid bij Bastiaan.'

Jeroen keek even naar zijn handen en leek wat verlegen te worden toen hij zei: 'Dat was vroeger ook wel zo, maar nadat ik een keer bij jullie in Italië was geweest, kreeg ik door wat een geweldige vrouw jij bent. Alleen, je was natuurlijk met Bastiaan, dus ik heb daar nooit iets mee gedaan. En toen jullie uit elkaar waren vond ik het niet zo netjes, nog los van het feit dat ik je toen al een tijd niet had gesproken.'

'Je hebt me nu ook al een tijd niet gesproken', zei Babette. 'En toch heb je je opgegeven.'

'Ik zag de oproep van het programma en dat raakte iets in mij. Toen heb ik de stoute schoenen aangetrokken en Bastiaan gebeld, ook al zie ik hem tegenwoordig een stuk minder dan vroeger. Op de man af heb ik hem gevraagd of hij het erg zou vinden als ik me zou opgeven.'

Babette probeerde zich dat gesprek tussen de twee mannen voor te stellen. Het ontlokte haar een lachje. 'En wat zei hij?'

'Hij voelde zich overvallen', zei Jeroen nadenkend. 'Althans, dat denk ik. Maar al vrij snel zei hij dat het wat hem betrof geen probleem was. Dat hij het mooi zou vinden als je het geluk zou vinden bij mij.'

Babette vroeg zich af of dat Bastiaans letterlijke woorden waren geweest, want ze vond ze niet erg bij hem passen. 'Dat is aardig van hem', zei ze desondanks. 'Ik kan me voorstellen dat de makers van *Amore, Amore* je meteen uitkozen.'

'Ik werd binnen twee dagen gebeld', zei Jeroen knikkend. 'Volgens mij vonden ze het wel een mooi verhaal.' Hij pakte zijn glas weer en keek haar nu onderzoekend aan. 'En jij? Als je liever wil dat ik meteen wegga of zo, dan...'

Babette kneep haar ogen samen en probeerde te bepalen of hij het meende. Toen schudde ze haar hoofd en probeerde haar toon zo luchtig mogelijk te houden. 'Nee hoor. Ook al was je bevriend met Bastiaan, ik ken je eigenlijk helemaal niet zo goed. Laten we op z'n minst daar verandering in brengen.'

Het leek of Jeroen die woorden op zich moest laten inwerken. Gelukkig werd de stilte opgevuld doordat Sam zich bij hen voegde. Hij droeg een donkergroene polo met alle knoopjes dicht en een kaki korte broek. De teenslippers aan zijn voeten maakten een tikkend geluid toen hij aan kwam lopen. 'Iets drinken?' vroeg Babette voor Jeroen het kon doen.

Sam koos voor prosecco en Babette schonk het voor hem in. 'Wat een prachtige plek heb je hier', zei hij en hij leek het oprecht te menen. 'Dat huisje is ook zo leuk. Ik kende die trulli helemaal niet voor ik me ging verdiepen in deze streek.'

'Was je weleens in Puglia geweest?' vroeg Babette terwijl ze bij wijze van proost haar glas naar hem ophield. Ze wierp een blik op Thijs en Roy, die continu aanwezig waren maar die ze niet echt meer opmerkte. Misschien had Jack daarin toch gelijk.

'Nog nooit', zei Sam. Hij streek over zijn kin alsof hij een baard had, ook al was zijn huid daar glad. 'Wij gingen eigenlijk nooit op vakantie vroeger, behalve om de paar jaar naar mijn grootouders in Paramaribo.'

'Heb je Surinaamse roots?' vroeg Babette. Ze had natuurlijk wel gezien dat Sam een donkere huid had, maar had hem nog niet gevraagd waar zijn achtergrond lag. Nu knikte hij. 'Mijn ouders zijn in de jaren zeventig allebei naar Nederland gekomen om te studeren en hebben elkaar uiteindelijk in Friesland ontmoet. Zelf ben ik geboren en getogen in Groningen.'

'Suriname lijkt me een prachtig land', zei Babette.

'Dat is het ook', knikte Sam. 'De jungle is ongelooflijk mooi. Maar Europa heeft volgens mij ook veel mooie plekken, die ik nog moet ontdekken. Mijn ex was stewardess en omdat we altijd goedkoop konden vliegen, gingen wij meestal ver weg op vakantie, buiten Europa.'

'Relaxed', vond Jeroen, waarmee hij het ietwat ongemakkelijke moment waarop Sam al meteen een ex-vriendin ter sprake bracht, snel ongedaan maakte. 'Waar ben je allemaal geweest?'

Sam noemde een indrukwekkende lijst landen op. 'Het voordeel van remote werken', zei hij. 'Het maakt mijn opdrachtgevers niet uit of ik in Haarlem of op Hawaï zit.'

De grap klonk wat ingestudeerd, maar zorgde desondanks voor een lachje bij de rest. Net toen Babette het gesprek weer wilde oppakken, voegde het laatste lid van de groep zich bij hen. Harold had zich omgekleed, zag Babette, en droeg nu een witte chino en een lichtblauw linnen overhemd met opgerolde mouwen. Aan zijn voeten had hij suède loafers en hij rook overdadig naar een fris, lenteachtig parfum. Hij stootte bijna zijn hoofd aan de pergola en nu pas viel het Babette op dat hij zeker twee meter lang was.

Harold ging zitten, schonk zichzelf een glas prosecco in en daarna proostten ze gezamenlijk op het tv-programma en hun verblijf in Italië. Babette had het gevoel dat ze iets moest zeggen, al wist ze niet precies wat, en uiteindelijk kwam ze met een paar zinnen waarin ze de mannen welkom heette in de B&B en haar hoop uitsprak dat ze een fijn verblijf in Italië zouden hebben, precies zoals ze bij reguliere gasten zou doen. Gelukkig kwam Gioia de hapjes brengen, waarna er vanzelf een gesprek ontstond tot Jack zich bij hen voegde. Thijs en Roy verdwenen, Mandy trok een stoel bij vanaf de eettafel. Jack vulde een wijnglas tot ver boven het midden en nam daarna het woord. 'Jullie kennen het concept, maar toch neem ik graag nog even de komende dagen met jullie door', zei Jack. Hij had zich opgefrist en zag er niet meer zo verhit uit als eerder. 'De komende dagen gaan jullie elk op date met de dame om wie het natuurlijk allemaal draait...' Hij maakte een weids armgebaar naar Babette, die een grappig gezicht trok. 'En wie niet op date is, helpt mee in de B&B, want daar valt altijd genoeg te doen. En dan kunnen jullie alvast snuffelen aan het bestaan als B&B-houder, om maar even op de zaken vooruit te lopen.'

Er ging een lachje door de groep. 'Ik kan heel goed champagne inschenken', zei Harold. 'Laat dat mijn taak maar zijn.'

'Verkeerde land, vriend', verbeterde Jeroen hem gekscherend. 'Hier drinken ze prosecco.'

'Daar merk je met inschenken niets van. Hierover gesproken: wil iemand?' Hij vulde zijn glas en dat van Sam bij.

'Voor wat betreft de dates,' ging Jack verder, 'hiervoor heeft Babette een lijstje gemaakt van activiteiten in de omgeving die zij graag wil doen. Jullie mogen kiezen wat jullie voorkeur heeft. Harold, jij bent de eerste die morgen op date gaat, dus aan jou de eer.' Jack overhandigde hem een vel papier en Harold trok een rimpel in zijn voorhoofd toen hij las wat erop stond. 'O, dat is makkelijk', zei hij. 'Dat wordt varen met de speedboot.'

'Deal', zei Jack. 'De rest mag telkens de avond voor de date kiezen. Morgenochtend zal Babette jullie vertellen wat er in de tijd dat zij weg is van jullie wordt verwacht. Voor nu heb ik geen mededelingen meer voor jullie.' Hij keek zoekend om zich heen. 'Ik begreep dat er straks voor eten wordt gezorgd, dat heeft Sophia allemaal geregeld. Ze zou pizza's bestellen. Als het goed is, komt ze ook nog even langs.'

Even dacht Babette dat hij een grap maakte over die pizza's, maar hij leek het echt te menen. 'Wat mij betreft maken we die gewoon in de pizza-oven, hoor', zei ze toen en gebaarde naar de grote oven in het bouwsel aan de rand van de tuin. 'In het land van de pizza's hoef je niet per se je heil te zoeken bij een middelmatige bezorgservice.'

Jack keek naar de oven alsof hij zoiets voor het eerst zag. Daarna pakte hij de wijnfles, schonk zichzelf bij en zei: 'Laten we dat doen dan. Kan nog leuke beelden opleveren ook.'

In een poging elkaar af te troeven boden zowel Harold als Jeroen aan de oven op te stoken en hoewel Babette dat prima zelf kon, liet ze het tweetal begaan. De wijn had iets van haar spanning weggenomen en het lukte haar eindelijk om achterover te leunen en het schouwspel op zich te laten inwerken. Mandy nam de mannen een voor een mee voor een quotesessie en Babette vroeg zich af wat ze over haar zouden zeggen, maar liet die vraag daarna net zo makkelijk weer van zich af glijden. Ze richtte haar blik op Jeroen, die in de weer was met hout en aanmaakblokjes, en daarna op Frank die de nek van Roxy streelde en in gedachten verzonken leek te zijn. Het idee dat een van deze mannen misschien wel degene was met wie ze haar leven zou gaan delen, was zo bizar dat ze die maar weer liet gaan. Eén stap tegelijk, sprak ze zichzelf in gedachten toe. En met elke slok wijn die ze nam, lukte het haar beter om zich daar ook aan te houden.

Hoofdstuk 4

BABETTE WIST NIET PRECIES WAARVAN ZE WAKKER was geworden, ze wist alleen dat er ondanks de zacht zoemende airconditioning zweet prikte in haar nek. In haar oren klonk ruis en ze had een droge mond. Haar hart bonkte onrustig en even sloot ze haar ogen. Beelden die zich niet lieten vangen trokken weg en ze moest wel eng gedroomd hebben, want haar lijf voelde aan alsof het in een vluchtstand stond, terwijl ze gewoon in haar eigen bed in haar eigen slaapkamer lag. Ze tikte tegen het scherm van haar telefoon op het nachtkastje om de tijd te zien.

3.24 uur.

Ze draaide zich om en trok de deken verder over zich heen. Haar hoofd was nu tot rust gekomen, net als haar hart. Dat er iets was dat haar uit haar slaap had gehaald, moest ze zich hebben verbeeld. Raar hoe dromen soms ineens heel echt konden lijken. Ze sloot haar ogen weer en probeerde de slaap opnieuw te vatten, hopend dat haar gedachten niet net nu zouden gaan malen zoals gedachten dat soms midden in de nacht konden doen. Maar gelukkig kwamen ze langzaamaan tot rust en net toen de prettige deining van de slaap haar weer meevoerde, schoot haar hartslag ineens zo hard omhoog dat het pijn deed. Het volgende moment was de slaap verdwenen.

Ze had het goed gehoord. Van buiten klonk een geluid. Iets hards, alsof er metaal over een harde ondergrond schraapte. Babette schoot overeind en deed het lampje naast haar bed aan. Haar hart bonkte opnieuw en nu harder, bijna pijnlijk. Ze sloeg de deken terug en ging op de rand van het bed zitten. Met haar rechterhand knipte ze het lampje weer uit en daarna liep ze naar het raam, schoof het gordijn een stukje opzij. Vanaf hier had ze zicht over de binnenplaats en de oprijlaan, allebei verlicht door het roomwitte schijnsel van de tuinlampen. Haar hartslag was omhooggekropen en bevond zich nu in haar keel. Ze legde haar hand ertegenaan en voelde misselijkheid opkomen terwijl ze haar blik heen en weer liet glijden. Op de binnenplaats was niemand te zien en ook de oprijlaan was verlaten. De poort die de twee van elkaar scheidde, was gesloten en stevig vergrendeld. Ze wist niet beter dan dat ze in een veilige omgeving woonde en in al die jaren hier had ze nooit reden gehad eraan te twijfelen, maar toch nam ze altijd liever het zekere voor het onzekere. Elke avond draaide ze de poorten van de tuin en deuren van het hoofdgebouw stevig op slot, ze moest er immers niet aan denken dat haar gasten te maken kregen met een inbraak.

Babette bleef nog een tijd staan kijken, maar buiten veranderde er niets. Op de weg reed een auto voorbij. Vaag kwam de vraag op wat die daar op dit tijdstip deed. Ze liet het gordijn weer op z'n plek vallen en kroop terug in bed.

De airconditioning was tijdelijk afgeslagen omdat de gewenste temperatuur bereikt was. Het was nu stil en in die stilte verbeeldde Babette zich dat ze allerlei geluiden hoorde. Knarste daar de poort? Hoorde ze voetstappen buiten? Het huis stamde uit 1800, er kraakte, piepte of ruiste altijd wel iets. Maar vannacht klonken de geluiden anders.

Ze sloot haar ogen en hoopte op de terugkeer van de slaap, maar die leek alleen maar verder weg te drijven. In plaats daarvan begonnen haar gedachten juist meer en meer op stoom te komen. De vier mannen passeerden een voor een de revue. Ze vond het leuk dat ze alle vier anders waren. Bij een van de voorgesprekken met de producent, met een man en een vrouw die ze daarna nooit meer had gezien en die kennelijk alleen het selecteren van kandidaten als taak hadden, was haar gevraagd wat haar type was. Die vraag had ze op haar zestiende moeiteloos kunnen beantwoorden, toen ze altijd was gevallen voor de sportieve jongens. Tot ze erachter kwam dat ze dan elke zaterdag langs een veld stond en bovendien voortdurend over voetbal, hockey of een andere balsport moest praten. Maar toen ze rond de twintig was, werd het type waarop ze viel minder afgetekend. 'Ik val op een persóón', had ze weleens tegen Sabine gezegd, waarop die serieus had geknikt, want op dat moment was dat een hele openbaring geweest. Als ze terugdacht aan haar vriendjes was er ook geen lijn in te ontdekken. Van avontuurlijk naar een soort rockster, van een gesloten babyface naar een keurige rechtenstudent en uiteindelijk naar Bastiaan, met wie ze vooral het gevoel had gehad het leven en de wereld te willen ontdekken.

En nu deze vier mannen. Ze dacht aan Frank met zijn wat gesloten gezicht. Was hij altijd zo geweest of had het leven hem genoeg voorgeschoteld om zich af te sluiten? Eerder had hij verteld dat hij bij de politie had gewerkt. Dat werk moest hem in de meest spectaculaire, maar net zo goed de meest emotionele situaties hebben gebracht. Daar stond Jeroen met zijn open, vrolijke gelaat tegenover. Zorgeloos, zo zou ze hem omschrijven. Jeroen had het soort uitstraling waarmee hij altijd een jongen zou blijven, in voor avontuur. Het lukte haar nog niet om hem te zien als een echte kandidaat voor de liefde, daarvoor was hij nog te veel een vriend van Bastiaan. Maar aan de andere kant: een gevoel kon groeien en Jeroen was hier nog maar net.

Sam was weer een ander verhaal. Ze vond hem interessant en ze had al meteen gezien dat hij met een blik naar haar keek die haar niet koud liet. Hij stak zijn interesse in haar niet onder stoelen of banken en dat was vleiend. Harold als laatste was meer het type met wie je misschien wel lange, hoogdravende gesprekken kon voeren bij een glas wijn – al was dat de invulling die ze zelf gaf, want ze had vooralsnog niet meer dan een paar woorden met hem gewisseld. Bovendien dacht ze...

Met een ruk zat ze ineens overeind. Haar hart, dat pas net tot bedaren was gekomen, bonkte weer stevig en ze hijgde van schrik. In haar oren klonk nu een ruis op het ritme van haar hartslag, maar ze wist zeker dat ze zojuist een ander geluid had gehoord. Een geluid dat van buiten kwam.

Voor de tweede keer sloeg ze haar deken terug en stapte uit bed. De airco sloeg weer aan en de zachte zoem vulde de ruimte. Ze schoot in haar badjas en slippers, bond haar haar in een staart en opende de deur van haar appartement.

De gang was verlicht, zoals altijd 's nachts. Achter de deuren van de gastenkamers heerste stilte. Ze sloop de trap af, pakte de sleutels uit het sleutelkastje en liep de tuin in. De lucht was vochtig en rook naar citrus. Krekels gaven hun gebruikelijke concert. Boven haar hoofd fonkelden sterren en dichterbij, bij de muur, klonk geritsel, waarschijnlijk van een dier. De tuin oogde verlaten.

Besluiteloos bleef ze staan, terwijl haar hart maar bleef bonken. Ze had iets gehoord, ja, maar waar? Als ze had moeten raden, zou ze zeggen dat het het knarsen van een van de poorten was geweest, maar door de dikke muren heen kon een geluid net zo goed vervormen. Ze probeerde de poort naar de oprijlaan, maar die was stevig op slot. De grendel zat erop en zelfs met een sleutel zou het onmogelijk zijn de deur van buitenaf te openen.

Terwijl haar lijf smeekte om weer naar binnen te gaan, dwong ze zichzelf een paar passen te zetten. Het knerpen van het grind klonk ongewoon hard onder haar voeten en ze hield haar adem in. Van alle vier de trulli waren de gordijnen gesloten. Ze bleef staan luisteren, maar er was natuurlijk niets te horen. Ze moest de poort in de tuinmuur controleren en dan kon ze weer naar binnen, terug naar bed. Misschien nog wat slapen, al leek die kans verkeken te zijn.

'Kom op', mompelde ze tegen zichzelf. Haar knieën trilden en alles in haar verlangde naar de veiligheid van haar eigen appartement. Met vlugge passen liep ze dan maar naar de poort, om er zo snel mogelijk vanaf te zijn. Ergens ver weg blafte een zwerfhond, of misschien een van de honden die hier op het platteland op het erf van een boerderij leefde. Dichterbij zetten de krekels nog een tandje bij. De nacht was niet koud maar toch rilde Babette onder haar badjas.

Eenmaal bij de poort stak ze vlug haar hand uit en duwde de klink naar beneden. Even verdreef de verbazing haar nervositeit toen die meegaf. Meteen daarna liet ze de klink geschrokken los, alsof die onder stroom stond. De poort zou op slot moeten zijn, maar zwaaide knarsend open. Erachter lag het braakliggende land er donker bij, slechts verlicht door het schijnsel van een halve maan. Snel trok ze de poort weer dicht en verschoof de grendel aan de bovenkant. Daarna haalde ze haar sleutelbos uit de zak van haar badjas en draaide het slot om. In haar hoofd buitelden vragen over elkaar heen. Ze wist zeker dat ze de poort gisteravond bij haar laatste ronde had gecontroleerd, maar toen ze haar ogen sloot en dat moment probeerde terug te halen, lukte dat niet. De ronde was haastig geweest, want ze was moe, afgeleid ook door de vele indrukken van de dag. Normaal gesproken was ze zorgvuldig, maar kon het zijn dat ze de gebruikelijke controles slordig had gedaan? Ze haalde diep adem en voelde iets van geruststelling door zich heen gaan. Dat moest het zijn, niets anders dan haar eigen stommiteit.

Ze duwde de klink naar beneden, maar deze keer gaf de poort niet meer mee. Daarna draaide ze zich om en liep met snelle passen terug naar het hoofdgebouw, de deur door, de trap op. In bed trok ze de deken zo ver mogelijk op. Het duurde lang voor haar hart weer tot bedaren kwam en pas toen er al licht door een kier in de gordijnen kwam, viel ze in een lichte, onrustige slaap.

'Babetta?' Gioia kwam de keuken binnen, op de voet gevolgd door twee mannen in nette kleding. 'Er is bezoek voor jou.'

Babette draaide zich om. Ze had net haar eerste slok koffie genomen in de hoop dat die de vermoeidheid wat zou verdrijven. Wat glazig keek ze het tweetal aan. De mannen waren duidelijk geen gasten van de B&B. 'Hallo', zei ze en toen pas herkende ze de mensen met wie ze een paar dagen geleden aan tafel had gezeten. 'O, wat goed dat jullie er zijn.'

Ze veegde haar handen af aan haar schort, schudde de twee mannen de hand en probeerde haar verwondering over de snelle komst van de ambtenaren te verbergen. Ze had hen pas over een paar weken verwacht, maar de ambtelijke molens hadden blijkbaar aan tempo gewonnen. 'Kan ik iets inschenken? Koffie misschien?'

'Nee, nee.' De oudste van de twee schudde zijn hoofd en antwoordde ook voor zijn collega. 'Laten we naar het betreffende perceel gaan en in kaart brengen wat uw plannen zijn, dat is de reden dat we hier zijn.'

Babette knikte. Ze wierp een vluchtige blik op Jack en Mandy. 'Ik ben zo terug', zei ze toen. 'Deze mensen eh...'

Ze maakte haar zin niet af. Het deed er ook niet echt toe wat deze mensen kwamen doen. Ook al werden er bij het ontbijt weer volop opnames gemaakt en zou ze zo meteen de mannen aan het werk zetten in de B&B om vervolgens zelf op date te gaan met Harold, ze had ook nog gewoon een bedrijf te runnen.

Voor het tweetal uit liep ze door de tuin naar het naastgelegen stuk grond. Ze liep een rondje met hen over de zwarte aarde, schopte hier en daar een steentje weg en probeerde ondertussen duidelijk te maken wat ze in gedachten had. Ze gebaarde waar het zwembad moest komen, wat ze met de rest van de grond wilde doen en hoe de uitbreiding niet alleen goed zou zijn voor de B&B maar ook voor het toerisme in de omgeving. De zinnen rolden soepel haar mond uit en ze meende goedkeuring in de ogen van een van de twee mannen te zien, wat haar nog een tandje bij deed zetten in het overbrengen van haar enthousiasme. 'Niet alleen profiteert de omgeving ervan, het maakt deze plek ook gewoon een stukje mooier', sloot ze haar verhaal af. 'Want u kunt zelf ook zien dat zo'n braakliggend stukje grond alleen maar afval aantrekt.' Met haar voet bewoog ze een lege kartonnen doos en een lapje stof waarvan de herkomst onduidelijk was. 'Om het nog maar niet te hebben over het onkruid dat hier groeit. Ik kan er echt iets moois van maken, als u me de kans geeft. Zoals u al heeft gezien tijdens onze vorige afspraak, heb ik de ontwerptekeningen al laten maken. Die kan ik uiteraard naar u toe sturen via e-mail.'

'Graag', knikte de jongste van de twee mannen. Daarna wierp hij een blik op zijn collega.

'Bedankt voor uw tijd', zei die. Hij stak zijn hand uit. 'We houden contact.'

Babette zei gedag en keek de twee mannen na toen

die over de braakliggende grond naar de weg liepen, waar een blauwe Fiat geparkeerd stond. Ze wist niet goed wat ze moest denken. Was ze te optimistisch als ze zei dat ze de welwillendheid bij het tweetal had gezien?

In gedachten verzonken liep ze terug naar de poort van de B&B. Pas op het laatste moment merkte ze op dat daar iemand stond. 'Sorry.' Jeroen deed een stap opzij. 'Ik was even van het uitzicht aan het genieten.'

Babette wuifde zijn verontschuldiging weg. 'Ga gerust je gang. Al wil Jack volgens mij dat we zo meteen beginnen met de taakverdeling.'

'Laten we die kant op gaan', zei hij. Babette liep naar het hoofdgebouw, op de voet gevolgd door Jeroen. De crew zat nog in de keuken en leek gelukkig geen haast te hebben. Frank en Sam waren nergens te bekennen, Harold keek ingespannen naar het scherm van zijn telefoon. 'Meer koffie?' vroeg Babette en Jack knikte dankbaar.

'Heb je plannen met die grond?' vroeg Jeroen toen Babette iedereen van koffie had voorzien. 'Het zag eruit als een serieuze bespreking.'

Babette aarzelde even en keek naar Thijs, maar die dronk van zijn koffie en maakte geen opnames. 'Dit is informatie die ik liever nog even niet op televisie heb', zei ze. 'Maar ik wil het stuk grond naast de B&B aankopen om te kunnen uitbreiden. Het is mijn grote wens de tuin groter te maken en een zwembad aan te leggen.'

Harold floot tussen zijn tanden. 'Cool.'

'Ja.' Babette pakte haar eigen koffie. 'Heel cool. Maar ook een heel proces waar ik nog maar net aan begonnen ben. De eerste stap is de medewerking van de gemeente, daar kwamen die twee mannen net voor. De grond wordt al jaren niet gebruikt en er zijn ook geen plannen mee, maar ze moeten het wel aan mij willen verkopen. En ik moet natuurlijk financiering regelen, zowel voor de grond als voor de aanleg van het zwembad. Dus voorlopig kun je je zwembroek nog wel in de kast laten.'

'Denk je dat het gaat lukken?' vroeg Jeroen. 'Staat de *comune* welwillend tegenover jouw plannen?'

Hij had zich blijkbaar in de materie verdiept, aangezien hij het Italiaanse woord kende. Babette trok met haar mond. 'Het is lastig in te schatten. Ik zou denken dat het voor iedereen beter is om die grond bij de B&B te trekken en er iets moois van te maken. Maar het was destijds ook een enorm gedoe om de juiste vergunningen te krijgen voor de uitbreiding van het hoofdgebouw. We hebben er maanden op moeten wachten.'

'Is dat niet altijd zo in Italië?' Jeroen hield zijn hoofd schuin.

Babette knikte. 'Ik heb in elk geval geprobeerd duidelijk te maken dat mijn plannen serieus zijn. Ik heb tekeningen laten maken, ik heb mijn verhaal zo overtuigend mogelijk gebracht. Nu is het afwachten.'

Jeroen knikte een paar keer, Harold keek weer naar zijn telefoon. Jack nam de laatste slok van zijn koffie en stond op. 'Goed, laten we aan de slag gaan. Babette, wat zijn de taken die je voor de mannen hebt bedacht?'

'We kunnen alvast beginnen met graven?' zei Jeroen gekscherend. 'Dan hou je in elk geval een zwembad over aan het programma. Daar heb je misschien wel meer aan dan aan een man.'

Hij lachte om zijn eigen grapje en Babette deed mee. 'Als jij het voor elkaar krijgt de gemeente over te halen en o ja, ook meteen maar even die lening te regelen, beloof ik dat ik je deze week niet wegstem.'

'Hoho', riep Harold. 'Geen dealtjes maken, dat staat in het contract: de kandidaten en de dates mogen niet onderling onderhandelen over de voorwaarden van het verlengen of afbreken van het verblijf.'

'Waar zijn de andere twee?' vroeg Jack en alsof ze hem hadden gehoord kwamen Frank en Sam net op dat moment binnen. Gioia voegde zich ook bij hen. Als enige werknemer van de B&B zou zij toezicht houden op de mannen die aan het werk gingen terwijl Babette en Harold hun date hadden.

Thijs zette de camera aan, Roy checkte het geluid en Mandy maakte wat aantekeningen. Toen iedereen klaar was, ging Babette aan het hoofd van de tafel zitten. Frank en Sam namen aan de ene kant van de tafel plaats, Harold en Jeroen aan de andere. Gioia bleef op een afstandje terwijl Babette het woord nam. 'Er komen straks nieuwe gasten', zei ze tegen de mannen. 'Een ouder stel dat hier al eerder is geweest en een gezin van vier dat twee kamers naast elkaar heeft geboekt. Gioia heeft een lijst met wat er nodig is in de kamers en het is de taak van een van jullie om die op orde te brengen. Daarnaast heeft er gisteren al een stel uitgecheckt, maar we zijn er nog niet aan toegekomen de kamer klaar te maken voor de volgende gasten. Ik had bedacht dat het een mooie taak is voor Frank om zich met de kamers te gaan bezighouden, uiteraard met Gioia als supervisor.' Ze keek naar de man, die zijn ene hand op tafel had gelegd en zijn andere op de kop van zijn hond. Hij lachte naar haar en tikte tegen zijn denkbeeldige hoed. 'Komt in orde.'

'Goed', zei Babette. 'Sam, jij gaat je bezighouden met de tuin. Onze gasten leven over het algemeen niet op hun kamers, maar buiten. Ik wil dat alles er netjes uitziet: geen onkruid, geen blaadjes, alle meubels op hun plek, de kussentjes recht. In het opslaghok vind je benodigdheden en als je vragen hebt, kan je bij Gioia terecht.'

'Komt goed', zei Sam. 'Je gaat niet weten wat je ziet.'

'En Jeroen, voor jou heb ik ook een leuke taak. Wekelijks komt de groothandel hier leveren en de bakker komt elke ochtend, maar in de tussentijd moeten er ook inkopen worden gedaan in het dorp. Er zijn bijvoorbeeld verse bloemen nodig, maar ook koffiebonen en kaas van de speciaalzaak. Hier is een lijstje.' Ze schoof een papier over de tafel naar hem toe. 'En hier zijn de autosleutels.'

'Gaan we regelen', zei Jeroen. Hij keek van Babette naar de anderen. 'Ik vind het wel leuk om de omgeving een beetje te verkennen.'

'Oké dan.' Babette stond op en richtte haar blik op Harold. 'En dan gaan wij zo op pad, geloof ik.'

Ze liepen naar buiten, waar net twee extra cameramensen aankwamen. Met opnames op drie locaties was er ook vandaag weer extra personeel ingehuurd. Babette zag een vrouw van haar eigen leeftijd met een strakke spijkerbroek en een mouwloze top waardoor te zien was dat het vele sjouwen met de zware camera de spieren van haar schouders goed had gedaan. De ander was een man van in de vijftig die de camera ronddroeg alsof die niets woog. Op de oprit verscheen een zwart busje. 'Klaar voor?' vroeg Jack. Hij overhandigde Babette een envelop. 'Alles is geregeld, de bevestiging zit hierin. Jullie gaan vandaag samen op pad, met Thijs en Roy.'

Babette pakte haar spullen, wachtte tot Harold zover was en net toen ze Sam met een bladblazer voorbij zag komen, stapte ze in het busje. Het was een model met twee achterbanken tegenover elkaar. Harold volgde haar en ging dicht naast haar zitten, ook al was er genoeg ruimte voor wat afstand. Thijs en Roy installeerden zich tegenover hen. Babette vroeg in het Italiaans aan de chauffeur of hij de bestemming wist. De man knikte en wuifde haar woorden weg. '*Sì, sì.*'

'Geef je eraan over', zei Harold dicht bij haar oor.

'Alles is geregeld. Je hoeft alleen maar te genieten van mijn gezelschap.'

Babette wist niet zeker of de hand die hij op de hare legde daar per ongeluk terecht was gekomen of dat Harold had besloten te proberen het maximale uit de date te halen. Ze aarzelde, maar liet haar hand uiteindelijk liggen, ook omdat de camera van Thijs er zo nadrukkelijk op gericht was. Na een paar seconden haalde Harold zijn hand weg en wees naar iets wat hij buiten zag. Babette voelde de huid van haar nek prikken.

Het kostte een halfuur om bij de haven te komen en daarna nog een halfuur voor ze met de boot – een groot model speedboot die zo wit was dat Babette er alleen met een zonnebril naar kon kijken – de zee op voeren. Aan het roer stond een kapitein, ook al had Harold gezegd dat hij zelf wel wilde varen.

'*Cincin.*' Harold stak nu het glas prosecco naar haar op dat ze bij het aan boord gaan hadden gekregen, samen met een rieten mand. 'Laten we proosten op een mooie date.'

Babette maakte een instemmend geluid en nam een slok van de drank, die fris tintelde in haar mond. Harold nam plaats op de zachte kussens van de bank op het achterdek en opende de mand, die allerlei ingrediënten voor een heerlijke borrel bleek te bevatten. Even later hapte Babette genietend in een stukje *altamura,* de soort brood die alleen in deze streek voorkwam en waaraan ze sinds ze in Puglia woonde verslingerd was geraakt.

'Hou je van varen?' vroeg Harold. Hij schoof een stukje naar haar toe. Babette keek naar de rotsachtige kust en het water dat er helderblauw bij afstak. In de verte was een drukbezet strandje te zien, dichterbij klotste het water tegen de boot. 'Jawel', zei ze. 'Ik doe het alleen te weinig. Op de meeste dagen gun ik mezelf geen tijd om een boot te huren en het water op te gaan.'

'Daar kan verandering in komen', zei Harold met een stem die ineens een paar octaven lager klonk. 'Jij hebt behoefte aan een man die jou meer van het leven kan laten genieten. En ik ben zo'n man. Ik heb trouwens ook een boot.'

'Hm.' Babette probeerde neutraal te reageren, ook al wilde ze het liefst vragen hoe hij zo precies wist waar zij behoefte aan had. 'Ik geniet anders heel erg van het leven als ik aan het werk ben.'

'Natuurlijk, natuurlijk.' Harold liet een lachje zien, maar keek daarbij richting de camera. Het viel Babette op dat hij zich daar voortdurend van bewust leek te zijn. 'Maar je hebt ook ontspanning nodig. Hier, ga anders even lekker liggen.' Hij schoof wat opzij, maar op zo'n manier dat ze al liggend naast hem zou moeten plaatsnemen. Ze bedankte grinnikend. 'Ik zit hier prima.'

'Ik heb altijd gehoord dat ik goed kan masseren.'

Babette richtte haar blik op de zee en liet de opmerking passeren. 'En jij?' vroeg ze in plaats daarvan. 'Je hebt een boot, dus je houdt van varen?'

'Mijn ouders hadden vroeger al een speedboot waarmee we achter ons huis gingen varen', zei Harold. 'Je mocht natuurlijk niet zo hard, maar mijn broers en ik hielden ons daar niet aan.'

Babette humde wat, maar gaf niet echt antwoord.

'Dat ging niet altijd goed, hoor', ging Harold verder. 'Eén keer hebben we een aanvaring gehad met een andere boot. Mijn oudste broer sloeg overboord, heel heftig. Gelukkig kwam hij er met wat blauwe plekken van af. Daarna deden we het wel wat rustiger aan, maar als ik nu met mijn boot het water op ga, ga ik vol gas, hoor. Varen is gewoon niet leuk in een slakkengangetje.' Hij fronste. 'Net als autorijden, trouwens.'

'Ja?' vroeg Babette en ze verschoof haar zonnebril naar haar haar. 'Ben je zo'n snelheidsduivel?'

'Als je je een mooie auto kunt veroorloven, moet je hem gebruiken ook. Wat heb je aan een M5 als je het pedaal niet door de bodem trapt?'

M5? Babette kneep haar ogen samen en wist echt niet wat ze moest antwoorden. 'Aan mij heb je een slechte', zei ze uiteindelijk. 'Ik geef helemaal niets om auto's.'

Ze wilde niet zeggen dat ze teleurstelling op het gezicht van Harold zag, maar de blik die hij op haar wierp bevatte wel de nodige vragen. 'Hoe kun je niet van een mooie auto houden?' zei hij uiteindelijk. 'Die lijnen, dat geluid, die techniek, dat is toch gewoon een vorm van kunst?'

'En jij hebt zo'n auto?' vroeg ze.

'Wil je hem zien?' Blij met de belangstelling pakte

Harold zijn telefoon erbij. Hij duwde het scherm onder haar neus en scrolde door een lange stroom foto's van een snel model BMW. 'En hier heb ik een video.' Hij zette het volume harder en Babette keek naar dezelfde sportauto die in hoog tempo en met veel gebrul voorbijreed.

'Mooi', zei ze.

'Ja, toch?' Harold speelde het filmpje opnieuw af, maar deze keer keek hij er alleen zelf naar. 'Maar zo'n boot is ook prachtig', zei hij daarna. 'Ik ben benieuwd hoe hard deze gaat.'

Hij stond op van de bank en knoopte een praatje aan met de kapitein. Babette voelde de camera op zich rusten en ze deed geen moeite de verwondering die ze voelde te verbergen. Ze wist niet precies wat het doel van de date voor Harold was, maar in elkaar beter leren kennen leek hij niet zo geïnteresseerd te zijn.

Na een tijdje pakte ze haar telefoon en opende haar berichten. Lilian had geappt en de nieuwsgierigheid droop van het bericht af. *Hoe zijn ze? Zit er een leuke bij? Wat ben je nu aan het doen, Babs? Ik wil ALLES weten.*

De quitclaim belette Babette om al te veel te zeggen, maar ze vertrouwde haar zus genoeg om toch iets te delen. Ze begon een berichtje terug te typen waarin ze vertelde dat ze op een boot zat met een man die meer bezig was met pk's dan met haar. Stiekem maakte ze een fotootje van hoe Harold naast de kapitein stond en met een haast euforische blik het roer overnam. Ze stuurde het naar haar zus met een smiley met lollig draaiende ogen erbij.

Het antwoord kwam vrijwel meteen. *Hij lijkt op iemand,* stuurde Lilian. *Ik weet alleen niet op wie.*

Babette keek nog eens goed naar Harold, maar er ging geen belletje rinkelen. Misschien had hij iets weg van een acteur in een van de series waar haar zus graag naar keek. Zelf volgde ze bijna niets en ze had dan ook geen idee wie er in Nederland tegenwoordig bekend waren.

Zou kunnen, stuurde ze terug. En toen, omdat ze merkte dat Thijs haar filmde en ze niet ongeïnteresseerd wilde overkomen: *Ik app je later, oké?*

Ze borg haar telefoon op en liep naar Harold, die de plek van de kapitein had overgenomen en het gas van de boot open had gegooid. Met een luide kreet zoefde hij nu over de golven. 'Wow!' riep hij uit en hij liet één hand los van het roer om Babette naar zich toe te trekken. Zijn schouder voelde massief en hij rook naar zonnebrand. 'Voel je dit?' riep hij boven het geluid van de motoren uit. Spetters zout water landden in Babettes gezicht. 'Het ware leven!'

Babette maakte zich van hem los en ging weer op de bank zitten. Ze voelde de zon op haar huid en richtte haar blik op de kustlijn die in hoog tempo aan haar voorbijtrok.

Hoofdstuk 5

'BABETTE, WAT IS JE INDRUK VAN HAROLD NA DE date?'

Mandy vroeg het geroutineerd, haar hand zoals altijd om een rol papier gevouwen. 'Hebben jullie elkaar beter leren kennen?'

Babette had even tijd nodig om in haar hoofd te formuleren wat ze wilde zeggen. Ze liet haar tong langs de binnenkant van haar kiezen glijden. Ze wilde zich niet al te sterk uitdrukken, ook al gaven haar daadwerkelijke gevoelens daar genoeg aanleiding voor.

'Harold heeft tijdens onze date zeker laten zien wie hij echt is', begon ze uiteindelijk. 'Hij is een sterke persoonlijkheid met een duidelijke mening. Ik heb veel over hem geleerd.'

Knikkend maande Mandy haar om door te praten. Toen Babette dat niet deed, gebruikte de verslaggeefster haar papieren om eenzelfde boodschap over te brengen.

'Harold houdt van snelheid en mooie auto's', zei Babette toen maar. 'Hij raakte ook niet uitgepraat over de speedboot. Zelf heb ik niet zoveel met pk's, ik ga liever de diepte in over iemands idealen, dromen en karakter. Dat is dan weer iets waar Harold volgens mij wat minder mee heeft.'

Ze drukte zich, vond ze zelf, voorzichtig uit. Letterlijk iedere keer dat ze had geprobeerd Harold als mens te leren kennen, had hij het gesprek weggeleid. Toen de auto's en boten wel zo'n beetje besproken waren en haar pogingen om dan op z'n minst het mooie uitzicht te bespreken waren gestrand, was hij overgegaan op sportevenementen die hij had bezocht. Om het cliché compleet te maken, bleek hij een aan adoratie grenzende bewondering te hebben voor sporthelden. In haar hoofd hoorde ze nog zijn stem toen hij zocht naar een antwoord op een van haar vragen. *De laatste keer dat ik heb gehuild... Ja, toen Max Verstappen voor het eerst wereldkampioen werd. My God, wat een moment.*

'Wacht even', zei Mandy tegen Thijs. Daarna wendde ze zich tot Babette. 'Je mag concreter zijn. Je bent een paar uur met Harold op date geweest, dus er zijn vast voorbeelden te geven van wat je bedoelt.'

'Ik wil hem niet belachelijk maken.'

'Dat doe je ook niet als je je gevoel deelt. Het mag best duidelijk zijn of je een leuke date hebt gehad of niet.' Ze kneep haar ogen samen. 'Heb je een leuke date gehad?'

Babette gaf geen antwoord en daarmee gaf ze Mandy natuurlijk wel een antwoord. De verslaggeefster ging er niet op in. 'Vertel maar hoe jij het hebt beleefd en welke aanknopingspunten je eventueel ziet voor een relatie. Of helemaal niet, dat kan natuurlijk ook.'

Babette keek nadenkend. 'Ik vind het lastig om goed over te brengen hoe ik de date heb beleefd. Ik wil wel de juiste woorden gebruiken.'

'Het is niet live, hè', antwoordde Mandy. 'Het hoeft er niet in één keer goed op te staan en we kunnen nog knippen.'

Babette knikte, maar ze wist ook wel dat het zo eenvoudig niet was. Wat ze had gezegd kon gebruikt worden, daarover liet de quitclaim geen twijfel bestaan. 'Oké', zei ze toen. 'Laten we verdergaan.'

Mandy keek naar Thijs, die knikte. Roy hees de boog van de microfoon weer. 'Zie jij een toekomst met Harold voor je?' vroeg Mandy om haar op weg te helpen.

Babette haalde diep adem. 'Ik weet niet of de persoonlijkheid van Harold goed bij die van mij past', zei ze toen. 'Ik denk dat we verschillende doelen in het leven hebben. Of misschien vond hij het vandaag moeilijk zijn ware zelf te laten zien. Vooralsnog hoef ik niet te kiezen en hoop ik dat ik misschien nog een andere kant van hem te zien krijg.'

Aan Mandy's gezicht was af te lezen dat ze zich sterk genoeg had uitgedrukt. De verslaggeefster knikte tevreden en stak haar duim op naar Jack, die net aan kwam lopen. 'Thanks', zei ze tegen Babette. 'We zijn klaar voor nu. Ik wil nu quoten met Harold en dan heb ik je straks nodig voor een vooruitblik, maar die nemen we even op een andere plek op.'

Babette knikte en liep richting de deur van het hoofdgebouw. Op haar kantoortje wachtten een overvolle inbox, nieuwe reserveringen en lege bestellijsten van de bakker en groothandel die ingevuld moesten worden.

'O, Babette?' Roy wenkte haar terug. 'Je zender.'

'O ja.' Ze was er al zo aan gewend dat ze niet eens merkte dat ze het microfoontje en zenderkastje nog droeg. Snel maakte ze het microfoontje los, Roy haalde het kastje van de rand van haar broek. 'Anders kan jij meeluisteren met alles wat ik doe, of niet?' vroeg ze gekscherend.

Roy grijnsde. 'Je hebt geen idee hoe vaak dat gebeurt. Bij elk programma waar ik aan meewerk, ben ik de eerste die weet hoe kandidaten zich echt voelen en hoeveel er wordt geroddeld.'

'Vertel eens', probeerde Babette, maar de geluidsman perste zijn lippen op elkaar. 'Beroepsgeheim.'

Babette liep naar binnen, naar het kleine, rommelige kantoortje naast de keuken. Ze klapte haar laptop open en begon eerst maar eens met het wegwerken van e-mails en reserveringen. Er was een mailtje van een van de gemeenteambtenaren met een vraag over de tekening die Babette eerder had gestuurd. Ze opende de pdf van de tekening op haar scherm, maar begreep niet precies wat de ambtenaar bedoelde. Daarom haalde ze een map uit de kast en spreidde de tekening uit over het bureau. Het forse papier overspande bijna haar hele werkplek. Net toen ze haar vinger over het papier liet glijden, begon eronder een melodietje te spelen.

'Hé Lil', zei ze toen ze haar telefoon had gevonden en zag dat de oproep van haar zus kwam. 'Hoe is het?'

'Dat kan ik beter aan jou vragen.' Lilians stem bevatte duidelijk ingehouden nieuwsgierigheid. Daarna deed ze alsof ze een voice-over was en zei: 'Hoe vergaat het Babette en haar aanbidders in het romantische Puglia...?'

'Hou op, hoor', grinnikte Babette. 'Die date was echt een eh...' Ze zocht naar het juiste woord. 'Een belevenis, laat ik het daarop houden.'

'Ik heb iets ontdekt', zei Lilian nu, duidelijk brandend van het nieuwtje dat ze te vertellen had. 'Ik zei toch al dat die Harold me bekend voorkwam?'

'Ken je hem?' vroeg Babette nieuwsgierig.

'Ja, en jij ook. Zit je achter je computer?'

Babette trok haar laptop onder de tekening vandaan. 'Nu wel.'

Er kwam een bericht van haar zus binnen en Babette opende de link. Ze kwam terecht op een Facebookprofiel. De foto die op haar scherm verscheen liet een iets oudere versie van Harold zien. 'Dit is zijn broer', zei Lilian. 'Daar heb je niet bepaald een DNA-test voor nodig.'

'Reinier van Loon', las Babette hardop. 'Zegt me niets.'

'Maar mij wel, want Reinier zat bij mij in de klas op de middelbare school. En hij had een broer die in jouw jaar zat. Jij op het vwo, hij op de havo.'

'Harold?' Babette trok haar wenkbrauwen hoog op. 'Serieus?'

'Volgens mij had jij toen best een grote groep met wie je omging en daar hoorde hij soms wel en soms niet bij.'

'Ik ben echt slecht met namen', verzuchtte Babette. 'Ik denk dat ik er nog drie van mijn hele middelbare-schooltijd kan noemen.'

'En zoveel ging je niet met Harold om. Maar toevallig, vind je niet? Dat je hem nu op deze manier weer tegenkomt.'

'Wel gek dat hij het niet meteen heeft gezegd', zei Babette. 'Of zou hij het ook niet meer weten?'

'Vraag hem er gewoon naar.' Haar zus klonk afgeleid. 'Ik stuur je nu de insta-pagina van zijn bedrijf. Zo te zien kun je die B&B binnenkort van de hand doen als je maar investeert in crypto.' Aan haar stem was te horen dat ze er niets van meende.

Babette opende de link die haar zus haar stuurde en kwam op een Instagramprofiel dat vooral bestond uit informatie over speculeren met crypto en zo nu en dan een foto van Harold die de hand schudde van een klant. Ook de auto waar hij zo dol op was ontbrak niet. Bij een van de foto's stond: *Dit kan het resultaat zijn van slim investeren!*

'Vooral het resultaat van rijke ouders', zei Lilian nuchter toen Babette de zin voorlas. 'Ik weet nog wel dat Reinier altijd in de duurste merkkleding liep en dat zij in de winter gingen skiën en in de zomer met het vliegtuig op vakantie gingen. In die tijd was dat echt bijzonder.'

Babette groef in haar geheugen. Ze kon zich Harold niet meer voor de geest halen, maar wist nog wel dat er bij de grote groep schoolgenoten met wie ze omging een jongen zat met een huis in een wijk die voor haar ouders onbetaalbaar was. 'Hadden zij niet een of andere enorme villa?'

'Ja, volgens mij wel.'

'Zijn naam heeft echt geen enkel belletje doen rinkelen', zei ze wat verwonderd.

'Zo vreemd is dat niet', vond Lilian. 'Je bent er natuurlijk niet op bedacht dat je hem van vroeger kent.'

'Daar heb ik er al een van', zei Babette, die haar zus natuurlijk over Jeroen had verteld. 'Zouden de programmamakers het weten?'

Lilian maakte een twijfelend geluid. 'Dat zal toch niet?'

'Ik ga wel aan Harold vragen waarom hij het niet heeft gezegd', zei Babette. 'Dat is toch best gek?'

Lilian leek de hele situatie wel vermakelijk te vinden. ‘Vraag even of ze dat gesprek opnemen, oké? Ik wil het van a tot z zien.’

De toon in de stem van haar zus bracht Babette aan het lachen, al was het weifelend. Daarna werd Lilian weer serieus. ‘Denk je dat er iemand tussen zit met wie het kan klikken?’ vroeg ze. ‘Misschien niet Harold, maar een van de anderen?’

‘Ik weet het oprecht nog niet’, antwoordde Babette met een zucht. ‘Ik heb eigenlijk alleen Harold langer dan tien minuten gesproken en Jeroen ken ik natuurlijk een beetje. Sam lijkt me heel vriendelijk en Frank heeft iets...’ Ze zocht naar het juiste woord. ‘Iets mysterieus, of zo. Een beetje ongrijpbaar.’

‘Het is net een boyband’, zei Lilian en Babette schoot in de lach bij die vergelijking. ‘Nee, ik meen het!’ riep haar zus. ‘Weet je nog die bandjes waar wij vroeger fan van waren? Die waren altijd op dezelfde manier samengesteld. Pure typecasting.’

‘De Backstreet Boys’, zei Babette en ze liet haar stem expres zwijmelend klinken.

‘Bijvoorbeeld. Je had één mysterieuze, één boy next door, één verstandige en ook een beetje een foute. En natuurlijk een schattige babyface.’

‘Dat was Nick!’ riep Babette uit. ‘Wat was ik verliefd op hem.’

‘En wie is de schattige babyface bij jouw mannen?’

Daar moest Babette over nadenken. ‘Dan kom je op

Jeroen', zei ze toen. 'Maar ik was zestien toen ik verliefd was op Nick, dus misschien komt Jeroen een jaar of vijfentwintig te laat.'

'Of hij komt op je pad om je tienerverliefdheid eindelijk te kunnen inlossen', zei haar zus niet zonder drama. 'En Frank is dan die mysterieuze, of niet?'

'Hij heeft in elk geval een leuke hond. Misschien hou ik die wel en stuur ik al die mannen weg.'

'Van die hond weet je in elk geval zeker dat je hem niet van vroeger kent', zei Lilian. 'Dat moet je van de rest kennelijk maar afwachten.'

Nadat ze had opgehangen, moest Babette nog lachen om die woorden. Ze liep naar buiten om te zien of ze Jack kon vinden, maar de crew was nergens te bekennen. Terug in haar kantoortje schoof ze de tekening een stukje aan de kant en ging achter het bureau zitten. Ze scrolde door de Instagrampagina van Harolds werk en dacht aan haar tijd op de middelbare school. Nu ze erover nadacht, meende ze zich te herinneren dat ze weleens met Harold en een groepje anderen een eindje op fietste, tot hij dan een andere kant op ging. Maar helemaal zeker wist ze het niet meer. Net als dat er een herinnering in haar hoofd zat aan een jongen wie ze op een schoolfeest had geschuifeld – een situatie die haar nu als schattig voorkwam, al was het op die leeftijd natuurlijk iets groots geweest. Maar was dat Harold geweest? Het zou kunnen, maar ze durfde het niet met zekerheid te zeggen.

Een klopje op de deur haalde haar uit haar gedachten. 'Hi', zei Mandy toen ze haar hoofd om het hoekje stak. 'Heb je zo tijd om te quoten? Een vooruitblik op de komende dagen?'

Babette knikte. Als ze naar vergelijkbare programma's keek zou het haar niet moeten verbazen hoeveel testimonials er opgenomen moesten worden, want het commentaar van alle kandidaten en dates op wat er was gebeurd en nog stond te gebeuren werd continu door het programma heen uitgezonden. Het was vast logisch dat dit soort opnames veel tijd kostten, maar voor het eerst merkte ze een bepaalde vermoeidheid. Ze keek naar het scherm van haar laptop, waar het profiel van de broer van Harold nog te zien was. 'Ik kom er zo aan, oké?' zei ze tegen Mandy. 'Even iets eh... afmaken.'

'Ja, tuurlijk, tuurlijk.' Mandy stak haar handen op en zette een stapje achteruit. 'Geen haast. Ik zie je wel verschijnen.'

'O, Mandy?' Babette probeerde haar stem luchtig te laten klinken. 'Weet jij misschien... De dates die hiernaartoe komen, die zijn toch allemaal gecheckt?'

Ze zei het helemaal verkeerd, dat hoorde ze zelf ook. Mandy's wenkbrauwen gingen omhoog. 'Hoe bedoel je?'

'Dat je weet waar ze vandaan komen en wie ze zijn.'

'Ja.' Mandy's stem klonk wat aarzelend. 'We doen natuurlijk een *background check* en elke deelnemer ondergaat een psychologische test, net zoals jij ook hebt gehad.'

Babette knikte langzaam. Voor de test had ze een aantal vragenlijsten ingevuld en twee gesprekken gehad met mensen van een speciaal ingehuurd bureau. Ze ging ervan uit dat als ze in psychologisch opzicht een wrak was geweest met serieuze mentale problemen, dat bij de test wel aan het licht zou zijn gekomen. Maar wat kon je verder op basis van zo'n test over iemand zeggen? In elk geval niet dat hij een oud-schoolgenoot was.

'Hoezo?' vroeg Mandy nu. 'Is er iets mis? We hebben ook een vertrouwenspersoon, die eventueel kan...'

De nervositeit in haar stem was duidelijk. Geen enkele producent en geen enkele omroep kon zich een geval van grensoverschrijdend gedrag veroorloven. In de huidige cancelcultuur betekende dat boven alles een aanzienlijke financiële strop.

'Nee, nee', stelde Babette haar gerust. 'Ik was alleen even benieuwd. Ik had het idee dat ik een van de mannen van vroeger ken, maar dat zal wel niet zo zijn.'

'Jeroen, bedoel je?'

'Nee, een ander, maar ik heb het vast mis.' Babette schudde kort met haar hoofd. Ze had al spijt dat ze het onderwerp ter sprake had gebracht. Als Mandy het tegen Jack zei, wilde hij natuurlijk meteen een quote van haar hierover opnemen.

'Oké.' Mandy knikte. 'Ik ben buiten. Als je tijd hebt om te quoten, hoor ik het wel.'

Babette beloofde dat ze zo snel mogelijk zou komen. Toen Mandy was verdwenen, richtte ze haar aandacht weer op haar laptop. Ze wilde het profiel van Reinier van Loon wegklikken, maar haar nieuwsgierigheid won het en ze klikte zijn lijst met vrienden aan. Er stonden wat namen tussen die ze van vroeger kende, zelfs een docent wiskunde die destijds piepjong geweest moest zijn en die blijkbaar nog steeds op dezelfde school werkte. Ze keek vluchtig rond op een paar profielen en scrolde uiteindelijk door de Instagrampagina van Harold. Al die tijd bleef de vraag in haar hoofd rondgaan waarom hij niet vanaf het begin duidelijk had gemaakt wie hij was.

Een geluid bij de deur deed haar opkijken. 'O, hoi', zei ze tegen Jeroen terwijl ze zich afvroeg hoelang hij er al stond. 'Is er... Kan ik je ergens mee helpen?'

Hij glimlachte en fronste tegelijk, waarbij zelfs zijn haargrens bewoog. 'Ik dacht eigenlijk meer dat ik jou ergens mee zou kunnen helpen.'

Babette keek langs hem heen, maar Thijs was nergens te zien. 'Dit is niet voor het programma, hoor', zei Jeroen. 'Ik probeer ook geen wit voetje te halen.' Hij grijnsde ontwapenend. 'Maar ik hoorde je over die grondaankoop en ik dacht... Nou ja, misschien kan ik je daarbij helpen. Ik heb in een ver verleden bij een vastgoedbedrijf gewerkt, zoals je misschien nog weet.'

'Dat is aardig van je', zei Babette, een beetje overvallen door het aanbod. 'Maar ik weet niet of de Italiaanse procedure hetzelfde is als die in Nederland.'

'Vast niet', zei Jeroen met een lachje. Hij deed een stap naar voren. 'Is dit de tekening?'

'Ja', knikte Babette. 'Een eerste versie, tenminste. Ik wil in elk geval de olijfbomen laten staan en volgens de architect die de tekening heeft gemaakt, is dit de beste plek voor het zwembad.' Ze keek naar Jeroen. 'Heb jij Bastiaan trouwens nog gesproken?' vroeg ze toen in een opwelling.

'Alleen via WhatsApp', zei hij. 'Jij?'

'Hetzelfde', knikte Babette. Ze begreep nu waar Bastiaans eerdere nieuwsgierigheid over het programma vandaan kwam. 'Hij wil best graag weten wat hier allemaal gebeurt.'

'Hij moet wachten op de uitzending', grinnikte Jeroen. Met zijn hand streek hij over de tekening terwijl hij nadacht. 'Ik denk dat ik het hem ook niet ga vertellen als jij mij over drie dagen naar huis stuurt.'

Babette lachte wat, maar ging er niet op in. Ze stond op en gebaarde naar buiten. 'Ik heb Mandy beloofd te quoten', zei ze. De term rolde als vanzelf haar mond uit, alsof ze al jaren ervaring had met televisiewerk.

Jeroen liep achter haar het kantoortje uit. Babette ging op zoek naar Mandy, maar vond haar niet. In plaats daarvan trof ze Harold onder de pergola, waar hij naar het scherm van zijn telefoon staarde. Toen Babette hem dicht genoeg was genaderd, zag ze sportauto's in diverse kleuren voorbijkomen.

'Hey', zei Harold toen hij haar in het oog kreeg. Meteen gleed zijn blik langs haar, kennelijk op zoek naar de camera. 'Ze zijn niet hier', zei Babette. 'Maar heb je misschien even?'

'Hm', zei Harold met zijn ogen weer op zijn telefoon gericht. 'Ja, tuurlijk.'

Ze ging tegenover hem zitten en wachtte tot ze zijn aandacht had. Hij liet een brede glimlach zien. 'Ik vond het geweldig vandaag. Die boot, echt, wauw. Wat een prachtig ding.' Hij maakte zijn ogen groot. 'En jij bent natuurlijk ook prachtig, laten we dat niet vergeten.'

Babette liet het complimentje gaan. In plaats daarvan hield ze haar hoofd schuin en kneep haar ogen een beetje samen. 'Je moet me ergens mee helpen, Harold. Een vraag waar ik niet uit kom.'

Er gleed iets over Harolds gezicht dat ze niet helemaal kon duiden. Alsof er een licht uitging en daarna meteen weer aan. 'Wat is er dan?'

'Ik heb het idee dat wij elkaar van vroeger kennen, van de middelbare school.'

Babette monsterde zijn reactie, maar die liet op zich wachten. Pas na een seconde of tien verscheen de glimlach weer. 'Dus je herkende me wel? Ik vroeg het me al af.'

Babette deed haar mond al open om te zeggen dat het haar zus was die de gelijkenis met haar eigen vroegere klasgenoot had gezien, maar ze slikte die woorden toch maar weer in. Dan zou ze moeten zeggen dat ze stiekem een foto van hem had gestuurd. 'Niet meteen', zei ze uiteindelijk. 'Maar ik had wel het gevoel dat ik je ergens van kende. Pas na een tijdje nadenken kwam ik op het Koning Willem I-college. Je bent wel een beetje veranderd.'

Harold keek haar aan met zijn wenkbrauwen licht opgetrokken. Ze wist niet of hij spottend of serieus was toen hij zei: 'Ik vind het zelf wel meevallen.'

Babette ging er niet op in. 'Waarom heb je het niet gewoon gezegd bij je aanmelding?' vroeg ze. 'Volgens mij weet de producent van niks.'

'Zo belangrijk is het niet', vond Harold. 'Ik zag gewoon die oproep en ik vond je een leuke vrouw, daarom heb ik gereageerd. Ik was bang dat ze me juist niet naar jou zouden laten gaan als ze wisten dat we schoolgenoten waren. Hoewel ik wat dat betreft verkeerd heb gedacht, want Jeroen is hier juist omdat jij hem al kent.' Hij kneep zijn ogen even samen. 'Al zouden ze twee oude bekenden misschien wat veel hebben gevonden.'

Babette liet zijn denkwerk wat betreft de beweegredenen van de producent voorbijgaan. Harold gebruikte het moment van stilzwijgen om op zijn onderlip te bijten voor hij zei: 'Ergens voelt het wel als een tweede kans.'

Babette hield haar hoofd schuin. 'Een tweede kans waarop?'

Harold ging verzitten. Hij legde zijn arm over de leuning van het bankje en ging breeduit zitten. 'Een tweede kans op de liefde, natuurlijk. Jouw liefde. Jij hebt mij afgewezen op de middelbare school, dus hoi...' Hij zwaaide met beide handen. 'Hier ben ik weer.'

Pas toen Babette in de lach schoot en Harold haar serieus bleef aanstaren, besefte ze dat hij geen grapje maakte. Ze deed haar best haar gezicht een uitdrukking te geven die paste bij de situatie, maar ze wist niet welke uitdrukking dat zou moeten zijn. Uiteindelijk deed ze haar mond open, sloot hem weer en keek Harold een tijdje aan. 'Ik weet niet of ik je helemaal kan volgen.'

'Ik was verliefd op jou, Babette.' Hij legde veel nadruk op ieder woord, alsof hij het aan een kind uitlegde. 'Maar jij wilde nooit iets van mij weten.' Hij staarde langs haar, zo ingespannen dat Babette ook haar hoofd draaide maar er was niemand te zien. De gedachte kwam bij haar op dat Jack zou kreunen van ellende als hij zou weten welk gesprek hij miste, maar zelf was ze blij dat er geen camera op hun neus stond. Ook omdat ze niet verder kwam dan schaapachtig staren.

'Ik begreep het niet.' Harold glimlachte met iets van treurigheid in zijn blik. 'Ik had je zoveel te bieden. In de zomer poolparty's in ons huis, ik mocht ook altijd een vriend of vriendin meenemen als we op skivakantie gingen. Dat was voor jou anders niet weggelegd, laten we eerlijk zijn.'

Babette knipperde een paar keer achter elkaar. Ze wilde zeggen dat ze niks met skiën had en dat het openbare zwembad prima had volstaan in haar jeugd, maar ze zweeg.

'Ik heb je nog steeds veel te bieden', zei Harold. 'Die grondaankoop zou geen probleem zijn. Ik wil je graag helpen de B&B nog mooier te maken zonder dat je hoeft te bedelen bij een bank.'

Als ze erg hard haar best deed, kon Babette de gedachte oproepen dat zijn woorden goedbedoeld waren. Maar haar voornaamste reactie was irritatie. 'Dat is niet nodig, hoor', zei ze korzelig. 'De bank is bereid me te helpen. Bovendien maak ik mijn keuzes in de liefde niet op basis van geld.'

'Nee', zei Harold en hij trok met zijn mond. 'Maar je ziet het niet, Babette. Ik ben meer dan geld. Wij zouden het echt leuk kunnen hebben samen. Lekker varen, beetje cruisen over die Italiaanse weggetjes met de BMW, 's avonds een goede barolo.'

'Ja.' Babette stond op. 'Wie weet. Al had ik het gewaardeerd als je vanaf het eerste moment gewoon had gezegd wie je was. In een relatie gaat eerlijkheid voor mij uiteindelijk toch boven barolo.'

Ze wierp hem één laatste blik toe en liep daarna weg, de warmte van de avondzon in. In haar rug voelde ze Harolds ogen branden.

Hoofdstuk 6

'VANDAAG EEN GROTE DAG!' MANDY STAK HAAR HAND in de lucht. Ze zag eruit alsof ze helemaal niet aan het werk was, maar op een lange vakantie de ultieme rust wist te pakken. Haar haar was blond door de zon, haar huid licht gebronsd, de blik in haar ogen alsof ze onderweg was naar een leuk uitje. En dat terwijl Babette de verslaggeefster bijna niets anders zag doen dan met Jack zoeken naar mooie shots, haar interviews voorbereiden of mensen voor de camera zetten. Nu keek ze Babette opgewekt aan, terwijl haar blik bijna gelijktijdig op de trulli achter Babette was gericht. 'Heb je er zin in?'

'Ik heb veel zin in vandaag', zei Babette, geroutineerd

de vraag in haar antwoord verwerkend. 'Ik ga met Jeroen op Vespatocht door de mooie omgeving. Ook al woon ik hier al drie jaar, er valt ook voor mij nog genoeg te ontdekken.'

'Waar kijk je vooral naar uit?'

'Ik kijk er vooral naar uit om Jeroen te laten zien hoe mooi en veelzijdig Puglia is. En om hem beter te leren kennen. Ook al kwam hij als vriend van mijn ex bij ons over de vloer, ik heb niet het gevoel dat ik hem echt ken als persoon. We gaan tijdens de tocht picknicken en ik ben van plan hem dan maar eens het hemd van het lijf te vragen.'

'Wat heb je voor de andere mannen bedacht?'

Babette glimlachte. 'De andere drie mannen gaan met elkaar samenwerken vandaag. De muur rondom de tuin is aan de binnenkant heel mooi wit, maar de buitenkant laat te wensen over. Daar ben ik eigenlijk nooit echt aan toegekomen, dus daar mogen zij zich vandaag op storten.'

'Mannenwerk', zei Mandy met een lachje.

'Ik ga ze vertellen dat dat mannenwerk is, al bestaat dat eigenlijk niet in deze B&B.' Babette lachte ook. 'Hier is eigenlijk alles vrouwenwerk en dat gaat prima, maar laat deze mannen maar eens bewijzen dat ze van aanpakken weten. Uiteindelijk zal degene die ik kies hier wonen en ook werken, dan is het wel belangrijk dat de mentaliteit klopt. En een paar rechterhanden helpt ook wel mee.'

'Perfect.' Mandy stak haar duim op en keek vragend naar Jack, die had meegekeken. Ook de regisseur leek tevreden. 'Dan kan jij je gaan klaarmaken terwijl wij een aantal beauty's opnemen. Het licht is nu goed.'

Babette wist inmiddels dat Mandy daarmee willekeurige shots van de B&B en het uitzicht bedoelde. 'Tot straks', zei ze en ze zette koers naar het hoofdgebouw.

'Babette?' Mandy kwam achter haar aan. 'Heb je misschien de sleutel van de poort? We willen graag wat nieuwe shots van het uitzicht maken.'

Babette liep naar binnen en haalde de sleutel uit het kastje. 'Ik loop wel even mee', zei ze. 'Het slot gaat soms lastig open.'

Babette ging Mandy voor naar de poort en opende met moeite het slot. 'Als een van de mannen handig is, mag hij dat fixen', grijnsde ze.

'Stel het voor', zei Mandy. 'Dat kan best leuke televisie opleveren.'

Babette duwde de deur open en keek naar het landje, waar de stralen van de ochtendzon over de donkere aarde vielen. 'Dank je', zei Mandy en ze liep langs Babette. Thijs volgde haar en knipperde naar het zonlicht. Jack sloot de rij. 'Perfect', zei hij met tevredenheid in zijn stem. 'Laten we de B&B er vanaf deze kant op zetten, met die muur ervoor en dat gebouw dat erbovenuit komt. Die torentjes tegen de blauwe hemel geven een mooi shot.'

Babette volgde zijn blik. Daarna keek ze naar Thijs

die met een lichtmeter in de weer was. Hij stampte een paar keer op de grond en keek naar Babette. 'Ben je al begonnen met je zwembad?'

Ze fronste. 'Hoezo? Heb je zin om te zwemmen?'

'Dat altijd', grijnsde hij. 'Zal ik even helpen spitten? Zo te zien heb je al een beginnetje gemaakt. Wie weet kunnen we vanavond nog een duik nemen.'

Babette lachte. 'Ik ben niet begonnen, hoor. Was het maar zo eenvoudig.'

'O, ik dacht...' Hij stampte nog een keer. 'De aarde ligt hier gewoon wat losser dan, denk ik.'

Babette zette een paar passen naar voren en begreep toen wat hij bedoelde. Er was een kale plek ontstaan, waar losliggende stenen zich hadden vermengd met omgewoelde aarde. Babette trok haar wenkbrauwen op. 'Vreemd', zei ze. 'Misschien is het een dier geweest, een vos of een zwerfhond.'

Ze hurkte en ging met haar hand door de droge aarde. Er zaten harde kluiten in en ze sneed zich aan een scherp stukje van een steen. Een druppel bloed welde op uit het wondje. 'Gaat het?' vroeg Thijs.

Babette knikte. Ze ging weer staan en keek nog een keer naar de kale plek. Daarna draaide ze zich om. 'Ik ga me klaarmaken voor de date met Jeroen', zei ze tegen Thijs. 'Ga jij met ons mee vandaag?'

'Reken maar. Roy zal jullie straks zenderen en dan film ik jullie vanuit de auto. En ik geloof dat er een romantische picknick komt?'

'Nou, romantisch...' Babette lachte kort. 'Dat moet je natuurlijk altijd afwachten.'

'Jack hoopt van wel', zei Thijs en hij knipoogde kort naar Babette. 'Ik zie je straks, oké?'

Babette liep terug naar de poort. In de opening bleef ze nog even staan en keek naar de crew. Jack gebaarde druk met zijn armen, Thijs zat inmiddels op zijn knieën in het gras en leunde achterover met zijn camera op zijn schouder. Haar blik gleed weer naar de plek waar de aarde was omgewoeld. Een dier, dat moest inderdaad de verklaring zijn.

Het volgende moment schoot haar hartslag omhoog. 'O, hemel, ik had je niet gezien', zei ze met haar hand tegen haar bonkende hart en haar blik vastgeklonken aan die van Frank. Roxy stond hijgend naast hem. 'Stond je daar al lang?'

'Nee hoor.' Hij schoof zijn zonnebril naar zijn haar en nam haar onderzoekend op. 'Ik kwam net aanlopen.'

'Ik eh...' Babette gebaarde naar waar de opnames in gang waren, maar wist niet goed wat te zeggen. Op een of andere manier bezorgde de aanwezigheid van Frank haar een ongemakkelijk gevoel, vooral omdat hij geen moeite deed een gesprek op gang te brengen. In plaats daarvan keek hij langs haar heen. Daarna stak hij zijn hand in zijn zak en haalde er een aansteker uit, waar hij niets mee deed.

'Rook je?' vroeg Babette met een knikje naar de aansteker.

'Nee.' Frank keek naar het voorwerp en fronste alsof hij zelf verbaasd was dat het zich ineens in zijn hand bevond. 'Al drie jaar niet meer.'

'En toch nog steeds een aansteker bij je.'

'Ja.' Hij streek er met zijn duim over. Het was een mooie aansteker, geen goedkoop ding waarvan je er drie in een pakje kocht. Babette kneep haar ogen samen. 'Staan je initialen er nou in?'

'Gegraveerd en wel', knikte Frank. Hij hield de aansteker voor haar op. De buitenkant was gemaakt van goudkleurig metaal waar een zwierige F en een zwierige H in gegraveerd waren. 'Het stoppen met roken heeft me zoveel moeite gekost dat ik mijn aansteker elke dag bij me draag als reminder aan dat harde werk, mocht ik nog in de verleiding komen een sigaret op te steken.'

Babette kon die redenering niet helemaal volgen, maar toch knikte ze begrijpend. 'Goed dat je gestopt bent', zei ze.

Frank gaf geen antwoord. Hij klikte met de aansteker. Roxy keek naar hem op. Babette boog zich voorover en aaide de hond over haar kop.

'Ik begreep dat we vandaag gaan klussen', zei Frank uiteindelijk. 'Wat kan ik doen?'

'Volgens mij wil Jack dat ik de instructies pas geef als de camera loopt.' Babette kwam weer overeind. 'Maar als je iets wil doen, kan je misschien alvast de schilderspullen uit de opslag halen? Het wijst zichzelf, ik heb alles vooraan gezet.'

'Komt goed', zei Frank. Hij stopte de aansteker in zijn zak, zei gedag en hij liep weg, op de voet gevolgd door Roxy. Babette liep naar het hoofdgebouw en daarna de trap op, naar haar eigen appartement. In de badkamer ving ze een blik op van zichzelf in de spiegel. Haar gezicht oogde verhit en ze streek haar haren glad. Ze werkte haar lippen bij met lipgloss en keek keurend naar het eindresultaat. Daarna haalde ze diep adem en probeerde haar gedachten te verzetten naar de date van vandaag.

'Pas op, bocht!' Gedempt door de helm klonk de stem van Jeroen nog net boven het geluid van de motor uit. Babette meende zelfs te kunnen horen dat er enige nervositeit in doorklonk. Het volgende moment kneep hij de remmen van zijn Vespa zo hard in dat Babette moest uitwijken om hem met haar eigen scooter niet te raken.

'Kom mee!' riep ze toen ze behendig om hem heen stuurde. 'Gas geven en niet nadenken!'

Ze wist niet of haar woorden hem bereikten. In elk geval ging ze voor hem rijden en stuurde haar eigen Vespa bergafwaarts over de bochtige weg. Ondertussen keek ze om zich heen en bedacht dat het waar was wat ze vanochtend al zo overtuigend tegen Mandy had gezegd: er viel ook voor haar nog genoeg te ontdekken in de omgeving. De route die ze bij de Vespaverhuur hadden meegekregen en die hen uiteindelijk bij een strand zou brengen, kende Babette nog niet, ook al was die niet eens zo ver bij de B&B vandaan. Met de auto zou ze de doorgaande weg nemen, met de Vespa reden ze over binnenwegen, soms door rotsige heuvels en dan weer langs braakliggend land en olijfgaarden.

Babette hield in en kwam naast Jeroen te rijden. 'We gaan zo picknicken!' riep ze en ze gebaarde naar de bocht voor hen. 'Volgens degene die de route heeft gemaakt zou er na die bocht een mooie plek moeten zijn om even te stoppen.'

Ze had haar telefoon in de houder voor op de scooter gestopt en volgde precies de routeaanwijzingen. Behendig stuurde ze het scootertje door de laatste, scherpe bocht en toen zag ze wat de maker van de route bedoelde. Langs de weg was een panoramapunt dat een mooi zicht bood op de baai waarnaar ze onderweg waren.

'Zo', zei ze toen ze haar Vespa parkeerde en haar helm afzette. Een briesje koelde haar warme wangen. Ze probeerde haar haar te fatsoeneren met haar vingers, naast haar deed Jeroen hetzelfde met zijn eigen haar dat door de helm was platgedrukt. Achter hen stopte de auto met daarin Thijs en Roy en hun Italiaanse chauffeur.

'Gaat het?' vroeg Babette lachend aan Jeroen. 'Het is warm met zo'n helm op, vind je niet?'

'Ik kreeg het vooral warm van al die bochten', bekende hij met een grijns. 'Ik ben niet zo goed op twee wielen, geef mij er maar vier.'

'Volgens mij is het volgende stuk van de route rechter', zei Babette. 'En daarna kunnen we uitrusten op het strand. Maar eerst picknicken.'

Ze pakte de mand aan van de chauffeur. Op de kleine Vespa was het lastig om veel bagage mee te nemen, maar gelukkig bood de auto uitkomst. 'Deze kant op', wees Babette. In de beschrijving van de route stond dat er een wandelpad was naar een nog mooier uitzichtpunt. 'Het is niet zo ver, volgens mij.'

Het eerste stuk van het pad was smal en voerde tussen lage stenen door. Daarna werd het breder. Babette snoof de geur van rozemarijn op. 'Lekker, hè?'

Jeroen kwam naast haar lopen en leek wat te ontspannen. 'In Italië ruikt het altijd lekkerder dan in Nederland', zei hij.

'Tenzij je in Napels bent', grinnikte Babette. 'Maar ik begrijp wat je bedoelt. In de zomer en de lente hangt er altijd iets van kruiden of bloemen in de lucht. O kijk, hier groeit wilde tijm.' Ze pakte een takje en wreef het fijn tussen haar vingers. Daarna liet ze Jeroen eraan ruiken. Achter hen nam Thijs alles op met zijn camera.

'Hier is het', zei Babette na een korte wandeling. Het pad eindigde op een klein plateau vanwaar het uitzicht over de rotsen en de verderop gelegen zee zo uit een reisgids leek te zijn weggelopen. Babette zette de mand neer en Jeroen maakte het kleed los dat er met gespen aan bevestigd was. Daarna spreidde hij het uit.

'Moet je kijken', zei Babette blij verrast. Ze haalde een paar bakjes met salades uit de mand, sandwiches met Italiaanse kaas en pesto, en een fles San Pellegrino met twee glazen. 'Nog gekoeld ook.'

'Geef maar.' Jeroen pakte de waterfles van haar aan en draaide die open. Daarna schonk hij de glazen vol en tikte met het zijne tegen dat van Babette. 'Op ons', zei hij met zo'n gekscherend gezicht dat het meteen duidelijk was dat hij een grapje maakte.

'Op een mooie dag', zei Babette wat serieuzer. 'Hier, eet iets.'

Ze deden zich allebei tegoed aan het lekkers en daarna schonk Jeroen meer water in. 'Ik ben eigenlijk wel benieuwd', zei hij, terwijl de camera door bleef lopen maar Thijs en Roy er toch in slaagden zo min mogelijk aanwezig te zijn. 'Wat dacht je toen je mij uit die auto zag stappen?'

'Ik schrok me rot', zei Babette eerlijk. 'En daarna dacht ik dat er een grap met me werd uitgehaald. Eerlijk gezegd kon ik me niet voorstellen dat je als serieuze deelnemer naar mij was gekomen, aangezien ik nooit iets had gemerkt van jouw interesse in mij.'

'Je was altijd met Bastiaan', zei Jeroen. 'Wat mij betreft zijn partners van vrienden verboden gebied. Maar ik vond je altijd al leuk.'

'Nadat Bastiaan en ik uit elkaar zijn gegaan heb ik ook nooit iets van je gehoord.' Babette draaide zich wat naar hem toe. 'Dat is geen verwijt, overigens.'

'Ik vond het niet netjes', zei Jeroen na een korte stilte. 'Althans, in het begin. Maar toen kwam net dat programma voorbij en realiseerde ik me dat ik eigenlijk nooit was opgehouden aan je te denken. Het leek me ergens wel geestig om me op te geven en je op die manier te laten zien dat mijn interesse serieus is.' Hij liet zijn blik op haar rusten. 'Gelukkig reageerde Bastiaan goed toen ik dat voorstelde, al had ik het ook zonder zijn goedkeuring gedaan.'

Babette wist niet goed wat ze moest antwoorden. In de stilte die viel, nam Jeroen nog een slok van zijn drankje. 'Ik ben eigenlijk wel benieuwd hoe jij over mij denkt', zei hij toen.

Dit was het, dacht Babette. Dit was typisch zo'n ongemakkelijk gesprek waarvan ze er in andere programma's al talloze had gezien. En waarvan ze had gehoopt het te kunnen vermijden, maar Jeroen wachtte duidelijk op antwoord.

'Ik vind het ergens wel lastig, want...' Babette haalde diep adem. Ze wilde niet te veel over Bastiaan en het einde van hun relatie zeggen nu de camera liep. 'Voor mij hoorde jij altijd bij Bastiaan.' Ze wachtte even om hem de kans te geven te reageren, maar hij knikte alleen maar. 'En ook...' ging Babette verder, 'toen ik bedacht dat ik een nieuwe start in de liefde wilde maken, dacht ik niet meteen aan een van de vrienden van mijn ex.'

'Maar dat zegt niets over mij', zei Jeroen. Met zijn hand veegde hij een steentje weg dat op het kleed was gerold. 'Volgens mij konden wij het altijd wel goed met elkaar vinden.'

Over die woorden moest Babette even nadenken. Ze staarde naar een bij die driftig zoemend aanviel op de paarse bloemen waarmee het uitzichtpunt omzoomd was. 'Daar heb je gelijk in', zei ze toen, al doelde ze meer op zijn eerste zin dan op zijn tweede. In Nederland had Bastiaan vaak met Jeroen afgesproken in de kroeg, waardoor ze hem eigenlijk maar weinig had gezien. In Italië was hij één keer langsgekomen en toen hadden ze het inderdaad prima met elkaar kunnen vinden. Maar hij was wel meer Bastiaans vriend geweest. Sinds Babette en Bastiaan uit elkaar waren, had ze hem nooit meer gesproken.

'Ik hoop dat je mij een oprechte kans wil geven', zei Jeroen nu. 'Ik zal je laten zien dat ik die kans meer dan waard ben.'

Hoewel de woorden iets pathetisch in zich hadden, werd Babette geraakt door de blik in zijn ogen. Ze wist niet goed wat ze moest antwoorden en legde daarom maar haar hand op de zijne. Vanuit haar ooghoek zag ze hoe Thijs onmiddellijk zijn camera erop richtte, maar ze liet haar hand toch liggen.

'Verder rijden?' stelde ze na een tijdje voor. 'Ik ben wel toe aan een frisse duik.'

'Anders ik wel.' Soepel kwam Jeroen overeind en hij begon de spullen in te pakken. Even later zaten ze weer op de Vespa's. Het leek alsof er iets zwaars van hem af gevallen was na het gesprek, want hij stuurde de scooter met meer gemak over de smalle weg. Babette moest moeite doen om hem bij te houden en toen ze uiteindelijk bij de baai aankwamen en in de gebruikelijke Italiaanse chaos van te veel badgasten op een te klein stenenstrand een plekje zochten, merkte Babette dat ze met andere ogen naar hem keek. Hij had gelijk, dacht ze terwijl ze haar kleding uittrok, waaronder ze haar zwemkleding al aanhad. Hij verdiende inderdaad een kans.

Hoofdstuk 7

'Die rozemarijn kun je knippen, net als de salie en de tijm.' Met haar in een tuinhandschoen gestoken hand wees Babette de kruiden aan, alsof Gioia niet wist wat wat was. 'En doe ook maar wat van die oregano.'

'Komt goed', knikte haar medewerkster. 'Die kruiden kan ik meteen gebruiken, want ik wil focaccia maken voor bij de tomatensalade vanavond, is dat goed?'

'"Is dat goed?"' herhaalde Babette lachend. 'Dat hoef je nooit te vragen.' Ze keek de vrouw aan. 'Ik ben zo blij met alles wat je doet, Gioia. Die tv-opnames kosten veel meer tijd dan ik dacht en ondertussen draait alles hier gewoon verder. Dank je wel daarvoor.'

Haar medewerkster sloeg haar blik neer en trok wat met haar schouders. 'Logisch toch', zei ze, duidelijk ongemakkelijk door zoveel lof. 'Weet je eigenlijk al wat je van die mannen vindt?' vroeg ze toen. 'Zit er iemand bij die...' Vanonder haar wimpers keek ze Babette aan, om daarna haar blik op de kruiden te richten. 'Sorry, ik moet dat helemaal niet vragen. Het zijn mijn zaken niet.'

'Je mag alles vragen.' Babette glimlachte geruststellend naar haar. Daarna staarde ze naar de kruiden terwijl ze haar woorden woog. 'Ik weet nog niet of er iemand bij zit met wie het iets kan worden, maar ik weet wel wie ik zo meteen weg ga sturen.'

'O ja?' Gioia keek nieuwsgierig. 'Kan je dat al zeggen?'

Babette keek om zich heen. De kruidentuin lag helemaal in een hoek van de tuin, tegen de witte muur aan. Onder de pergola zaten drie B&B-gasten, de vier mannen waren nergens te zien. 'Harold', zei ze toen zachtjes tegen haar medewerkster.

Gioia leek niet erg verbaasd. 'Niets voor jou', zei ze hoofdschuddend.

'Vind je dat?' Het was waar, maar het verwonderde Babette dat zelfs haar werkneemster het zag. Gioia was veel in de B&B, maar had niet veel tijd met de mannen doorgebracht. Babette had haar niet verteld wat ze over Harold had ontdekt. Na enig aarzelen had ze ook besloten haar mond te houden tegen Jack, omdat hij anders vast zou aansturen op een gesprek tussen haar en Harold over hun gezamenlijke verleden. Voor de camera, uiteraard. Babette voelde daar weinig voor.

'Ik heb het idee dat hij vooral meedoet omdat hij graag voor de camera wil komen', zei Gioia. 'Hij lijkt niet heel erg in jou geïnteresseerd. Je moet hem zien staan als hij voor de camera moet vertellen wat hij denkt en voelt. Dan staat hij erbij alsof hij de sterspeler van het voetbalveld is.'

Babette moest lachen om die vergelijking. 'Veel ego', knikte ze, terwijl ze tussen haar vingertoppen een paar naaldjes rozemarijn kapotwreef.

'En daarna?' vroeg Gioia. 'Als de eerste naar huis gaat, wat gebeurt er dan?'

Babette wilde antwoord geven, maar haar aandacht werd afgeleid doordat Roxy zich bij hen voegde. De hond duwde met haar neus tegen Babettes been en keek daarna kwispelend naar haar op. Verwonderd keek Babette om zich heen. Roxy leek doorgaans aan Frank vastgeplakt te zitten, maar nu zag ze hem nergens.

'Hé lieverd', zei ze en ze streelde de zachte oren van het dier. Roxy keek naar haar op. Het volgende moment verscheen Frank alsnog. 'Zo', zei hij en hij trok met zijn mond. 'Dat doet ze niet snel, zich zo laten aanhalen.'

'Ze kwam vast af op de geur van de rozemarijn', zei Babette. 'Zelfs honden kunnen die niet weerstaan.'

Het was een stom grapje, maar toch lachte Frank. Hij stopte zijn handen in zijn zakken en keek rond in de kruidentuin. 'Indrukwekkende collectie', zei hij, alsof het niet om een stukje tuin maar om een museum ging.

'Het voordeel van zoveel zon', zei Babette en ze bukte zich om wat oregano af te breken. 'Dit moet je echt ruiken.'

Nu pas viel het haar op dat Frank al die tijd met zijn handen in zijn zakken had gestaan. Toen hij ze eruit haalde om het kruid aan te pakken, keek hij er eerst wat verwonderd naar.

'Geen aansteker?' vroeg Babette met een lachje. Gek eigenlijk hoe snel je aan iemands gewoonten wende.

'Nee.' Hij perste zijn lippen op elkaar en leek daarna juist iets te willen zeggen, maar hij deed het niet. Hij pakte de oregano aan en kneusde een blaadje tussen zijn vingers. 'Heerlijk', zei hij toen hij eraan rook.

'Babette!' Jack kwam aanlopen en zwaaide. 'We willen graag het beslismoment opnemen, want het licht is nu perfect. Maar kun je eerst nog even met Mandy meegaan om te quoten?'

Babette zwaaide terug en knikte. 'Sorry', zei ze tegen Frank. 'Ik geloof dat er haast geboden is.'

'Ja.' Hij sloeg zijn blik neer en glimlachte. 'Ik denk dat ik tegen de tijd dat de opnames erop zitten nog lange tijd in mijn hoofd zal horen: ga je even mee quoten? Het begint een soort mantra te worden.'

'Ik werd vannacht wakker met precies die vraag in mijn hoofd', grinnikte Babette terwijl ze haar handschoenen uittrok. 'Hierna begin ik maar een dagboek, zodat ik daarin kan reflecteren op mijn gedachten en gevoelens als Mandy het niet meer van me vraagt.'

'Succes', grijnsde Frank en met een kort fluitje riep hij Roxy toen hij wegliep. Een paar meter verderop draaide hij zich om en opende zijn mond, maar uiteindelijk wendde hij zijn blik af en vervolgde zijn weg.

Babette liep naar Jack, die wees waar ze moest gaan staan. Mandy stelde haastig een paar vragen, Babette zei dat ze zenuwen voelde voor het beslismoment maar dat de keuze voor haar niet moeilijk was geweest. Ze vermeed het om de naam van Harold te noemen, de kijker moest immers in spanning worden gehouden.

'Oké, top', zei Mandy sneller dan verwacht. 'De mannen zitten er klaar voor, als het goed is. Loop je mee?'

Waar er eerder nog gasten van de B&B hadden gezeten, was de plek onder de pergola nu ingenomen door Sam, Jeroen, Frank en Harold. De eerste drie zaten naast elkaar op de bank, Harold had een van de twee stoelen genomen. Babette nam plaats op de andere stoel, vanwaar ze hem recht kon aankijken. 'Het moment van de waarheid...' zei Jeroen met een spannende stem, alsof hij de voice-over alvast live erbij insprak. Het zorgde voor een lachje bij iedereen.

Babette ging zitten en keek naar Jack. Die richtte op zijn beurt zijn blik op Thijs. 'Momentje', zei de cameraman en hij staarde ingespannen naar het display.

'Graag om de beurt even het woord "test" zeggen', zei Roy. Hij wees naar Jeroen en ging het rijtje af. Toen iedereen was geweest, stak Roy zijn duim op naar Jack.

'Oké, we kunnen van start', zei de regisseur. 'Babette, je weet wat je te doen staat.'

Babette voelde zich overvallen door die woorden. Ja, ze wist wat er van haar werd verwacht, maar ze had zo tegen het moment opgezien dat ze het nadenken erover voor zich uit had geschoven. En nu had ze niet de woorden paraat die ze wilde gebruiken.

'Ja', zei ze en ze verschoof in haar stoel. Haar stem klonk schor en trilde, al hoorde ze dat waarschijnlijk alleen zelf. 'Ik wil eigenlijk eerst zeggen dat ik het geweldig vind dat jullie allemaal hiernaartoe zijn gekomen. Dat jullie de tijd en moeite hebben genomen de hele reis af te leggen om mij te leren kennen, dat beschouw ik echt als een grote eer.' Ze keek vluchtig naar Jack en zag hem ongeduldig fronsen, maar ze moest positief beginnen, vond ze. 'Ik vind het dan ook heel lastig om een van jullie weg te sturen, maar ja...' Ze probeerde een lachje. 'Maar het doel is om de liefde te vinden en als jullie in dat kader allemaal blijven, zijn we binnenkort waarschijnlijk klaar voor een reallifesoap.'

Jeroen grinnikte, Frank glimlachte. Sam en Harold keken haar alleen maar aan, de eerste duidelijk nerveus. Ze had even met de gedachte gespeeld om Sam weg te sturen, omdat ze hem in die paar dagen eigenlijk niet had leren kennen. Dat kwam deels doordat hun date nog moest komen, maar vooral doordat hij in de B&B

vaak wat afwezig was. Alsof hij het contact met haar niet echt durfde op te zoeken.

Maar als ze eerlijk was, zou ze Sam alleen maar wegsturen omdat ze de reactie van Harold vreesde. Ze wilde Sam nog wel wat beter leren kennen, terwijl Harold juist op haar zenuwen werkte.

Zo'n wintersport was voor jou natuurlijk niet weggelegd.

De woorden kwamen vanzelf in haar hoofd op. Hoe langer ze erover nadacht, hoe vreemder die uitspraak werd. Alsof het gegeven dat hij haar op skivakantie had kunnen meenemen, haar gevoel voor hem had moeten bepalen. Al deed hij nu feitelijk hetzelfde met die dure auto's en die boot waar hij zo graag over opschepte. Jammer genoeg voor Harold gaf ze te weinig om geld om dat haar keuze te laten beïnvloeden.

Babette knipperde een paar keer. Vier blikken waren zwaar op haar gericht, net als de lens van de camera. Ze slikte moeizaam. De stilte duurde nu echt te lang. 'Maar helaas moet ik een keuze maken', zei ze en ze deed haar best om nog niet in Harolds richting te kijken. 'Ik heb gemerkt dat ik jullie allemaal aardige, leuke mannen vind, maar dat ik niet met iedereen...' In gedachten zocht ze naarstig naar een beter woord, maar het cliché was het enige wat in haar opkwam. '... dat ik niet met iedereen een klik heb', zei ze daarom maar. 'Misschien wel een vriendschappelijke klik, maar niet meer dan dat.' Ze keek even naar Jack, die gebaarde dat ze verder moest praten. Mandy stond naast hem. Door de zonnebril kon Babette haar blik niet zien.

'Daarom heb ik besloten iemand naar huis te sturen bij wie ik zo goed als zeker weet dat meer dan vriendschap er niet in zal zitten en dat is...' Ze slikte en vermeed nu alle blikken. Met haar ogen op de punt van de tafel gericht zei ze: 'En dat is Harold.'

Er ging iets van een zucht door de groep. Babette moest hem nu wel aankijken en dus ontmoette haar blik die van Harold. 'O...' zei hij terwijl hij duidelijk naar een reactie zocht. Thijs hield de lens scherp op hem gericht. 'Dat is eh...'

Babette probeerde zijn blik te peilen. Hij leek vooral overvallen. 'Ja', zei hij knikkend. 'Tuurlijk, ja. Als dat jouw keuze is...'

De woorden waren niet in overeenstemming met wat ze in zijn ogen zag. Het laatste wat daarin te lezen stond was de berusting die hij wel uitsprak. Zijn ogen gingen van links naar rechts en toen ze uiteindelijk op haar bleven rusten, zag ze er een flikkering in die ze nog niet kende. 'Je moet het zelf weten, Babette', zei hij met een stem die kalm klonk en een paar octaven lager dan ze eerder had gehoord. 'Maar ik denk dat er tussen ons meer in had gezeten.'

Babette voelde zich niet geroepen op zijn woorden te reageren, maar Thijs draaide de camera naar haar. 'Het spijt me', zei ze daarom maar, al meende ze dat niet. En om er nog wat aan toe te voegen, putte ze zich uit in nietszeggendheden waarin ze sinds de komst van de camera steeds beter leek te worden. 'Voor mijn gevoel zitten wij niet echt op hetzelfde level. We hebben duidelijk andere ideeën over wat belangrijk is in het leven.'

Eerlijkheid, bijvoorbeeld. Maar dat voegde ze er alleen in gedachten aan toe.

'Oké, prima.' Harold stak zijn hand afwerend in de lucht en stond op. 'Dan ga ik mijn spullen pakken.'

'Harold?' Mandy dook naast hem op. 'Loop even mee om te quoten.'

Hij knikte en liep met korte, nijdige stappen achter haar aan naar de olijfboom, waar Jack hem de plek wees waar hij moest gaan staan. Terwijl de drie overgebleven mannen wat woorden met elkaar wisselden, hield Babette haar blik op Harold gericht. Ze kon vanaf hier niet horen wat hij zei, maar aan zijn gezicht was te zien dat hij het op z'n zachtst gezegd niet eens was met haar keuze. Hoe meer die bij hem leek in te dalen, hoe bruusker zijn bewegingen werden. Toen hij haar recht aankeek, kostte het Babette moeite haar blik niet af te wenden.

Net zo snel was het moment ook voorbij. Harold liep weg, Thijs haalde de camera van zijn schouder. Mandy wenkte Babette, die ook een testimonial moest opnemen.

'Waarom heb je ervoor gekozen om Harold weg te sturen?'

Babette woog haar woorden. 'Ik heb voor Harold gekozen omdat ik heb gemerkt dat hij in het leven met andere dingen bezig is dan ik.' Ze kneep haar ogen samen en zag aan Mandy dat die ook de nietszeggendheid van die woorden opmerkte. Heel even overwoog ze te vertellen dat ze elkaar van de middelbare school kenden en dat ze kennelijk wegens een zwembad en een skivakantie voor Harolds charmes had moeten vallen. Zo'n voorbeeld zei natuurlijk genoeg, maar ze slikte haar woorden in.

'Kun je dat uitleggen?' vroeg Mandy toen Babette bleef zwijgen. 'Waarin verschillen jullie?'

'Op de date was hij bijvoorbeeld erg bezig met de snelheid van de boot en wat dat ding wel niet gekost moest hebben. Terwijl ik hem als mens wel wat beter had willen leren kennen. Het maakt mij niet zoveel uit of je zelf wel of geen snelle vervoersmiddelen hebt, maar ik ben wel benieuwd naar wat iemand drijft, wat iemands normen en waarden zijn, iemands ambities als mens, niet op de bankrekening. Daar ben ik bij Harold niet echt achter gekomen.'

Nu deed ze het toch, meer zeggen dan ze wilde. 'Ik zeg niet dat daar iets mis mee is', voegde ze er snel aan toe. 'Maar het past niet zo goed bij mij. Ik wens hem natuurlijk het allerbeste, er wacht vast ergens een leuke vrouw op hem. Dat gun ik hem echt, want het is een leuke man.'

Mandy knikte en stelde geen verdere vragen. Die laatste zin zou de montage niet halen, dat wist Babette vrij zeker. Misschien maar beter ook.

Ze liep naar binnen, waar Gioia de avondmaaltijd bereidde. De keuken rook naar versgebakken brood. Babette snoof diep, maar het geluksgevoel waarmee die geur haar normaal vervulde, bleef uit. 'Hoe ging het?' vroeg haar medewerkster. Babette haalde kort haar schouders op en gaf geen antwoord. Gioia wierp haar een onderzoekende blik toe, maar Babette deed alsof ze het niet zag. Ze ging aan de keukentafel zitten en beantwoordde haar berichtjes tot Jack haar kwam halen. 'Harold is klaar voor vertrek.'

Babette kwam overeind en liep met een zwaar gevoel in haar benen achter de regisseur aan. Op de parkeerplaats stond precies zo'n zwarte SUV als waarmee de mannen een paar dagen geleden waren gebracht. Harold zette zijn koffertje in de achterbak en draaide zich naar Babette om. Roy tilde de grote microfoon boven hun hoofd, Thijs stond met zijn camera paraat. 'Nou...' zei Babette. Het ongemak van het moment leek zich als iets vloeibaars door haar aderen te verplaatsen. 'Bedankt voor je komst, Harold. Ik vond het leuk om je te leren kennen.'

'Ja', zei hij. Hij maakte zijn ogen eerst groot en kneep ze toen juist samen, alsof hij daarmee uiting wilde geven aan de belachelijkheid van die uitspraak. 'Tot ziens, Babette.'

De omhelzing die volgde was stroef en kort. Daarna draaide Harold zich om, stapte in op de achterbank en sloeg het portier dicht. De auto stond al geparkeerd in de rijrichting en zette zich vrijwel meteen in beweging.

Hoofdstuk 8

'Wees blij dat je van die griezel af bent dan.' Sabines stem klonk opgeruimd. 'Het is maar goed dat hij zo van snelle auto's houdt, dan kan hij in hoog tempo wegrijden van jouw oprit.'

'Je weet het weer goed samen te vatten', grinnikte Babette. Op het schermpje van haar telefoon zag ze haar vriendin ook lachen. 'Ik ben inderdaad blij dat hij weg is. Als je vanaf het begin al niet eerlijk bent over dat je mij van vroeger kent, dan is het toch niet zo gek dat ik twijfel aan je goede intenties? Of aan je eerlijkheid in het algemeen?'

Sabine maakte een wegwerpgebaar met haar hand,

dat even stokte omdat de videoverbinding haperde. 'Je denkt er veel te lang over na, Babs. Die vent en jij zijn geen match, klaar. Hij verdient jou niet.' Ze trok haar wenkbrauwen op. 'Je voelt je er toch niet vervelend over?'

'Nee', zei Babette, al was dat niet helemaal de waarheid.

'Los van alles is het gewoon het format dat je er om de zoveel dagen eentje wegstuurt', zei Sabine. 'Er zijn nog drie leuke mannen over, wie weet zit de liefde van je leven erbij. Richt je daar nu maar op.'

'Hij was echt boos dat ik hem wegstuurde, dat merkte ik aan alles.'

Sabine haalde haar schouders op. 'Lekker boos laten zijn. Het is jouw probleem niet, want hij zit allang in het vliegtuig naar Nederland.'

'Hij is al terug', zei Babette. 'Zijn vlucht ging gisteravond, begreep ik van Mandy. Hé, even voor de zekerheid: je zegt hier niets over tegen anderen, hè? Ik vertel alleen aan jou en Lilian wat hier gebeurt. Als het uitlekt, kan ik dat zwembad wel vergeten, dan mag de bank me helpen de boete te financieren.'

'Wat denk je van me', zei Sabine gespeeld beledigd. Ze deed alsof ze haar lippen dichtritste. 'Maar vertel even hoe het nu met die andere mannen is. Zit er iemand bij die je leuker vindt dan de rest?'

Babette moest het antwoord schuldig blijven omdat Jack de keuken binnenkwam. Ze vond het niet zo erg, omdat ze het antwoord op de vraag eigenlijk niet wist.

'We willen graag een vooruitblik op je date van vandaag', zei de regisseur. 'Kom je?'

'Ik moet ophangen', zei Babette. 'Tot snel.' Ze zond een kus naar haar vriendin, zwaaide even en verbrak toen de verbinding. Daarna liep ze naar de tuin, maar daar zag ze alleen een paar gasten van de B&B.

'Deze kant!' riep Jack vanuit de opening van de poort. 'Het licht is hier prachtig.'

Roy deed haar een zender om en Babette ging op de vaste plek staan. Het late ochtendlicht had iets van goud in zich en de stralen vielen mooi op de wat lager gelegen graslanden. Mandy nam haar plek naast de camera in en wachtte op het teken van Thijs. Roy tilde zijn hengel de lucht in.

'Kijk je uit naar vandaag?' vroeg Mandy toen Thijs het teken had gegeven dat hij klaar was voor de opname.

'Ik kijk uit naar de date met Frank', antwoordde Babette. 'We gaan naar Lecce, wat hier in Puglia mijn favoriete stad is. De stad doet me altijd denken aan Florence, maar dan kleiner en overzichtelijker. Er zijn een paar prachtige kerken en, vooral heel belangrijk, je kan er heerlijk eten.'

'Oké, top', knikte Mandy. 'En wat ben je van plan om te gaan doen?'

'Nadat we door de stad hebben gelopen, gaan we eten bij een van mijn favoriete restaurants in Lecce, Miro', zei Babette opgetogen. Het vooruitzicht van een avond in Miro maakte de hele date al de moeite waard. 'Het is piepklein en heel druk en heeft precies die Italiaanse sfeer die ik zo leuk vind. O, en de wijn is er fantastisch, ook niet onbelangrijk.'

'En hoe denk je over Frank?' vroeg Mandy.

'Mijn indruk van Frank is dat hij een wat introverte man is', zei Babette. 'Hij blijft wat op de achtergrond, maar is volgens mij heel aardig. Ik hoop dat hij vandaag, als we een-op-een met elkaar zijn, loskomt. Volgens mij gaat er veel meer schuil achter die gesloten buitenkant.'

Ze wist soms zelf niet waar ze het vandaan haalde, maar blijkbaar was het een goede tekst, want Mandy knikte. 'Ik geloof dat jullie zo al kunnen vertrekken', zei Mandy. 'Ben je klaar om te gaan?'

Babette liep naar Roy zodat hij haar van haar zender kon bevrijden, maar hij schudde zijn hoofd. 'Je hebt hem straks weer nodig. Ik zet hem wel even voor je uit.' Hij drukte op een knopje en knikte. Daarna liep Babette nog even naar binnen om haar spullen te pakken. Vanuit de badkamer van haar appartement hoorde ze het ronkende geluid van een motor.

'Wat...' mompelde ze voor zich uit toen ze naar het raam liep dat uitzicht bood op de parkeerplaats. Tot haar verbazing zag ze een klassiek model motor staan met een man ernaast die net zijn helm afzette. Jack liep druk gebarend heen en weer, Thijs stond op een afstandje en filmde zowel de motor als de man ernaast.

Babette liep weg bij het raam, pakte haar tas en liep

naar buiten. 'Ik hoop dat je bij me achterop durft', zei Frank toen hij haar een helm overhandigde.

'Als je een rijbewijs hebt', antwoordde Babette met een lachje en ze pakte de helm aan. Die was zwaarder dan ze had gedacht en ze trok hem met wat moeite over haar hoofd, terwijl ze probeerde niet te denken aan haar haar dat nu plat en warm werd verdrukt. Roy kwam aansnellen met de hengel omdat de zender door de helm nu nutteloos was geworden. 'In Lecce kunnen we hem weer gebruiken', zei hij. 'Maar voor nu doen we het even hiermee.'

Hij hees de hengel in de lucht en Babette richtte haar aandacht weer op Frank. 'Hoe kom je eigenlijk aan die motor?' vroeg ze terwijl ze haar hand over het leer van het zadel liet glijden. 'Is hij van jou?'

Frank schudde zijn hoofd. 'Ik heb er een die hierop lijkt, maar die staat thuis. Ik heb nog wel even het plan gehad om op de motor naar Italië te gaan, maar dat ging niet met Roxy.' Hij legde zijn hand op het stuur en grijnsde naar haar. 'Nu klinkt het alsof ik als een soort wereldreiziger me heel stoer op de motor een weg door de Alpen wilde banen, maar eigenlijk krijg ik het gewoon een beetje benauwd als ik moet vliegen.'

'O ja?' vroeg Babette verwonderd. 'Heb je vliegangst?'

'Dat ook weer niet, maar als ik het kan vermijden, vlieg ik liever niet. Zo'n afgesloten kist, zo hoog in de lucht. Ik heb dan liever de vrijheid van mijn motor. En vliegen is natuurlijk heel efficiënt, maar je ziet zoveel mooois als je gaat toeren.' Hij zette zijn eigen helm op. 'Daarom heb ik deze gehuurd om naar Lecce te rijden. Ben je er klaar voor?'

'Helemaal.' Babette grijnsde. 'Gaat Roxy tussen ons in? Of in het zijspan?'

Frank lachte ook. 'Roxy heeft een goede oppas.'

Babette draaide zich om en zag Gioia met de hond aan de riem staan. De hand van de vrouw rustte op de hondenkop. Babette zwaaide even naar haar en wachtte daarna tot Frank was opgestapt voor ze achter hem plaatsnam. Ze voelde de zware motor onder zich schudden toen Frank hem startte. 'Armen om mijn middel!' riep Frank boven het geluid van de motor uit. 'En als er iets is, klop je op mijn been en dan stop ik, oké?'

Hij haalde zijn voet van de grond terwijl hij gas gaf en de motor zette zich in beweging. Even had Babette moeite haar evenwicht te vinden en ze verstevigde haar greep om Franks middel. Voorzichtig reed hij de oprit af, minderde vaart en draaide daarna de openbare weg op. Waar Babette had verwacht dat hij nu flink gas zou geven, bleef hij in rustig tempo rijden. Heel even kwam de gedachte aan Harold met zijn hang naar snelheid in haar op.

'Alles oké?' vroeg Frank terwijl hij zijn hoofd naar haar draaide.

'Prima!' riep ze terug. Ze ging wat meer ontspannen zitten en keek naar het voorbijtrekkende landschap, dat ze inmiddels zo goed kende. Even gleden haar gedachten naar haar eerste maanden in Puglia – de keren dat ze met Bastiaan naar Lecce was gereden en de mooie momenten die ze daar hadden doorgebracht, ervan overtuigd dat ze nog tientallen jaren met elkaar door de straatjes zouden slenteren en op de terrassen zouden eten. Ze herinnerde zich de eerste keer dat ze caffè leccese had besteld, toen haar mond was samengetrokken van de intens zoete smaak. 'Denk je dat we hieraan wennen?' had Bastiaan toen grappig weifelend gezegd.

'Anders burgeren we nooit in', was Babettes ferme antwoord geweest en dapper had ze het kopje leeggedronken. Ze was nog niet meteen fan geweest van de koffie met ijsblokjes en amandelsiroop, maar na een paar kopjes begon ze eraan te wennen en weer een paar maanden later bestelde ze het drankje dat typisch was voor de stad regelmatig op een terras. Ze zou het Frank vandaag ook laten proeven, benieuwd naar zijn reactie.

Ze reden door een bocht en Babette hield Frank weer wat steviger vast. De stugge stof van zijn donkerblauwe poloshirt wreef tegen haar armen en zo dicht bij hem rook ze de geur van zijn parfum vermengd met iets anders, iets aards. Hij voelde stevig aan, gespierd ook. Raar eigenlijk dat ze hem amper kende en toch zo comfortabel tegen hem aan kon leunen.

'Wat is het prachtig hier!' riep Frank. Babette maakte een instemmend geluid en daarna zeiden ze een hele tijd niets. Babette keek om zich heen en genoot van het landschap en, als ze eerlijk was, ook van het gevoel van haar lichaam tegen de rug van Frank. Op rustige stukken kwam de auto met daarin Roy en Thijs naast hen rijden om de rit op alle mogelijke manieren vast te leggen voor de kijkers, wat enige afbreuk deed aan het moment maar Babette merkte dat de aanwezigheid van de camera al begon te wennen.

Met de auto was het zo'n drie kwartier rijden naar Lecce, met de motor deden ze er iets meer dan een uur over omdat ze de hoofdweg vermeden. Bij aankomst laveerde Frank soepel door het stadsverkeer, alsof hij dagelijks zijn weg vond over drukke Italiaanse verkeersaders. Hij zette de motor stil op een parkeerplaats net buiten de stadspoorten van het oude centrum en opende de topkoffer. Babette haalde de helm van haar hoofd. Zo midden in de stad was het zeker vijf graden warmer dan in de B&B en toch voelde de lucht verkoelend aan op haar huid. De cameracrew zocht nog naar een parkeerplaats, Babette gebruikte die tijd dankbaar om met behulp van de selfiestand van haar telefoon haar haar en gezicht te fatsoeneren. Ze vroeg zich af hoe het kon dat Frank er helemaal niet verhit uitzag.

'Ik wilde wat door de stad wandelen', zei ze. 'Maar zullen we eerst ergens wat drinken? Zelf kan ik best een kop koffie gebruiken.'

'Prima', zei Frank. Hij keek omhoog naar de stadspoort. 'Ik had opgezocht hoe we in het centrum moesten komen, maar vanaf hier laat ik het graag aan jou over.'

Thijs en Roy kwamen aan en nadat Roy de zenders

had gecheckt, liepen ze onder de stadspoort door het oude centrum van Lecce in. 'De stad is niet zo groot', zei Babette toen ze via een smal straatje op het centrale plein aankwamen. Ze vertelde hem over het Piazza Sant'Oronzo waarop ze stonden en het Romeinse amfitheater dat er te zien was.

'Waarom run je eigenlijk een B&B?' vroeg Frank gekscherend. 'Volgens mij kan jij beter stadswandelingen gaan organiseren.'

'Goed idee', grinnikte Babette. 'Al geniet ik meer van mijn gasten in de watten leggen dan met vijfendertig graden door de stad zeulen.'

'Toch kijk ik daar vandaag naar uit', zei Frank, maar zijn blik gleed naar het koffietentje aan de rand van het plein. 'Zei je nou: even wat drinken?'

Babette knikte instemmend en ze vonden een tafeltje op het terras van Caffè Alvino. 'Leg dit maar vast', zei Babette grappend toen Thijs zijn camera even van zijn schouder haalde. 'Het mag in het nieuws als je zonder wachten bij Alvino terechtkan.'

De koffietent was een populaire plek, zowel bij toeristen als bij de inwoners van Lecce. 'Je gaat de lokale specialiteit proeven', zei Babette. 'Het is geen vraag. Ik weet dat je normaal alleen espresso drinkt, maar dit moet je in elk geval één keer meemaken.'

'Spannend', zei Frank en hij schoof zijn zonnebril naar zijn haar. Babette trok de aandacht van een ober en bestelde vier caffè leccese. Het duurde niet lang tot de koffie werd gebracht en tot die tijd vertelde Babette nog wat over de stad. Toen de bestelling er was lachte ze om de blik op zijn gezicht toen Frank een slokje nam. 'Zoet', zei hij zacht kreunend. 'Voor iemand die nooit suiker in z'n koffie heeft, is dit best heftig.'

'Ik hoop dat je van amandel houdt', zei Babette en ze nam een slok van haar eigen drankje.

Ze moest Frank nageven dat hij keurig zijn koffie opdronk. Nadat ze zelf ook de laatste slok had genomen, stond ze op. 'Kom mee, we gaan. Deze kant op.'

Voor Frank uit liep ze het terras af. Met de tweekoppige cameracrew als een schaduw achter zich voelde ze de blikken van de andere klanten en voorbijgangers op zich gericht, maar ze probeerde er niet te veel aandacht aan te besteden. 'Wat is je eerste indruk van de stad?' vroeg ze aan Frank.

'Heel erg mooi', zei hij. 'Ik hou van die barokstijl.'

Ze kletsten wat terwijl ze verder liepen. Frank hield stil bij een mooi versierde gevel, Babette bij een ijssalon. 'We kunnen niet naar huis voor je het Italiaanse ijs hebt gegeten', zei ze stellig. 'Dat doen we vanavond na het eten.'

Ze keek naar Frank, maar die had zijn aandacht ergens anders op gericht. Ze volgde zijn blik en zag een oud aanplakbiljet dat naast de deur van de ijssalon hing. Het krulde om bij de randen en de foto erop was een beetje groen uitgeslagen. 'Wat is dit?' vroeg Frank met een frons.

'Een vermiste vrouw', zei Babette. 'Ze is ruim twee jaar geleden spoorloos verdwenen, de politie heeft de zaak inmiddels tot cold case bestempeld, geloof ik. Maar haar familie blijft natuurlijk zoeken.'

'Serena Giannuzzi', las Frank hardop. Als oud-politieman had zo'n zaak natuurlijk meteen zijn aandacht.

'Het hield de gemoederen destijds echt bezig, maar inmiddels hoor je er bijna nooit meer iets over.' Babette keek op haar telefoon. 'Zullen we doorlopen?'

Via een smal steegje kwamen ze bij de basiliek en van daaruit nam Babette Frank mee naar alle kerken en andere mooie bouwwerken die de stad rijk was. Ongemerkt gleden de uren voorbij en tegen de tijd dat ze bij de basiliek terugkeerden, was het al bijna avond. 'Klaar voor een *aperitivo*?' vroeg Babette aan Frank. 'Het restaurant is gelukkig maar tien meter lopen.'

'Altijd', zei hij en ze zetten koers in de richting van het smalle straatje waar aan weerszijden toch nog tafeltjes in geplaatst waren. Op aanwijzing van de ober namen ze plaats aan het op een na laatste vrije tafeltje, dat strak tegen de muur van het restaurant stond. De laatste vrije tafel was voor Thijs en Roy, die weliswaar iets te eten bestelden maar ondertussen doorwerkten.

'Ik hou hiervan', zei Babette terwijl ze opgetogen om zich heen keek. 'Dat je denkt: ach, dat straatje is drie meter breed, laten we er aan beide kanten ook nog een terras maken.'

Frank knikte. 'Heerlijk inderdaad, die opgewondenheid en die drukte van zo'n stad.'

'Grappig', zei Babette. 'Als ik had moeten gokken, had

ik gezegd dat jij meer een type bent dat de rust en de ruimte opzoekt.'

Frank leunde achterover en keek naar de stroom mensen die voorbijliep. 'Dat ben ik ook,' zei hij toen, 'maar des te meer kan ik af en toe de drukte van zo'n stad waarderen.'

'Ik heb trouwens geen voeten meer over', zei Babette en ze maakte de gespen van haar sandaaltjes los.

'Ik dacht ook dat ik een goede conditie had, maar ik ben gesloopt', bekende Frank. Hij pakte zijn telefoon, zocht iets op en liet het aan Babette zien. 'Vijftienduizend stappen, niet verkeerd.'

'Dan hebben we op z'n minst een glas witte wijn verdiend', zei Babette. Frank knikte instemmend en het duurde niet lang voor er een gehaaste ober aan hun tafeltje opdook.

'Twee malvasia', zei Babette en ze bestelde ook een verzameling antipasti. De ober liep haastig weg om het in orde te maken. 'Of vind je dat niet lekker?' vroeg ze aan Frank. 'Sorry, ik heb gewoon besteld zonder het te vragen.'

'Prima, joh.' Hij wuifde haar excuses weg. 'Ik vind alles lekker.'

Heel even viel het stil, daarna begonnen ze tegelijk te praten. 'Nee, jij eerst', zei Frank.

'Ik hoop vooral dat je het een leuke dag vindt', zei Babette. 'Zo'n wandeling kan ook saai zijn als je niets met architectuur hebt.'

'Ik vond het een heerlijke dag', zei Frank en de blik in zijn ogen vertelde haar dat hij het meende. 'Ik weet zeker dat ik nog eens terugga naar Lecce.'

'Wie weet ga je hier wel wonen', zei Babette en ze had meteen spijt van haar woorden, die in haar hoofd een stuk minder ongemakkelijk hadden geklonken dan toen ze ze uitsprak. 'Ik bedoel... nou ja, laat maar.'

'Wie weet', zei Frank. Babette was blij dat de ober de wijn bracht. Ze keek toe hoe hij de glazen volschonk en daarna proostte ze met Frank op een leuke avond. 'En op jouw B&B', voegde hij eraan toe. 'Daar mag je trots op zijn.'

'Dank je', zei Babette en ze zette haar glas neer. 'Dat ben ik ook, al is het nooit af. Er zijn altijd weer zoveel plannen.'

'Zoals die uitbreiding', zei Frank.

'Precies.' Babette glimlachte. 'Ik hoop echt dat dat gaat lukken. Ik zie al helemaal voor me hoe ik het wil hebben.' Ze nam hem mee in haar beeld van een veel grotere tuin, een lange tafel waaraan alle gasten tegelijk zouden kunnen eten, een uitbreiding van de kruidentuin en natuurlijk het zwembad.

'Het klinkt echt prachtig', zei Frank. 'Ik moet zeggen dat een zwembad op sommige dagen geen overbodige luxe is. En dan is het nu nog maar het voorseizoen.'

'Ik wil het ook zo groot mogelijk maken', knikte Babette. 'Dat je er wel echt in kan zwemmen, niet zo'n veredeld dompelbad. Ik heb het op de tekening uitgemeten en als het helemaal in de hoek van de tuin kan worden geplaatst, moet het zeker vijftien meter lang kunnen worden.'

'Op de plek waar nu die grond is omgewoeld?' vroeg hij.

Babette knikte, verbaasd dat hem dat was opgevallen. 'Ongeveer daar, ja', zei ze. 'Maar zover is het nog lang niet.' Ze vertelde hem wat er allemaal nog moest gebeuren, maar hield uiteindelijk beschaamd haar mond. 'Sorry, ik verveel je hiermee. Die technische details zijn helemaal niet interessant, het lijkt nu wel een soort *Ik Vertrek 2.0*. O...' Ze keek naar Thijs en sloeg haar hand voor haar mond. 'Dat mag natuurlijk helemaal niet, het ene programma noemen als je aan het andere meedoet.'

Frank schoot in de lach. 'Wat zegt de quitclaim daarover?'

'Ja, wat een document is dat, hè', zei Babette. 'Ik heb het soms met verbazing zitten lezen. Maar het zal wel nodig zijn allemaal.'

'Ik ben sowieso continu verbaasd over wat er allemaal bij zo'n tv-programma komt kijken en hoeveel geld één aflevering wel niet moet kosten.'

'Zeker als je bedenkt dat ze op vijf plekken in Italië aan het filmen zijn', knikte Babette. Ze wierp een blik op de crew. Er waren geen instructies dat ze tijdens de dates voortdurend gesprekken moest voeren die het uitzenden waard waren, maar toch voelde ze een verplichting om niet te lang te praten over dingen die voor de kijker niet relevant waren. 'Ik ben eigenlijk wel benieuwd waarom jij op mijn video hebt gereageerd', zei ze daarom en ze hield haar hoofd schuin. 'Als ik eerlijk ben, en totaal ongenuanceerd, vind ik jou niet echt een type dat graag op televisie wil.'

Frank glimlachte. 'En hoe ziet een type eruit dat graag op televisie wil?'

'Nee, nee', zei Babette zogenaamd streng. 'Dat is geen antwoord op mijn vraag.'

'Oké.' Frank vouwde zijn vingers als een dakje onder zijn kin. 'Je hebt gelijk: op televisie komen was niet mijn belangrijkste doel. Dus toen ik jouw video kreeg doorgestuurd van mijn zus die al langer van mening is dat ik te lang single ben, zei ik ook meteen nee. Niets persoonlijks', haastte hij zich eraan toe te voegen. Babette maakte een gebaar met haar hand om duidelijk te maken dat ze het ook niet zo opvatte. 'Maar toen ik de video had bekeken, bleef die toch in mijn hoofd zitten', ging Frank verder. 'Ik deed mijn best er niet aan te denken, want ik ging natuurlijk nooit aan een televisieprogramma meedoen, dat begrijp je.'

Hij trok een gekscherend gezicht. Babette glimlachte. 'Hier nog één', zei ze.

'Maar ja, na een week of twee vroeg mijn zus of ik er nog over had nagedacht en zei ik eerlijk dat ik moeite had om jouw filmpje uit mijn hoofd te zetten. Toen heeft ze me over mijn koudwatervrees heen geholpen door de hele aanmelding maar even buiten mijn medeweten te doen. Ik wist niet wat me overkwam toen ik werd gebeld.'

'Dat meen je niet', zei Babette. Ze keek Frank ongelovig aan. 'Had je niet de neiging om meteen op te hangen en het contact met je zus te verbreken?'

'Ja', grinnikte Frank. 'Maar in plaats daarvan maakte ik een afspraak met de redacteur die belde en besloot om een keer helemaal uit mijn comfortzone te stappen. En nu zit ik hier.'

Dat laatste deel ging Babette iets te snel. 'Je had tussendoor nog kunnen afhaken.'

'Als ik besluit ergens voor te gaan, ga ik er ook voor', zei Frank. 'En eerlijk gezegd was ik mijn zus wel dankbaar, want zelf had ik die aanmelding nooit gedaan, dat weet ik zeker. Niet omdat ik je niet wilde ontmoeten, maar omdat ik niet per se dol ben op aandacht. Dan had ik hier niet gezeten met jou en dat had ik oprecht heel erg jammer gevonden.' Hij keek Babette aan en ze meende iets van onzekerheid in zijn blik te bespeuren.

'Ik ook', zei ze om daarna met een grap meer lucht in het moment te blazen. 'Ik ben namelijk echt heel blij dat ik Roxy heb leren kennen.'

Frank schoot in de lach. 'Ik denk dat dat wederzijds is.'

Het eten werd gebracht en ze bewonderden de schaal vol heerlijke kazen, ham, broodjes, olijven en kleine bakjes met verschillende gerechtjes. 'Eet smakelijk', zei Frank en hij legde zijn servet op zijn schoot.

‘Ik wil eigenlijk wel meer weten over jouw achtergrond’, zei Babette nadat ze allebei in stilte van een paar happen hadden genoten. ‘Je werkte bij de politie, toch?’

Frank knikte. ‘Vijftien jaar bij de politie, ja. Eerst als motoragent, later bij de recherche. Inbraken, moordzaken, dat soort dingen.’

‘Spannend.’

‘Heel erg, maar op een bepaald moment bekroop me het gevoel dat ik meer kon betekenen als ik aan de voorkant van zo’n zaak zou staan.’

Babette fronste. ‘Wat bedoel je daarmee?’

‘We hadden in één jaar vier keer een ernstige zaak waarbij jonge daders betrokken waren, waarvan twee met dodelijke afloop. Dan moet je denken aan schiet- en steekpartijen en ook aan een incident in de huiselijke sfeer. Sorry als dit vaag klinkt, maar mijn beroepsgeheim is niet met mijn arbeidscontract geëindigd.’ Hij nam een slokje wijn. ‘We wisten alle zaken op te lossen, de daders werden vervolgd en wij gingen door met ons werk. Maar ergens bleef ik met een gevoel zitten dat de zaken niet afgerond waren. Een van die jochies was maar vijftien jaar oud toen hij een andere jongen neerstak. *Vijftien* jaar...’ Hij fronste, alsof die jonge leeftijd hem nog altijd verwonderde. ‘Toen besloot ik dat ik meer wilde doen om jonge mensen te helpen op het rechte pad te blijven in plaats van ze op te sporen als ze dat rechte pad allang hebben verlaten.’

‘Wat een mooie gedachte’, zei Babette.

'Ach ja.' Frank glimlachte, maar de vreugde breidde zich niet tot zijn ogen uit. 'Ik organiseer nu projecten voor tieners en jongvolwassenen die wel wat hulp kunnen gebruiken om niet af te glijden. Het is niet altijd even bevredigend werk, want er zijn er nog steeds genoeg die toch in de criminaliteit terechtkomen, maar voor die jongens en meisjes die dankzij zo'n traject meer van hun leven weten te maken, doe ik het.'

Zijn woorden raakten Babette en ze vroeg verder over de jongeren met wie hij werkte. Terwijl hij praatte monsterde ze zijn gezicht. Waar hij eerder gesloten was geweest, had ze nu het idee dat ze eindelijk een beeld kreeg van wie hij echt was.

'Maar ik praat alleen maar over mezelf', zei Frank na een tijdje. Hij was gestopt met eten en keek haar nu onderzoekend aan. 'Ik wil graag meer over jou weten.'

Toen ze na wat een halfuur had geleken op haar telefoon keek om te zien hoe laat het was, stelde Babette verbaasd vast dat ze meer dan drie uur aan tafel hadden gezeten. Omdat hij nog moest rijden had Frank het bij één glas wijn gehouden, zelf voelde ze zich na drie glazen warm en ontspannen. Na de antipasti hadden ze nog een hoofdgerecht besteld, maar Babette had dat voornamelijk gedaan omdat ze niet wilde dat het etentje al te snel zou eindigen. 'We moeten nog helemaal terug', zei ze met een lachje. 'En het is al negen uur.'

'Geen zorgen', zei Frank. 'Je hoeft alleen maar achterop te zitten en ik heb vaker in het donker gereden.'

Ze rekenden af en liepen terug naar de plek waar de motor geparkeerd stond. 'In het donker kunnen we de rit niet filmen', zei Thijs. 'Wij gaan terug naar ons hotel en zien jullie morgen weer.'

Roy en hij liepen weg en voor het eerst die dag was ze alleen met Frank, wat vreemd voelde. Hij overhandigde haar haar helm, maar ze stelde het moment uit waarop ze die opzette. 'Dank je wel voor deze dag', zei ze. 'Ik vond het echt heel leuk.'

Hij gaf geen antwoord, maar streek in plaats daarvan even met zijn duim over haar wang. Pas daarna deed hij zijn mond open. 'Dat geldt voor mij ook, Babette.'

Hij zette zijn helm op en Babette volgde zijn voorbeeld. Ze ging bij hem achterop zitten en sloeg haar armen om zijn middel.

Buiten de stad was het frisser en leek de lucht vochtig te zijn. Babette ging dichter tegen Frank aan zitten en genoot van de koele avondlucht. De terugweg leek korter te duren en ze keek verbaasd toen ze de oprit naar de B&B al bereikten.

Babette zette haar helm af. Ze maakte de poort van de B&B open en sloot hem weer achter hen. Op de binnenplaats hing de warmte van de dag nog tussen de muren. De krekels hadden hun concert alweer gestart en de lucht rook zoetig. 'Nogmaals bedankt voor de leuke dag', zei Babette en ze hoorde zelf dat haar woorden wat formeel klonken maar ze wist ook niet goed wat ze anders moest zeggen.

Frank keek haar aan en deed een stap naar voren. Even bleven ze staan, allebei stil. 'Welterusten, Babette', zei Frank toen met zijn mond dicht bij haar oor. Daarna verplaatste hij hem naar haar wang, maar gaf haar geen kus. Ze voelde zijn adem langs haar huid strijken, niet meer dan een paar seconden, en daarna zette hij een stap achteruit, hield zijn hoofd schuin en draaide zich om. Het geluid van zijn voetstappen op het grind overstemde dat van de krekels en even later hoorde ze hoe de deur van zijn trullo met een klik dichtviel. Toen pas merkte ze dat ze al die tijd haar adem had ingehouden.

Hoofdstuk 9

BABETTE WIST NIET MEER OF ZE NU WAKKER WAS geworden van het geluid van stemmen buiten of van de scherpe lucht die via het openstaande raam van haar slaapkamer naar binnen dreef, maar nog voor ze goed en wel was ontwaakt, zat ze al rechtop in bed. Een gevoel van alarm verspreidde zich door haar lichaam en ze keek van links naar rechts, hoewel de commotie zich natuurlijk niet in haar slaapkamer bevond. In één klap was de slaap verdwenen. Ze sloeg haar deken terug, sprong uit bed en was in twee stappen bij het raam.

Aan het licht was te zien dat het nog vroeg was, een snelle blik op de klok leerde haar dat het nog zes uur moest worden. Het duurde een paar tellen voor haar hersenen reageerden op wat haar ogen te zien kregen en toen dat gebeurde schoot ze razendsnel in haar kleren en rende de trap af, de tuin in.

De brandlucht was hier veel scherper. Door de rook in haar keel moest ze hoesten en haar ogen begonnen te tranen. 'Babetta!' riep Gioia, die haar als eerste in het oog kreeg. De vrouw had de tuinslang in haar handen en liet water op de brandende planten stromen, maar de vlammen laaiden telkens weer op. Heel kort kwam er verbazing in Babette op dat Gioia er al zo vroeg was, maar die gedachte verdween meteen naar de achtergrond.

'We moeten de brandweer bellen.' Dat was de stem van Frank. Ondanks de situatie klonk hij kalm, maar Babette hoorde iets van alarm in zijn woorden. 'Het is niet alleen de kruidentuin, aan de andere kant van het opslaghok zijn ook vlammen. De deur is al bijna weggebrand.'

Babette probeerde te bevatten wat ze zag gebeuren. In de grote kruidentuin brandden de rozemarijn en de laurier, van andere planten was al niets meer over. Ze liep achter Frank aan om te zien wat er bij het naastgelegen opslaghok gebeurde. 'Het gaat sneller dan je denkt', zei Frank. Nu hoorde ze wel onrust in zijn stem. 'We moeten voorkomen dat het overslaat op de spullen.'

Babette haalde haar telefoon uit haar zak en belde het

alarmnummer. Een man aan de andere kant van de lijn beloofde haar dat de brandweer er meteen aan kwam. Het had al ruim drie weken niet geregend en dat betekende dat de omgeving droog was en vatbaar voor natuurbranden.

'Gioia!' riep Frank. 'We hebben de tuinslang hier nodig.'

Ook de andere mannen waren wakker geworden en hielpen nu met blussen. Jeroen gooide een emmer leeg op het brandende dorre gras tussen het opslaghok en de tuinmuur, maar dat had niet veel effect. Babette wijdde zich net als Jeroen en Sam aan het vullen van emmers. 'Het slaat over', zei Frank met een bezorgde blik op het opslaghok. Dat was van steen gemaakt, maar van de houten deur was al niets meer over en binnen stonden genoeg spullen die vlam konden vatten. Gelukkig klonk net op dat moment het geluid van een sirene, dat snel aanzwol.

Binnen een minuut reed er een brandweerwagen het terrein op. Het opslaghok stond nu echt in brand en Babette snelde naar de poort. Ongeduldig keek ze toe hoe zes brandweerlieden uit de wagen sprongen. Twee renden naar de brand, de vier anderen begonnen slangen uit te rollen. Ze werkten met snelle bewegingen, maar voor Babettes gevoel tikten de seconden in slow motion weg. De mannen – de dates, zoals ze hen in haar hoofd automatisch noemde – hadden hun hulp gestaakt en stonden nu van een afstandje toe te kijken, Jeroen nog altijd met een emmer in zijn hand. Ook andere gasten van de B&B waren wakker geworden en keken vanaf een afstandje naar het blussen. Een oudere vrouw droeg een roze badjas, haar man een lang model onderbroek met een wit T-shirt. Een Zweedse die gisteren was gearriveerd, kwam naar Babette toe en zei hoe erg ze het voor haar vond. Babette knikte wat en wist niet goed wat ze moest antwoorden.

'Gaat het?' Dat was Gioia die haar arm pakte en er even in kneep. 'Gelukkig is de brandweer er snel bij.'

Babette knikte opnieuw. 'En met jou?' vroeg ze. 'Je zal wel geschrokken zijn.'

'Ik dacht eerst dat er iets was aangebrand in de keuken', zei Gioia. 'Ik was wat eerder begonnen omdat het elke keer zo druk is en ik voldoende tijd wilde hebben om het ontbijt te maken. Dus was ik er om kwart voor zes vandaag. Ik was bang dat ik nog niet helemaal wakker was en dat ik de broodjes te lang in de oven had laten liggen. Maar toen realiseerde ik me dat de rooklucht van buiten kwam.'

Babette volgde met haar blik de verrichtingen van de brandweerlieden. Het vuur in de kruidentuin was inmiddels geblust. Het opslaghok kostte meer moeite maar uiteindelijk lukte het om ook die vlammen te doven. Ze liep ernaartoe en keek naar het verkoolde hout waar eerst de deur had gezeten. De scherpe, bijna chemische lucht van de rook die nog uit de smeulende resten opsteeg, deed pijn in haar neus en keel. Ze kon nog niet zien of de spullen in de schuur door het vuur beschadigd waren. Op de vloer stond nu een laagje water en ook het tuingereedschap was helemaal nat.

'Het vuur is geblust', meldde een van de brandweermannen. 'Wij gaan onze spullen weer opruimen.'

Babette knikte een paar keer. Ze wist niet zo goed wat ze moest zeggen. Op haar telefoon zag ze dat het nog kwart voor zeven moest worden. Minder dan drie kwartier was verstreken sinds ze wakker was geworden. Het ochtendlicht was fris en blauwig en vulde de tuin.

'Mevrouw?' Er kwam een brandweerman naar haar toe. Toen hij vlak bij haar was hield hij iets omhoog. 'Komt dit u bekend voor?' vroeg hij.

Babette boog iets naar hem toe en bestudeerde het voorwerp. Het was een zwartgeblakerd voorwerp dat misschien een lap stof was geweest. Ze schudde haar hoofd. 'Dat heb ik, voor zover ik weet, niet eerder gezien.'

De brandweerman liet de lap tussen zijn gehandschoende handen heen en weer gaan. 'We hebben dit gevonden in de kruidentuin. Het is moeilijk te zeggen waar het vandaan komt en of het iets met de oorzaak van de brand te maken heeft.'

Babette keek hem fronsend aan. Ze had nog niet de tijd gehad om na te denken over die oorzaak. 'Bedoelt u...' begon ze, maar ze wist niet hoe ze die zin moest afmaken, want ze begreep eigenlijk niet wat de man bedoelde. Dat de lap op een of andere manier het vuur had veroorzaakt? Dat iemand de stof had gebruikt om de brand aan te steken?

'Bijvoorbeeld', zei de man toen ze die suggesties hardop uitsprak. 'Al is dat waarschijnlijk niet meer te achterhalen.'

'Maar waarom zou iemand mijn kruidentuin in brand zetten?' vroeg Babette en de woorden klonken zo bizar dat ze er misschien om had kunnen lachen als ze niet naast de smeulende resten van diezelfde kruidentuin had gestaan.

'Tja.' Vanonder zijn helm keek de brandweerman haar aan. 'Ik heb vreemdere dingen gezien. Maar het kan natuurlijk net zo goed zijn dat deze lap er niets mee te maken heeft en dat de brand op een andere manier is ontstaan. Het is een droge tijd, een klein vonkje, bijvoorbeeld van een sigaret, is genoeg om flinke vlammen te veroorzaken.'

Hij werd geroepen en liet Babette achter met haar eigen gedachten. De brandweerlieden rolden de slangen op, pakten hun spullen in en waren verrassend snel verdwenen. Terwijl ze keek hoe zwart water langzaam uit het opslaghok stroomde, vroeg Babette zich af hoe ze in vredesnaam de schade moest herstellen.

'Gaat het?' Jeroen dook naast haar op. Hij keek peilend naar de deur. 'Nog een geluk dat niet die hele opslag van hout is gemaakt.' Babette knikte langzaam. Jeroen wierp een blik in het schuurtje. 'Zo te zien zijn de spullen grotendeels onbeschadigd.'

Babette gaf geen antwoord. Ze liet hem bij het schuurtje achter en liep zelf naar de kruidentuin. Van de planten was niets over en het water uit de brandweerslangen had de zwarte aarde over het grind laten uitwaaieren. In de tuin zelf stond een flinke laag modder.

'Babette...' Met een scherpe trek op haar gezicht kwam Gioia op haar af. 'Ik denk dat je hier even naar moet kijken.'

Het viel Babette op dat haar medewerkster wat schichtig keek naar Sam en Frank, die iets verderop stonden. Ze sprak Italiaans, dus ook al zou iemand haar horen, dan begrepen ze nog niet wat ze zei. 'Wat is er?' vroeg Babette.

'Ik heb iets gevonden.' Gioia wierp nog een blik op de mannen en opende toen haar hand zodat alleen Babette het kon zien. 'Dit lag op het grind bij de kruidentuin.'

Babette staarde naar het rechthoekige, goudkleurige voorwerp in de hand van haar werkneemster. Er zaten wat zwarte vegen op maar de twee letters waren duidelijk te zien. F.H. Ze beet op haar lip en voelde haar hartslag toenemen.

Het stoppen met roken heeft me zoveel moeite gekost dat ik mijn aansteker elke dag bij me draag...

'Wat is er aan de hand?' De luide stem van Jack deed Babette met een ruk omkijken. Ze had niet gemerkt dat de crew inmiddels was gearriveerd. Met grote passen kwam de regisseur op haar af. 'Gaat het?' vroeg hij bezorgd.

'Ja, jawel.' Babette pakte de aansteker van Gioia aan en stopte hem vlug in haar zak. Ze probeerde geruststellend te glimlachen, maar voelde zelf dat het geforceerd was. 'We hebben brand gehad. Het opslaghok is beschadigd en ik ben bang dat ik de kruidentuin opnieuw moet aanleggen.'

'Jeetje...' Jack floot tussen zijn tanden. Hij stak zijn hand uit en kneep Babette even vaderlijk in haar arm. 'Ben je oké? Je zal wel geschrokken zijn.'

'Ja.' Babette glimlachte waterig. 'Maar het gaat wel. Gelukkig alleen materiële schade, het had erger kunnen zijn.'

Mandy kwam erbij, net als Thijs en Roy. Met z'n vieren keek de crew naar de overblijfselen van de kruidentuin en daarna naar de schade aan het opslaghok. 'Wat mij betreft hoeven we dit niet per se in beeld te brengen', zei Babette. 'Het heeft niets met het programma te maken en ik ben bang dat het misschien mensen het idee geeft dat het hier in de B&B niet veilig is.'

Jack kneep zijn ogen samen en keek nadenkend. 'Kan wel goede televisie opleveren', zei hij. 'De mannen hebben geholpen met blussen, nietwaar?'

Babette staarde hem aan.

'Jack...' Mandy wierp eerst een blik op Babette en daarna op de regisseur. 'Misschien heeft Babette gelijk, het is niet relevant voor haar zoektocht naar liefde, maar het straalt wel af op de B&B. We kunnen misschien noemen dat er een brandje is geweest zonder er beelden van te maken? Dan kan Babette vertellen dat de mannen meteen te hulp zijn geschoten en erger hebben voorkomen.'

Babette wilde niet meteen beweren dat dat de waarheid was, maar ze knikte toch. 'Laten we het zo doen', zei ze instemmend en gelukkig knikte Jack ook.

'Zo meteen even quoten dan?' stelde Mandy voor terwijl Thijs tussen zijn tanden floot toen hij de schade zag. 'Dat moeten toch wel flinke vlammen zijn geweest.'

'Ik heb een filmpje', zei Sam die naast hem stond en meteen zijn telefoon pakte. Babette keek met een schuin oog mee.

Het duurde even voor de crew had opgebouwd. Babette liep intussen naar haar appartement, haalde een borstel door haar haar en deed wat make-up op. Ook verruilde ze de korte spijkerbroek die ze haastig had aangeschoten voor een jurkje. Uit de zak viel een hard voorwerp op de vloer.

Ze raapte de aansteker op en voelde haar hartslag weer versnellen. Met het koude metalen voorwerp in haar hand liep ze naar beneden. In de keuken was Gioia verdergegaan met het bereiden van het ontbijt, Sam en Jeroen zaten aan tafel. Babette liep naar buiten, waar de brandlucht nog niet minder leek te worden. Over het grind draafde Roxy op haar af en duwde haar neus tegen Babettes been. Babette haalde de hond aan en keek om zich heen of ze haar eigenaar ook ergens zag, maar die was nergens te bekennen.

De deur van Franks trullo stond op een kier, maar daar was hij niet. Toen pas viel het haar op dat de poort openstond. Met Roxy als een schaduw naast zich liep ze het braakliggende land op. Daar stond Frank met zijn rug naar haar toe, verdiept in iets op zijn telefoon. Pas toen ze hem op een meter was genaderd, merkte hij haar aanwezigheid op. Het viel Babette op dat hij zijn telefoon snel vergrendelde en in zijn zak liet glijden. 'Hé', zei hij en hij aaide Roxy over haar kop. 'Als Rox in de weg loopt, moet je het zeggen, hoor. Ze voelt zich inmiddels helemaal thuis, maar ze kan ook te vrij worden.'

'Nee, nee.' Babette schudde haar hoofd. Ze liet haar tong langs haar kiezen glijden en zocht naar de juiste woorden, maar wat ze in haar hoofd had voorbereid klonk ineens stom. Uiteindelijk haalde ze maar gewoon diep adem en schraapte haar keel.

'Dit lag bij de kruidentuin.' Ze opende haar hand. Frank pakte de aansteker aan en keek daarna naar haar, zijn blik neutraal. Hij leek niet betrapt of nerveus, maar ook niet verbaasd.

'Ik was hem al kwijt.'

'Ja', zei Babette, al wist ze zelf niet waarop. 'Gioia gaf hem aan me en het leek me goed... Het is niet dat ik denk...'

'Het is niet dat je denkt dat ik brand heb gesticht?' Franks mond plooide in een glimlachje, maar zijn ogen deden niet mee. Babette sloeg haar blik neer. Ze haalde diep adem, er leek iets zwaars op haar borstkas te drukken. 'Ik weet gewoon niet zo goed wat ik moet denken. De brandweer heeft een of andere lap gevonden waarvan ze denken dat die misschien is gebruikt om de brand aan te steken. Maar wie zet er nu een paar kruiden in de fik?'

Frank duwde het puntje van zijn tong tussen zijn lippen terwijl hij nadacht, maar hij gaf geen antwoord. Babette hoopte dat hij zou zeggen dat hij in elk geval niet diegene was, maar hij zweeg.

'Ik ken in elk geval niemand met een diepgewortelde haat tegen rozemarijn.' Babette probeerde een lachje, Frank deed niet mee. In plaats daarvan liet hij zijn blik zwaar op haar rusten. 'Ik ook niet', zei hij uiteindelijk en terwijl hij de aansteker in zijn zak liet glijden, liep hij bij haar vandaan.

'En dit is hoe de B&B eruitzag toen we hem kochten.' Babette draaide het fotoboek, zodat iedereen aan de tafel kon meekijken. Op de foto was een iets jongere versie van haar te zien met haar arm om het middel van Bastiaan. Ze stonden voor het hoofdgebouw van de B&B, waarvan de buitenmuur destijds niet wit maar een soort vuilbruin was geweest, en deels overwoekerd met klimop. 'Deze foto is gemaakt op de dag dat we het koopcontract tekenden en we nog niet wisten wat ons allemaal te wachten stond.'

Een dubbel gevoel overviel haar toen ze naar het

plaatje keek. Hier had ze nog de overtuiging dat Bastiaan en zij samen hun droom zouden verwezenlijken. Op haar gezicht was opwinding en liefde te zien, of misschien was dat vooral haar herinnering. Dat het anders was gelopen, zou misschien wel altijd een beetje pijn doen. Aan de andere kant was ze ook trots op hoe de B&B er nu uitzag vergeleken bij de vervallen bouwwerken van destijds.

'De trulli waren niet eens wit', zei ze toen ze de bladzijde omsloeg. De buitenmuren van de huisjes zagen er grijs en vervallen uit. 'En de tuin leek op sommige plekken wel een oerwoud.'

Geen van de mannen reageerde op haar woorden, allemaal keken ze naar de foto's. Thijs liep heen en weer om iedereen in beeld te brengen en ook het fotoboek te laten zien. Het idee om door het boek te bladeren kwam van Jack, die had gezegd dat er meer achtergrond nodig was, wat dat ook mocht betekenen.

'O, kijk.' Babette grinnikte nadat ze weer een paar bladzijden had omgeslagen. 'Deze man kennen we allemaal, al had hij hier wel wat meer haar.'

Het viel haar nu pas op dat Jeroens haar in de loop van slechts drie jaar dunner was geworden. Op de foto hield hij een hamer en een zaag omhoog en trok een gek gezicht.

'Lekker outfitje', zei Jeroen gekscherend. Hij droeg een mouwloos T-shirt en een groot model ketting. Op de volgende foto was hij samen met Bastiaan te zien, zijn arm gebroederlijk om de schouders van zijn vriend. Babette wachtte tot Thijs de foto goed in beeld had kunnen brengen voor ze de bladzijde omsloeg.

'O, dit...' Ze kreunde bij de herinnering toen ze de foto zag van wat er onder de keukenvloer vandaan was gekomen. 'Blijkbaar was er al jarenlang water naar de kruipruimte gelekt zonder dat iemand het doorhad. We moesten alle balken van de vloer vervangen.'

Ze sloeg opnieuw een aantal pagina's om. De B&B veranderde langzaam van een vervallen gebouw in de plek die het vandaag de dag was. Er waren foto's van familieleden die op bezoek kwamen en van hun eerste gasten.

'O, dit kan ik wel gebruiken', zei Babette met een lachje dat nog niet helemaal gemeend voelde. Ze tikte met haar vinger tegen een foto van de kruidentuin toen die net was aangelegd. De plantjes waren niet meer dan een paar centimeter hoog en er stonden handgeschreven kaartjes bij van welk kruid waar stond.

'Ach...' Jeroen wreef over haar arm. 'Als je wil, leggen wij die tuin opnieuw voor je aan. Morgen, wat mij betreft.'

De andere twee mannen knikten instemmend. Babette glimlachte. 'Dat is lief, maar het is nu vooral een modderpoel met verschroeide planten erin. Ik denk dat ik de grond eerst moet bewerken voor er weer iets uit zal groeien. O, kijk.' Ze tikte tegen de pagina. 'Dit was toen er nog een soort hutje op het landje naast onze B&B stond. Na een flinke storm was dat ingestort en toen er maandenlang niemand kwam om het puin op te ruimen, wisten we dat het land eigenlijk van niemand was.'

Toen was zij voor het eerst over de uitbreiding gaan nadenken, maar Bastiaan was er vanaf het begin niet enthousiast over geweest. Gek hoe snel je dat soort dingen vergat. Het was een van de onderwerpen van hun ruzies. Babette vond dat ze op z'n minst konden uitzoeken in hoeverre zo'n uitbreiding haalbaar was, Bastiaan had die deur eigenlijk meteen dichtgegooid. Op dat moment was het financieel niet haalbaar geweest, daar had hij gelijk in. Maar hij was ook te star geweest om naar de toekomst te kijken.

Ze bladerde verder en zag foto's van vele gasten, van avondmaaltijden aan de lange tafel in de tuin, van een bruiloft die in de B&B was gevierd, foto's van de omgeving, de strandjes, de steden. Lecce, maar ook Nardò en Tarente. Haar ouders kwamen voorbij, tijdens een van de vakanties die ze sinds Babettes emigratie standaard in Puglia doorbrachten. Het herinnerde haar eraan dat ze een berichtje van haar moeder onbeantwoord had gelaten.

'En dat was het', zei ze terwijl ze de laatste bladzijde omsloeg.

'Tijd voor een nieuw boek', sprak Sam met enig gevoel voor drama. 'Al kun je waarschijnlijk met alleen de laatste week al een heel boek vullen.'

Babette knikte en glimlachte. Was er pas een week verstreken sinds de mannen in de B&B waren gearriveerd? 'Lichtjaren' leek een betere omschrijving.

'Babette?' Mandy was achter hen opgedoken. 'Heb je tijd om te quoten?'

Babette stond op en liep mee naar de plek die Jack had uitgekozen, opnieuw het landje buiten de B&B waar hij een voorkeur voor leek te hebben als het om testimonials ging.

Babette droeg nog een zender, dus ze konden meteen beginnen. Thijs installeerde de camera op zijn schouder en Babette keek even om naar het uitzicht, het landschap lag er in de late middagzon bij alsof het in goud was gehuld.

'Hoe kijk je terug op deze dag?' vroeg Mandy en Babette antwoordde dat het een bewogen dag was en dat ze verdrietig was om de brand maar dat er gelukkig niemand gewond was geraakt, en terwijl ze praatte hoorde ze zelf dat ze eigenlijk niet echt iets zei.

'En als je een vooruitblik op morgen doet?' vroeg Mandy. 'Heb je zin in de date met Sam?'

Babette knikte langzaam terwijl ze nadacht over haar antwoord. Als ze eerlijk was, moest ze toegeven dat ze vandaag niet één keer had gedacht aan de date die voor morgen op het programma stond. Met Sam zou ze naar een van de grootste toeristische trekpleisters in de omgeving gaan, het dorp Alberobello, gevuld met meer dan duizend trulli. Maar alles wat er was gebeurd had haar zo in beslag genomen dat ze de date of de mannen of de zoektocht naar liefde waar dit allemaal om ging, helemaal naar de achtergrond van haar gedachten had gedrongen.

'Ik kijk uit naar de date met Sam morgen', antwoordde ze echter braaf. 'Alberobello is een mooie plaats en zeker nu het in het voorseizoen nog niet zo heel erg druk is, is het geweldig om daar rond te lopen. Ik vind het fijn dat ik dan wat tijd met Sam kan doorbrengen, want eerlijk gezegd sneeuwt hij hier in de B&B soms een beetje onder. Jeroen is van nature meer aanwezig, met Frank komt het op een of andere manier ook regelmatig tot een gesprek. Sam is meer op de achtergrond, misschien durft hij zichzelf nog niet zo goed te laten zien.'

Mandy knikte aanmoedigend en Babette zocht naar iets om toe te voegen. 'En misschien ligt het ook wel aan mij', zei ze toen. 'Ik wist niet dat zoeken naar liefde zoveel tijd en energie en aandacht zou kosten en ik heb soms moeite om die gelijkmatig over de mannen te verdelen, zeker omdat het werk in de B&B ook gewoon doorgaat. Maar morgen heb ik mijn agenda helemaal voor Sam uitgeruimd, dus we gaan het zien.'

'Oké, top.' Mandy keek naar Jack, die zijn duim opstak. Babette haalde haar microfoontje los en liet Roy het zenderkastje weghalen dat met een ingenieuze constructie aan de achterkant van haar jurk was bevestigd. Ze bleef nog even staan om een moment van de rust te genieten toen de crew weer naar de tuin was verdwenen. De zon reikte nog net tot aan het landje en voelde aangenaam warm zonder te branden. Ze sloot haar ogen en snoof de geur van gras en bloemen diep in zich op.

Een geluid achter haar deed haar omkijken. 'Hoi', zei ze toen ze zag dat het Frank was. Ze had gehoopt op een moment alleen.

'Heb je even?' vroeg hij.

Babette knikte. Er kwamen beelden in haar op van andere datingprogramma's. Als iemand vroeg 'Heb je even?' betekende dat vrijwel nooit goed nieuws. Ze knipperde. 'Ja, tuurlijk. Wat is er?'

'Het gaat hierover.' Frank liep naar de plek waar Babette het zwembad voor zich zag, en de plek waar de grond nu kaal was. Roxy kwam aangerend en ging naast zijn voeten staan kwispelen. Frank legde zijn hand op haar kop.

'Wat is daarmee?' vroeg Babette.

'Het is jou ook opgevallen dat het gras hier is weggehaald, toch?' Frank kneep zijn ogen samen en keek van de grond naar Babette en terug naar de grond.

Babette knikte. 'Ja?'

'Wat denk je daarvan?'

Babette haalde diep adem. Het gesprek benauwde haar omdat ze het gevoel had niet de goede antwoorden te geven, terwijl de vragen zelf haar irriteerden. 'Er zitten wel vaker open plekken in grasland, toch?' vroeg ze bruusker dan misschien nodig was.

Frank tuitte zijn lippen en wees naar de plek. 'Dit is niet zomaar verdord, dit is omgewoeld. Het ziet er bovendien anders uit dan gisteren en eergisteren, wat betekent dat er elke dag of nacht opnieuw door iemand wordt gegraven.' Hij ging op zijn hurken zitten en liet zijn hand over de aarde strijken. Daarna stond hij weer op. 'Het is vreemd dat iemand zomaar een stuk aarde omploegt en ook nog meerdere keren achter elkaar. Ik denk dat dit onderzocht moet worden.'

Babette keek hem aan en kon niet verhullen dat haar gedachten in haar blik te zien waren. 'Bedoel je: door de politie? Is dat niet wat overdreven?'

'Misschien.' Frank keek kalm terug. Babette was blij dat er geen camera bij was. 'Maar toch zou ik de politie vragen ernaar te kijken, zeker omdat je dit land wil kopen. Als er iets mee aan de hand is, is het beter om dat te weten nu het nog niet van jou is.'

'Wat zou ermee aan de hand kunnen zijn dan?' vroeg Babette.

'Dat weet ik niet', zei Frank. 'Misschien zoekt iemand iets of wil diegene juist ergens vanaf.'

Babette moest echt haar best doen om haar ongeduld uit haar stem te weren. 'Aha', zei ze en slikte een cynische opmerking over de diepgravendheid van die verklaring in. 'Ik zal erover nadenken', beloofde ze in plaats daarvan, maar ze wist al dat ze dat niet zou doen. De politie zag haar aankomen, ook: 'Er heeft iemand gegraven op een stuk land dat niet van mij is.' Ze kon zich zomaar voorstellen dat de rechercheurs meer te doen hadden dan op dit soort meldingen afgaan. Dan kon ze nog beter melding maken van de brand en van een zekere aansteker die ze daar had gevonden.

Hoewel het even in haar opkwam om die steek onder water uit te delen, deed ze het niet. Als oud-politieman keek Frank vast anders naar de wereld dan zij en hij bedoelde wat hij nu zei ongetwijfeld goed. 'Dank je wel', zei ze daarom, al klonk het geforceerd.

Frank knikte kort. Babette deed hetzelfde, mompelde iets over dat ze door moest en draaide zich daarna om. Toen ze bij de poort nog een keer omkeek, zag ze Frank weer op zijn hurken zitten. Ze knipperde een paar keer en probeerde het vreemde gevoel dat zich door haar lichaam begon te verspreiden te negeren.

Hoofdstuk 10

'EN WAAROM STAAN DIE TEKENS EROP?' SAM DEED EEN stap achteruit en bekeek de witte tekening op het dak van een van de trulli. 'Het lijkt iets uit de mystiek of religie.'

'Dat klopt', knikte Babette. 'Vroeger geloofden de bewoners van de huisjes dat ze met die tekens het kwaad tegengingen. Dat ze er bijvoorbeeld een goede oogst, financiële voorspoed of een lang leven mee konden bewerkstelligen.'

'En de liefde?' vroeg Sam met een indringende blik op Babette. 'Kunnen we die er ook mee bewerkstelligen?'

'Daar reppen de geschiedenisboeken niet over', antwoordde Babette ontwijkend. In de stilte die volgde voegde ze toe: 'Liefde laat zich niet sturen, dat was vroeger niet anders dan nu.'

'Nee', beaamde Sam monter. 'Dat het zich niet laat sturen, is juist het mooie. Soms vind je het op onverwachte plekken, zoals een B&B in Puglia. Dat had ik in elk geval nooit kunnen denken.'

Babette liet de opmerking voorbijgaan. Ze voelde de camera van Thijs zwaar op zich gericht. Sinds ze vanochtend de B&B hadden verlaten leek Sam vastbesloten om zijn slag bij haar te slaan. Waar ze had gedacht dat hij het liefst wat op de achtergrond was en zelfs een beetje verlegen, bleek hij alleen met haar juist vast van plan om haar voor zich te winnen. Al tijdens de eerste tien minuten van de autorit had hij haar ondervraagd over haar ideeën voor de toekomst. Ondernemen, vrijheid, voor gasten zorgen – het was zo toevallig, had hij bij haar antwoord gezegd. Dit was precies wat hij ook wilde met zijn leven.

'Maar jij werkt nu toch met computers?' had Babette verwonderd gereageerd. Ze voelde de camera van Thijs gewoon smullen van haar antwoord. 'Dat past dan niet echt bij wat je voor ogen zegt te hebben.'

'Realiteit en dromen zijn dan ook twee totaal verschillende dingen', had Sam geantwoord. 'Ik wist nog helemaal niet dat ik eigenlijk iets anders wilde, tot ik jouw video voorbij zag komen. Het was zo gek, ik heb dat nog nooit meegemaakt. Ik ging er gewoon helemaal in op, het voelde alsof ik al naast jou stond daar in Puglia. Toen heb ik me meteen opgegeven.' Hij had haar aangekeken met zijn ogen een beetje gesloten en het puntje van zijn tong tussen zijn lippen. 'Heb jij dat nooit gehad? Dat je ineens weet: dit is het?'

Babette had de druk natuurlijk wel gevoeld. De druk om te zeggen dat ze bij hem soortgelijke gevoelens had of in elk geval een beetje toenadering te laten zien, maar in plaats daarvan had ze alleen een beetje gehumd. Sam leek zo'n moment helemaal niet ongemakkelijk te vinden, hij lachte gewoon en ging door. Ook nu, nu ze opnieuw niet inging op een nieuwe toenaderingspoging.

Naast elkaar slenterden ze verder door de straatjes van Alberobello. 'Met die financiële voorspoed zat het bij de oorspronkelijke bewoners sowieso wel goed', zei Sam alsof er niets was gebeurd. 'Ik las net op een bordje dat die huisjes zonder cement gebouwd zijn, zodat ze makkelijk afgebroken konden worden wanneer er belasting betaald moest worden.'

'Dat is inderdaad het verhaal', knikte Babette. 'Maar helemaal zeker weet men dat niet.'

'Ik vraag me ook af hoe eenvoudig je zo'n huisje uit elkaar haalde', zei Sam nadenkend. 'Ze zien er niet uit alsof je ze zo afbreekt en onder je arm meesjouwt.'

Babette glimlachte bij dat beeld. 'Vroeger waren de huisjes wat minder solide', zei ze toen. 'Maar met al die toeristen was het beter om de huisjes te verstevigen, zeker sinds dit dorp tot het werelderfgoed behoort.

Hier, moet je kijken: hier zie je een schilderij van hoe het er eeuwen geleden moet hebben uitgezien.'

Ze bleven stilstaan voor een huisje dat als een klein museum was ingericht. In veel andere trulli werden souvenirs verkocht, maar Babette had al snel gemerkt dat Sam meer in geschiedenis dan in snuisterijen geïnteresseerd was. Met zijn rugtas op zijn rug en zijn duimen door de banden gehaakt liep hij energiek heen en weer tussen de huisjes. Hij draaide zich naar haar om en wenkte. 'Moet je zien hoe klein dit is en hier leefde blijkbaar een hele familie in.'

Babette ging naast hem staan en keek naar binnen in het piepkleine ronde huisje, al had ze al zo vaak trulli gezien dat ze wel wist hoe ze er vanbinnen uitzagen. Thijs stond achter haar en filmde over haar schouder de binnenkant. 'Dan moet je elkaar wel heel aardig vinden', zei Babette met een lachje. Het was een antwoord van niks, maar ze moest toch iets zeggen. Het kwam door de camera, merkte ze. Dan had ze voortdurend het idee dat ze scherp en geestig uit de hoek moest komen.

Sam zette een stap in haar richting en pakte haar arm. Met zijn mond dicht bij haar oor zei hij: 'Dat zou ik met jou wel kunnen, hoor.'

Het moment was opnieuw zo ongemakkelijk dat Babette nerveus begon te grinniken. 'O, nou...' Ze keek opzij naar hem en daarna naar Roy, maar die liet niets blijken. Hoe ze ook haar best deed, deze keer kwam er echt niets in haar op dat ze kon zeggen.

'Wat?' vroeg Sam met zijn wenkbrauwen hoog opgetrokken. 'Niet dan?'

'Gelukkig heb ik wat meer ruimte tot mijn beschikking', zei ze toen maar en ze kromp alvast ineen bij het idee hoe dit zou overkomen als het werd uitgezonden. Haar stem klonk gekunsteld, haar woorden gemaakt.

'De B&B is dan ook prachtig', zei Sam toen ze verder liepen. Hij raakte haar arm aan. 'Ik zie mezelf daar wel wonen.'

Babette ging er niet op in. 'Dit is ook een schattig straatje', wees ze toen ze bij haar favoriete gedeelte van Alberobello aankwamen. De huisjes waren hier begroeid met bougainville en wijnstokken. Tegen een van de gevels stond een rode fiets. Sam haalde zijn telefoon tevoorschijn. 'Selfie?' stelde hij voor en Babette stemde in.

Met zijn arm om haar heen en zijn gezicht naast het hare nam hij de foto. 'Ik zou maar een goede code op je telefoon zetten', zei Babette half serieus. 'Straks lekt die foto nog uit. Volgens de quitclaim zit je dan in de problemen.'

'Ik bewaak hem met mijn leven', beloofde Sam plechtig. 'Leuk voor als we gaan trouwen, dan kunnen we onze eerste foto samen op de bruiloft laten zien.'

Babette zei niets, maar haar blik sprak blijkbaar boekdelen. 'Niet trouwen?' vroeg Sam. 'Je gelooft niet in het huwelijk? Of komt het doordat je al een keer gescheiden bent?'

'Bastiaan en ik waren niet getrouwd', antwoordde Babette stijfjes. Ze wilde dat hij ophield met zijn toespelingen.

'Ik zie het wel voor me', ging Sam echter door. 'In de tuin van de B&B, onder die mooie pergola. En dan 's avonds met al onze gasten eten aan zo'n lange tafel, heel Italiaans. Mijn familie gezellig vermengd met de jouwe.' Hij keek haar dromerig aan. 'Met van die Italiaanse muziek erbij.'

Babette wilde zeggen dat ze toch echt niet van plan was te gaan trouwen, maar in haar hoofd kon ze het clipje al voor zich zien dat zich over social media zou verspreiden. Op zoek naar iets om niet bot over te komen zei ze: 'Je hebt er al goed over nagedacht.'

'Nee hoor', zei Sam luchtig. 'Dit kwam gewoon in me op. Dat effect heb jij op mij.'

'Babette?' Mandy dook naast haar op en Thijs haalde de camera van zijn schouder. Babette was blij met het momentje pauze van de opnames. 'Even quoten?' vroeg Mandy. 'Ik wil tussendoor wat kortere quotes opnemen in plaats van aan het einde alles in één keer.'

'Ik loop met je mee', zei Babette, blij dat ze even bij Sam weg kon zijn. Thijs wees naar een rustig plekje aan het einde van de straat en hees zijn camera weer op zijn schouder. 'Hoe vind je het tot nu toe gaan?' vroeg Mandy.

'Tja.' Op zoek naar een antwoord vergat Babette de vraag te herhalen. Ze haalde diep adem. 'Wat moet ik zeggen? Sam heeft er zin in, dat is zeker.'

'Jij niet?' vroeg Mandy met een half lachje.

'Ik heb er ook zin in,' zei Babette, 'maar hij loopt wel erg hard van stapel. Hij ziet al een hele bruiloft voor zich, terwijl we elkaar krap een week kennen.'

'Maar vind je hem leuk? Is er een klik?'

'Als hij me iets minder probeert uit mijn tent te lokken met zijn toespelingen, zou ik misschien wat meer ruimte hebben om te voelen of er een klik is', zei ze omzichtig. 'Hij is qua type zeker iemand op wie ik zou kunnen vallen, maar ik weet niet of ik de echte Sam leer kennen of dat hij probeert een wedstrijd te winnen.'

De woorden rolden haar mond uit zonder dat ze er goed over had nagedacht, maar zodra ze het uitsprak, realiseerde ze zich dat dit precies was wat er speelde. Ze had hetzelfde gevoel gehad bij Harold: dat hij op een ander bord aan het schaken was dan zij. Het bord waarop hij probeerde als beste uit de bus te komen, zonder dat de vraag vooropstond of ze samen een toekomst hadden.

Mandy hield haar hand als een afdakje boven haar ogen, ook al droeg ze een zonnebril. 'En wat doet het met jou als hij het over een leven samen heeft?'

'Als hij het hele plaatje al heeft ingevuld, voel ik me behoorlijk ongemakkelijk', antwoordde ze naar waarheid. 'Ik zou liever horen dat hij het nog moet uitzoeken, net als ik. Dat zou ik geloofwaardiger vinden.'

Mandy knikte en zei tegen Thijs dat ze genoeg had. Hij liep weg om nog wat sfeerbeelden van het dorpje te maken. Babette leunde tegen een laag muurtje en draaide met haar ogen gesloten haar gezicht naar de zon. Achter haar voorhoofd klopte een beginnende hoofdpijn.

Ze opende haar ogen toen ze haar telefoon voelde trillen. *Gioia*, las ze in het scherm. Ze nam op en wilde gedag zeggen, maar nog voor ze haar mond open kon doen, klonk de gejaagde stem van haar werkneemster al. 'Babetta, wil je alsjeblieft terugkomen?'

'Wat is er dan?' vroeg Babette gealarmeerd. De hoofdpijn nam in kracht toe. Ze hoorde stemmen op de achtergrond, Gioia zei iets terug in het Italiaans.

'Gioia', zei Babette toen ze niets meer hoorde. 'Wat is er aan de hand?'

Automatisch begon ze in de richting van de crew te lopen, die verderop aan het filmen was. Sam was nergens te bekennen. 'Mandy!' riep ze en op dat moment klonk de stem van Gioia weer.

'Kom alsjeblieft hiernaartoe', zei ze bijna smekend. 'De politie is er.'

De terugrit leek eindeloos te duren. Sam leek wat geïrriteerd over het afbreken van hun date, maar hij had zich er inmiddels mee verzoend. Op de momenten dat Babette niet aan de telefoon was, babbelde hij over de omgeving en de huisjes in Alberobello. Zelf keek ze dan strak uit het raam, haar gedachten heel ergens anders. Thijs filmde niet. Mandy had na overleg met Jack gezegd dat ze aan Babettes verzoek om dit gedeelte niet op te nemen tegemoet konden komen, maar dan moest ze wel op een later moment met Sam terugkeren naar Alberobello om de date af te maken, de tijdsprong daarin onzichtbaar voor de kijker. Babette wilde Sam vragen zijn mond te houden, maar ze kon het niet opbrengen. Haar hoofd werd in beslag genomen door warrige gedachten en halve scenario's. Uit wat Gioia zei werd ze niet wijzer en als ze vroeg of ze iemand van de politie kon spreken, hoorde ze dat dat wel kwam zodra ze thuis gearriveerd was.

'De politie is bezig met onderzoek', wist Gioia wel te vertellen. 'Er is iets gevonden.'

'Wat dan?'

'Dat weet ik niet. Niemand wil wat zeggen en ze hebben alles afgezet met lint. O, en...' Ze was blijkbaar even afgeleid. 'Ik weet niet waarom, maar een van de politiemensen praat al de hele tijd met Frank.'

'Waar?' vroeg Babette terwijl ze koortsachtig probeerde puzzelstukjes aan elkaar te leggen.

'Ze staan voor de deur van de...'

'Nee, ik bedoel: waar doet de politie onderzoek?'

'O, op het landje naast ons, waar niets is, het stuk dat jij wil kopen. Maar ze zijn ook in de tuin bezig. Een van die mensen stond net een tijdje bij de kruidentuin, of wat daarvan over is.'

Babettes wangen gloeiden alsof ze te lang in de zon had gezeten. Ze hield haar gezicht in de stroom van de airco, maar die bracht amper verkoeling. 'Gaat het?' vroeg Mandy, die op de tweede achterbank in het busje zat.

Babette draaide zich half om en deed haar mond open, maar er kwamen geen woorden omdat haar gedachten alweer een andere kant op waren gegaan. Ze liet haar telefoon rusteloos tussen haar handen heen en weer gaan. Kon ze de politie bellen en vragen wat er aan de hand was? Zouden ze haar iets vertellen? Ze opende haar WhatsApp en tikte een bericht naar Frank, die kennelijk met de politie in gesprek was. Ze las het twee keer opnieuw en stuurde het daarna. Een paar keer ververste ze haar scherm, maar Frank kwam niet online. Ze belde hem, maar de oproep ging naar de voicemail.

Ongeduldig keek ze door de voorruit van het busje naar het traag voortbewegende verkeer. In haar hoofd vervloekte ze de smalle weggetjes en zigzaggende automobilisten die de doorstroming alleen maar deden stagneren. 'Daar moet je tegen kunnen als je hier bent', had ze zo vaak luchtig gezegd wanneer er een gast over Italiaanse weggebruikers klaagde. Maar nu was de snelheid van haar hartslag omgekeerd evenredig aan die van het verkeer.

Uiteindelijk bereikten ze de snelweg en gaf de chauffeur gas. Thijs was verdiept in iets op zijn laptop, Roy keek naar het scherm van zijn telefoon. Babette draaide zich weer om naar Mandy. 'Zouden we wat er nu gaande is in de B&B buiten het programma kunnen houden?' vroeg ze en ze realiseerde zich dat ze dezelfde vraag nog maar iets meer dan vierentwintig uur geleden ook al had gesteld. 'Wat de reden ook is dat de politie onderzoek doet, ik kan me niet voorstellen dat het met de B&B te maken heeft. En ik denk ook niet dat de politie het zal toestaan dat er opnames worden gemaakt.'

Mandy knikte. 'Ik begrijp het', zei ze en daarna hield ze haar hoofd schuin en keek Babette aan met haar ogen iets samengeknepen. 'Gaat het wel?'

Babette knikte wat, wendde haar blik af en ging weer recht zitten. Gioia belde, ook al was er nog geen nieuws. Frank liet niet van zich horen. Sam zei iets over hoe de politie soms maar wat deed en dat het vast allemaal zou meevallen. Babette duwde haar nagels in het vel van haar hand tot het pijn deed.

Na wat een eeuwigheid leek, kwamen ze aan bij de B&B. Babette voelde haar mond droog worden toen ze twee politieauto's, een blauw ongemarkeerd busje en nog een zilvergrijze auto zag waarvan ze niet wist of die van de politie was. Hun eigen voertuig werd staande gehouden aan het begin van de oprit, Babette leunde over de bank naar voren en zei dat ze de eigenaar was, maar een politievrouw gaf te kennen dat er niemand door mocht rijden. Vlug stapte Babette uit en haastte zich naar de B&B. Bij de poort stond een politieman druk te gebaren naar twee jongere collega's. 'Mevrouw,' zei hij in het Italiaans toen hij Babette in het oog kreeg, 'u kunt helaas op dit moment niet naar binnen in verband met een lopend politieonderzoek.'

Babette voelde zweet prikken in haar nek. Het desoriënterende gevoel dat ze niet bij haar eigen huis maar op een filmset was beland, deed haar een beetje wankelen. 'Maar ik ben de eigenaar', zei ze opnieuw. 'En ik wil heel graag weten wat hier gaande is.'

De blik in de ogen van de man veranderde maar Babette kon niet goed zeggen wat erin te lezen was. 'Loopt u maar even mee', zei hij en hoe Babette het ook probeerde, uit zijn stem viel ook al niets op te maken. Hij nam haar mee naar de keuken, waar hij haar voor liet gaan en de deur achter hen sloot. Door het raam zag ze een andere agent voorbijlopen, in gesprek met Frank. Nog geen vijf seconden later stond het tweetal in de keuken. 'Wacht even', zei Babette. 'Ik bespreek dit liever niet in het bijzijn van mijn gasten.'

'Het is oké, Babette', zei Frank. 'Ik denk dat het goed is als de politie je eerst uitlegt wat er aan de hand is.'

Babette deed er het zwijgen toe. De Italiaanse agent nam het woord. 'De reden dat wij hier zijn is dat wij eerder vandaag een melding hebben ontvangen over een vondst op het naast uw B&B gelegen perceel. Deze melding was afkomstig van deze meneer hier.' Hij gebaarde naar Frank. 'Na onderzoek van onze rechercheurs is gebleken dat het vermoeden dat hij heeft uitgesproken juist is en dat er op korte afstand van uw B&B

menselijke resten zijn aangetroffen.'

Hij richtte zijn blik op Babette en liet een stilte vallen. Babette staarde hem aan en wist niet of ze hem wel helemaal goed had verstaan. Of eigenlijk had ze hem wel verstaan, maar misschien had ze hem niet goed begrepen. 'M-menselijke resten...' herhaalde ze zacht en daarna nog een keer, maar nu vragend. 'Bedoelt u...'

'In het kader van het onderzoek kan ik op dit moment slechts een beperkte hoeveelheid informatie met u delen', zei de agent. Zijn wat stijve woorden pasten niet bij zijn blik waarin nu te lezen was dat hij met haar te doen had, hoewel er ook iets van waakzaamheid bij zat. 'Het ziet ernaar uit dat uw gast vandaag min of meer per toeval op een deel van een stoffelijk overschot is gestuit op een perceel dat niet van u is, maar wel dermate dicht bij uw bedrijf en woonhuis gelegen dat we u betrekken in het onderzoek. Het is momenteel nog niet duidelijk aan wie het stoffelijk overschot toebehoort en hoelang het er al ligt.'

Uit zijn formele taalgebruik bleven een paar woorden hangen die onmiddellijk als pingpongballen door haar hoofd begonnen te springen. *Stoffelijk overschot... Betrekken in het onderzoek...*

Ze keek hulpzoekend naar Frank. Hij knikte een paar keer en leek volkomen kalm. 'Het klopt dat ik iets heb gevonden en vervolgens de politie heb ingeschakeld.'

'Maar had je niet...' Had je dat niet tegen mij kunnen zeggen, was wat ze wilde zeggen. Maar dat klonk verongelijkt en ook helemaal niet belangrijk. Toch snapte ze niet dat hij onmiddellijk de recherche had gebeld.

'Ik ging ervan uit dat de procedure in Italië niet veel anders zou zijn dan die in Nederland en dat is dat de politie zo snel mogelijk ter plaatse moet komen om de vindplaats veilig te stellen', beantwoordde hij de vraag die ze niet had afgemaakt. 'De plaats delict, om het zo te zeggen. Dat is in ieders belang, ik kan nu verklaren dat jij op geen enkele manier toegang hebt gehad tot die plaats delict sinds de vondst van het stoffelijk overschot.'

'Maar...' Het leek alsof stukje bij beetje alle lucht uit de ruimte werd weggezogen. Babette haakte haar vingers achter de boord van haar jurk voor wat meer ruimte. Ze voelde zweet parelen op haar voorhoofd.

'Gaat het?' vroeg Frank. 'Ik kan me voorstellen dat je enorm bent geschrokken.'

'Maar wát is er dan gevonden?' vroeg Babette. 'En waar? Het perceel is achthonderd vierkante meter groot.'

Frank stond op om een glas water voor haar te pakken. Daarna blikte hij even naar de Italiaanse agent en nam een besluit. 'Ik zei gisteren al tegen jou dat het me opviel dat de grond was omgewoeld, toch? En dat ik vond dat er verder naar gekeken moest worden.'

Babette knikte. Haar reactie wist ze ook nog precies. 'Ik vond het niet nodig.'

'En dat begrijp ik, want het is niet meer dan een stukje aarde waar verder niets aan te zien is. Maar toen ik daar vanochtend weer was, was de situatie heel anders. De aarde was niet omgewoeld, maar duidelijk omgespit. Dat vond ik vreemd, want waarom zou iemand tussen gisteravond en vanochtend vroeg een schep hebben gepakt om op een onbeduidend stuk braakliggende grond te gaan graven?'

Hij liet een stilte vallen. Babette nam een slok water en veegde over haar voorhoofd.

'Soms komt het van pas om een gepensioneerde politiehond bij je te hebben', zei Frank met een lachje dat niet van vreugde leek te zijn. 'Roxy heeft gewerkt als speurhond naar vermiste en overleden personen en ze bleek de commando's nog niet verleerd te zijn. Maar bij het stuk waar was gegraven, sloeg ze niet aan. Wel een meter of tien verderop.'

Zijn stem klonk nu monotoon. Hij ging ook zachter praten en leunde wat naar haar toe. 'Ik ben daar zelf gaan graven omdat ik het vreemd vond dat Roxy daar aansloeg en op ongeveer een meter diepte ontdekte ik...' Hij keek even naar de Italiaanse politieman. Omdat Frank Nederlands sprak kon die niet volgen wat er werd gezegd, wat hij niet leuk leek te vinden. Maar hij liet het gaan, onderbrak Frank niet één keer.

'Ik ontdekte er iets waarvan ik vrij snel vermoedde dat het een bot was. Dan weet je natuurlijk niet of dat van een mens of van een dier is, maar ik vond het reden genoeg om de politie in te schakelen. Zij zijn verder gaan zoeken en hebben vastgesteld dat het bot van een persoon afkomstig is en dat er meer materiaal is gevonden.'

'Materiaal...' herhaalde Babette en ze huiverde.

Frank keek haar even aan, aarzelde en zei toen: 'Het wordt nu verder onderzocht. De vindplaats is nu natuurlijk afgesloten, maar ik begreep dat ervan uit wordt gegaan dat er een volledig skelet op die plek ligt.'

Babette voelde misselijkheid opkomen. Er zat een ruis in haar oog die klopte op het ritme van haar hart. Ze nam een slok water, maar dat leek lauw te zijn. Het idee dat ze daar gewoon had gelopen, over die grond, waar een lichaam... Ze sloot haar ogen en haalde diep adem, maar de misselijkheid nam in kracht toe. 'Gaat het?' vroeg Frank en hij schoof op in haar richting. 'Je ziet helemaal bleek.'

'Het gaat wel', zei Babette maar het praten was een krachtsinspanning. 'Het hele idee is gewoon zo gruwelijk. Weten ze al hoelang dat lichaam daar ligt?'

Frank keek haar onderzoekend aan, alsof hij zich afvroeg of ze opgewassen was tegen het antwoord. 'De politie heeft daar nog niets over gezegd, maar uit mijn eigen politie-ervaring kan ik zeggen dat wanneer het gaat om een lichaam in deze staat van ontbinding, het er eerder jaren dan maanden ligt.'

'Langer dan drie jaar?' vroeg Babette schor.

'Dat is zo op het oog niet precies te zeggen. Drie jaar zou kunnen, maar twee of vier ook.'

Ze hoorde wel wat hij zei, maar hield zich vast aan de gedachte dat het lichaam er misschien al had gelegen toen zij en Bastiaan de B&B kochten. Dat maakte de vondst niet minder erg maar op een of andere manier wel beter behapbaar, alsof ze de gebeurtenissen verder bij zichzelf vandaan kon duwen. 'En nu?' vroeg ze aan Frank. Op die vraag moest hij het antwoord echter schuldig blijven en dus stelde ze hem aan de politieagent.

'Nu wil ik u verzoeken de vragen van mijn collega's van de recherche te beantwoorden. Dat kan in uw eigen huis, maar ook op het politiebureau.'

'Mijn huis', zei Babette meteen en de agent stond op. Babette ging hem voor naar haar appartement. In het voorbijgaan stond ze even heel dicht bij Frank. Hij raakte haar arm aan en was even niet meer de politieman maar degene die ze had leren kennen. De verandering viel haar nu pas op. 'Als ik iets voor je kan doen zeg je het, toch?' zei hij en ze knikte.

'Dank je wel.'

Even dacht ze dat hij haar zou omhelzen en even wilde ze dat ook, maar de politieman wachtte opzichtig en Babette liep door, de trap op, haar appartement in. De deur ging gewoon open, ze wist niet meer of ze die vanochtend wel had afgesloten. Ze besteedde er geen aandacht aan. De geur van haar huis en de relatieve koelte die er hing doordat de luiken gesloten waren maakten haar rustiger. De politieman was aan de telefoon en Babette zette de luiken open voor het licht. Ze schakelde de airconditioning in en voelde de koude luchtstroom haar verhitte hoofd en nek koelen. Staand bij het aanrecht dronk ze een glas water en daarna bood ze de politieman er ook eentje aan, maar hij sloeg het af. 'Mijn collega's komen eraan', liet hij weten en hij installeerde zich aan tafel met een klein model laptop.

Twee rechercheurs kwamen binnen, een vrouw van Babettes eigen leeftijd en een andere van een jaar of tien jonger. Ze droegen geen politiekleding, maar allebei een donkerblauwe broek, de een met een witte blouse erboven, de ander met een lichtblauwe. Aan hun broekband hing een telefoon en ze droegen allebei witte latex handschoentjes die ze uittrokken zodra ze zaten. 'Ik ben Valentina Mancini', stelde de oudste van de twee zich voor. Ze sprak Engels met een Italiaans accent dat sommige klinkers langgerekt maakte en de klemtoon van de woorden deed verschuiven. 'Dit is mijn collega Sienna de Luca. Ik ben de leider van het onderzoek inzake de vondst van menselijke resten op het perceel naast uw bedrijf.'

Babette begon te vermoeden dat het taalgebruik op de politieacademie werd aangeleerd. Ze keek de vrouw aan, die met grote, donkerbruine ogen terugkeek en even met haar hand over haar eveneens donkerbruine paardenstaart streek. 'U heeft inmiddels begrepen dat er sprake is van zo'n vondst, neem ik aan?'

Babette schraapte haar keel. 'Ik heb begrepen dat er op het perceel botten zijn gevonden en dat die bij een menselijk lichaam horen', zei ze. 'Verder weet ik nog niet zoveel.'

‘Het onderzoek is op dit moment in volle gang’, zei de politievrouw. ‘De reden dat we u graag enkele vragen willen stellen is dat uw bed and breakfast direct naast het perceel ligt waar het stoffelijk overschot is gevonden, waarmee u de dichtstbijzijnde bewoner bent.’

Terwijl de mannelijke agent meetikte met wat er werd gezegd knikte Babette langzaam. Hier op het platteland lagen de huizen en boerderijen inderdaad ver uit elkaar. Aan de andere kant van het perceel was een weiland waar de koeien graasden van een boer die zijn boerderij kilometers verderop had. Weer verderop, naast het weiland, bevond zich een camping die alleen in het hoogseizoen geopend was. Babette had er de laatste tijd wat activiteit gezien, maar de opening zou nog bijna een maand op zich laten wachten.

‘Is u de laatste tijd iets opgevallen op het perceel?’ vroeg rechercheur Mancini nu. Hoewel haar collega op zijn laptop meeschreef, maakte ze zelf ook aantekeningen. Babette dacht vluchtig aan de woorden van Frank, maar schudde haar hoofd. ‘Mij niet’, zei ze. ‘Maar een van mijn gasten zei dat de grond door iemand was omgewoeld en dat er gegraven is. Dat tweede heb ik niet gezien, dat eerste wel maar ik vond dat niet vreemd.’

‘En u heeft niet gezien wie dat heeft gedaan?’ vroeg de andere rechercheur. Ook zij maakte aantekeningen, al zag Babette nog niet meer dan twee woorden in haar notitieboekje staan.

‘Nee, maar vanuit de B&B heb ik ook geen zicht op dat

stukje land. Alleen als de poort openstaat.'

'Komt u er vaak?'

'Normaal gesproken niet, maar nu we hier bezig zijn met de opnames van een televisieprogramma kom ik er wel dagelijks.' Babette legde uit hoe het programma in elkaar zat en waarom ze meerdere keren per dag op het braakliggende land stond. 'En ik ben bezig de grond aan te kopen', zei ze erachteraan. 'Om die reden ben ik er de laatste tijd ook iets vaker te vinden.'

Die informatie deed beide rechercheurs de wenkbrauwen optrekken. 'U wilt de grond aankopen?'

Babette knikte. 'Er wordt al jaren niets mee gedaan en ik heb plannen om de B&B uit te breiden.'

'Met extra gastenverblijven?'

'Voornamelijk met meer tuin en een zwembad, maar de plannen hangen ook af van de hoeveelheid grond die de gemeente aan mij zou willen verkopen. Als het om het volledige perceel zou gaan, is er ook ruimte voor extra trulli voor gasten.'

Valentina Mancini bewoog haar pen tussen haar wijs- en middelvinger terwijl ze nadacht. Daarna tekende ze snel en schematisch een plattegrond op een pagina van haar opschrijfboekje. 'Dit is het perceel waarover we het hebben', zei ze en ze schoof het boekje naar Babette. 'Zou u kunnen aangeven waar u het zwembad in gedachten heeft en waar de overige plannen gerealiseerd moeten worden?'

'Is dit de weg?' Babette kon nog niet echt wijs worden

uit de paar lijnen op papier. 'En dit de huidige B&B?'

De rechercheur knikte en Babette zette als referentiepunt een streepje op de plek van de poort in de tuinmuur. 'Dit stukje zou ik bij de tuin willen trekken en het zwembad zou dan ongeveer hier moeten komen.' Ze zette de punt van de balpen op het papier. 'Ik kan u de tekeningen laten zien die ik door een architect heb laten maken, die geven een beter beeld.'

'Heel graag', knikte rechercheur Mancini, maar ze hield Babette tegen toen die wilde opstaan. 'Laten we eerst ons gesprek afmaken.'

Het gesprek ging door over de plannen, maar ook over onbekenden die Babette al dan niet had gezien in de buurt van de B&B en de braakliggende grond. Die waren er niet, daar kon ze kort over zijn, maar ze moest erbij zeggen dat ze vooral de afgelopen week amper oog had gehad voor haar omgeving. 'Zo'n televisieprogramma neemt je in beslag', zei ze met een lachje maar ze voelde er geen vreugde bij. Op dit moment wilde ze vooral dat ze er nooit aan was begonnen, dat alles in de B&B gewoon was zoals altijd, dat er geen mannen waren die beslag probeerden te leggen op haar toekomst, geen lichaam in de grond.

'Zal ik de tekeningen pakken?' zei ze aan het einde van het gesprek toen ze zich uitgewrongen en moe voelde. De twee rechercheurs knikten, de politieman klapte de laptop dicht. Babette liep naar haar kantoor en pakte de map met daarin de opgevouwen prints van de tekeningen. Ze overhandigde hem aan een van de rechercheurs. 'Hier zit alles in en ik heb ze ook in pdf-formaat.'

'Stuur maar even', zei Mancini en ze overhandigde Babette een visitekaartje. 'Ons mailadres staat hierop.'

De rechercheurs vroegen ook om toegang tot het gastenbestand van de afgelopen tijd en Babette stemde ermee in hun een lijst met namen door te sturen. Vaag ging er een gedachte aan privacywetgeving door haar hoofd, maar ze ging ervan uit dat de recherche daarbinnen een uitzonderingsstatus had.

'Is er nog iets dat u aan ons kwijt wilt?' vroeg Valentina Mancini, staand in de deuropening.

Babette keek even uit het raam. Op de binnenplaats stond Frank te bellen met Roxy als een standbeeld naast zijn linkervoet. 'Hij heeft het gevonden', zei ze zacht voor zich uit.

'Sorry?' Rechercheur Mancini deed een stapje naar voren. 'Ik verstond u niet.'

'Nee.' Babette schudde haar hoofd. 'Niets.'

'U kunt uiteraard ook altijd contact opnemen, op het kaartje staat ons telefoonnummer.'

De rechercheurs verdwenen. Babette ging aan haar bureau zitten met haar hoofd in haar handen. Haar blik viel op het fotoboek dat ze na het etentje van gisteravond nog niet had opgeruimd. Gisteravond leek langer geleden dan de uren die daadwerkelijk in de tussentijd verstreken waren. Buiten klonken stemmen die in het

Italiaans dingen naar elkaar riepen. Ze dacht aan dat lichaam onder de grond, op zo weinig afstand van waar ze de laatste drie jaar van haar leven had doorgebracht, en voelde bloed als koud water door haar aderen trekken.

Hoofdstuk 11

'We moeten het over het wegstemmen hebben.' Jack zat tegenover Babette en keek haar aan met zijn hoofd schuin. Het getik van het lepeltje tegen de rand van zijn koffiekopje kwam ongewoon hard Babettes oren binnen. Als ze langs hem keek, zag ze de verbrande resten van de kruidentuin. Achter haar liep een rechercheur, want ook nu, twee dagen na de vondst van de botten, bevolkte de politie de B&B en het naastgelegen land weer. Het onderzoek ging maar door en al die tijd had Babette geen blik op de bewuste plek geworpen omdat die was afgezet. Voor de tuinpoort was een stuk politielint gespannen en de recherche had haar verzocht de poort gesloten te houden. Vanaf de openbare weg kon je de grond natuurlijk wel zien, maar de vindplaats van het lichaam werd door zwarte schermen aan het zicht onttrokken. Een witte tent – partytent, zou Babette gezegd hebben maar dat klonk wel heel ongepast – maakte de politie het werken in de felle zon iets gemakkelijker.

Gisteren was voorbijgetrokken als in een roes. De vermoeidheid speelde haar parten na een vrijwel doorwaakte nacht. De avond ervoor had ze een tijdje met Bastiaan gebeld en samen hadden ze hun afschuw uitgesproken over het lugubere geheim dat zo dicht tegen de oppervlakte van de grond had gelegen. 'Ergens hoop ik dat het tientallen jaren oud is', had Babette gezegd. 'Dan voelt het toch verder weg. Buiten onze macht. *Mijn* macht.'

'Wat er gebeurt en is gebeurd ligt sowieso buiten jouw macht.' Bastiaan stond er anders in. 'De grond is niet van jou. Iedere gek kan er iets of iemand hebben begraven.'

'Maar wat als ik het had gezien?' Ze had de hele tijd het idee in haar hoofd dat het om een moord ging die ook nog eens naast de B&B was gepleegd, ook al had de politie daarover nog geen duidelijkheid gegeven. 'Misschien had ik diegene dan wel kunnen redden.'

'Je moet je niet gek laten maken, Babs.' Babs… Het was lang geleden dat hij die naam voor haar had gebruikt en op een of andere manier had het haar geraakt. Bastiaan had niets gemerkt. 'Ook niet door de politie', was hij verdergegaan. 'Je bent niets anders dan degene die toevallig naast dat stukje land woont, ook al zullen ze proberen jou op een of andere manier te betrekken bij wat ze vinden.'

'Wat bedoel je daarmee?'

'Precies wat ik zeg. Ze betrekken jou nu bij die zaak en doen alsof jij er misschien wel meer van weet. Maar die botten hadden misschien wel overal begraven kunnen worden. Het is openbaar toegankelijke grond.'

Daar had hij wel gelijk in, dat had ze moeten toegeven. Ze was niet betrokken bij deze zaak, niet eens op een afstandje. Toch voelde het anders.

'Babette?' Jacks stem haalde haar terug naar het nu. Hij wachtte op een antwoord. 'De date met Sam moet nog worden afgemaakt en daarna volgt er een nieuw keuzemoment. Het moet in die volgorde, want als je Sam wil wegstemmen, kan die date...'

'Ja, ja.' Babette knikte en wilde dat hij stopte met praten. Het laatste waar ze nu behoefte aan had, was opnieuw met Sam naar Alberobello afreizen en daar spelen dat er in de achtenveertig uur die verstreken waren, geen aardverschuiving had plaatsgevonden.

'En als ik nu toezeg dat ik Sam niet zal wegstemmen? Dan hebben we wat meer tijd.' Ze dacht vluchtig aan Frank, die sinds de vondst van het lichaam op haar zenuwen werkte. 'Dan stem ik iemand anders weg en...'

'Nee, nee', antwoordde Jack beslist. 'Zo werkt het niet. Het moet wel zuiver blijven.'

Babette wilde zeggen dat ze toch al een van de anderen op het oog had, maar ze deed er het zwijgen toe. Ze wist zelf niet eens of die woorden wel de waarheid waren. Het wegstemmen van een van de mannen was wel het laatste waaraan ze de afgelopen dagen had gedacht.

'Wanneer had je die date in gedachten?' vroeg ze en ze hoorde zelf de onwilligheid in haar stem.

'Vandaag. Dan kunnen we het wegstemmen morgen doen en lopen we weer min of meer op schema.'

Babette stemde in omdat ze niet veel keus leek te hebben. Het wegstemmen, dat haar de vorige keer nog danig in beslag had genomen, leek nu een klusje dat ze moest opknappen. 'We willen rond twaalf uur die kant op gaan', zei Jack en hij stond op. 'Tot die tijd gaan we alvast aan de slag met wat montagewerkzaamheden en zul je geen last van ons hebben.'

Babette knikte als antwoord en mompelde iets. De regisseur liep wat moeizaam weg, zoals ze inmiddels van hem gewend was. Het was alsof hij met zijn been trok maar toen ze er daadwerkelijk naar keek, was zijn beweging alweer normaal. Met haar vingers masseerde ze haar slapen. Er ging zoveel in haar hoofd rond dat het niet lukte om zich ergens op te concentreren. Haar gedachten maakten de hele tijd sprongetjes opzij, naar onbelangrijke zaken.

Ze liep naar de keuken, waar Gioia aan het opruimen was. 'Gaat het?' Haar medewerkster keek haar bezorgd aan. 'Je ziet er moe uit.'

'Slecht geslapen', zei Babette. 'Maar het gaat wel.'

Het was warm in de ruimte. Babette zette de ventilator aan, maar die bracht weinig verkoeling nu de warmte al binnen de dikke muren was gedrongen en daar bleef hangen. Ze maakte een cappuccino voor zichzelf en eentje voor Gioia.

'Ik heb *pasticciotti* gemaakt', zei Gioia. 'Het leven is leuker met pasticciotti.'

Babette glimlachte. Pas als problemen niet met eten waren op te lossen, zou Gioia zich zorgen maken. 'Ik denk het ook', zei ze instemmend en ze liet zich op een stoel aan de keukentafel zakken. Ze keek naar de verrichtingen van haar werkneemster. Een week nadat Bastiaan de B&B had verlaten, had Babette haar min of meer toevallig gevonden toen ze met haar aan de praat raakte in een restaurant. Gioia werkte daar in de bediening maar bleek op zoek naar iets anders, Babette zat te springen om iemand die haar kon helpen. Binnen een dag was het beklonken en Babette had nooit een moment spijt gehad. 'Als jij er niet was om de B&B draaiende te houden, was ik allang ingestort.'

Gioia wuifde die woorden weg en zette het gebakje voor Babette neer. 'Die mannen van jou doen ook verrassend veel', zei ze. 'Jeroen heeft vanochtend al twee gastenkamers schoongemaakt, Sam heeft onkruid weggehaald. Dan worden ze de hele tijd gefilmd. Sam is trouwens ook begonnen met koken voor vanavond.'

Een vaag schuldgevoel bekroop Babette dat ze niet eens had gemerkt welk werk er allemaal was verzet. 'En Frank?' vroeg ze. Gioia haalde kort haar schouders op. 'Die is veel met de politie bezig. Volgens mij biedt hij zijn ervaring aan om te helpen met het onderzoek.'

Babette fronste terwijl ze over die woorden nadacht. 'Vind je dat niet vreemd?'

'Gezien de huidige staat van ons politieapparaat zou ik zeggen dat elke vorm van hulp welkom is', zei Gioia. Ze snoof even. Sinds er een jaar geleden bij haar thuis was ingebroken en de politie in haar ogen te weinig had gedaan om die zaak op te lossen, deed ze geen moeite haar kritische houding richting deze en andere Italiaanse overheidsinstanties te verbloemen. 'Hij zei dat hij een keer een vergelijkbare zaak in Nederland heeft gehad en dat hij met die ervaring misschien een bijdrage kan leveren aan dit onderzoek.'

Babette wilde antwoord geven, maar werd onderbroken doordat Valentina Mancini met snelle passen de keuken binnenkwam. 'Ik wil je iets laten zien', zei ze tegen Babette en ze opende de map die ze onder haar arm droeg. 'Over een uur brengen we een persbericht naar buiten dat de gemoederen hoog zal doen oplaaien. Ik vind het wel netjes om het voor die tijd met jou te delen.'

'Ik ga wel even...' zei Gioia, maar Babette gebaarde dat dat niet nodig was. Ze trok het papier naar zich toe dat de rechercheur voor haar neerlegde. Het bericht was in het Engels. De kop moest ze twee keer lezen omdat ze de eerste keer niet zeker wist of ze wel op haar ogen kon vertrouwen. Toen trok er, ondanks de warmte in de keuken, een rilling over haar rug die haar het gevoel gaf alsof iemand met een ijsblokje langs haar ruggengraat ging. Ze keek de rechercheur met open mond aan, maar Valentina Mancini gaf geen reactie.

Lichaam vermiste Serena Giannuzzi gevonden nabij Avetrana.

Babettes ogen verplaatsten zich van de kop naar de rest van de tekst. Ze gleden over de regels, maar de woorden kwamen haar zo absurd voor dat ze het nog een keer en toen nog eens moest lezen voor ze eindelijk echt tot haar doordrongen.

'Dus het is...' Praten kostte haar moeite, alsof ze niet aan tafel zat maar ondertussen een lang stuk aan het hardlopen was. Ze probeerde diep adem te halen maar haar middenrif leek wel geblokkeerd te zijn. Natuurlijk had ze de vermissingszaak destijds op het nieuws gevolgd en natuurlijk had ze zich weleens afgevraagd wat er toch met de toen drieëntwintigjarige vrouw gebeurd kon zijn, maar het was altijd een zaak op afstand geweest. Letterlijk ook. Ze wist niet uit haar hoofd waar de jonge vrouw had gewoond, maar het was in elk geval niet in de buurt.

Babette probeerde opnieuw adem te halen, maar haar keel leek zich meer en meer dicht te schroeven. 'Wat verschrikkelijk', zei ze zacht voor zich uit. 'Haar ouders...'

Rechercheur Mancini stapte nu naar voren en ging bij Babette aan tafel zitten. 'Je zult begrijpen dat we de nodige vragen hebben, zowel aan jou als aan degene met wie jij destijds hier woonde. We hebben al contact opgenomen met jouw ex-partner en we willen jou vragen om beschikbaar te zijn voor het afleggen van een verklaring.'

'Ja.' Babette knikte een paar keer achter elkaar. Ze nam een slok koffie, maar die smaakte ineens bitter. 'Natuurlijk. Ik weet alleen niet...' Ze keek de rechercheur aan. 'Ik kende haar niet en ze kwam ook niet hier uit de buurt, toch? Heeft ze iets van een link met dit gebied? Heeft ze...'

Ze wist eigenlijk niet waarom ze vragen stelde die de rechercheur natuurlijk zelf ook had. Valentina Mancini schudde haar hoofd. 'Nee, ze kwam hier niet uit de buurt. Hoe ze hier verzeild is geraakt, is een van de dingen die wij natuurlijk graag willen weten.' Ze keek Babette aan. 'Serena is voor het laatst gezien in Bari op donderdag 13 april. Op de maandag daarna heeft de vriendin met wie ze een appartement deelde, melding gemaakt van haar vermissing. Het is onduidelijk waar ze in de tussentijd is geweest, maar kennelijk is ze op een bepaald moment hier in de buurt verzeild geraakt. Alle informatie, hoe klein het detail ook is, kan ons helpen om haar gangen na te gaan en de oplossing van de zaak dichterbij te brengen.'

Babette knikte en opende haar mond, maar ze wist niets te zeggen. Het voelde op een vreemde manier alsof ze door de rechercheur op het matje werd geroepen en ze had sterk de behoefte om zichzelf vrij te pleiten.

'We willen graag weten waar jij op die bewuste dagen was,' ging de rechercheur verder, 'en of je wellicht nog herinneringen, foto's of berichten hebt waaruit ook maar iets blijkt dat ons kan helpen bij ons onderzoek.'

Babette knikte opnieuw. 'Ik ga mijn best doen', zei ze meteen.

Valentina Mancini knikte kort, trok haar mond in een professioneel glimlachje en leek nog iets te willen zeggen, maar toen ging haar telefoon en stond ze vlug op. Al bellend liep ze de keuken uit en Babette liet de adem ontsnappen waarvan ze nu pas merkte dat ze die had ingehouden. Ze sloot even haar ogen, maar opende ze weer toen ze merkte dat ze niet alleen was.

'Sorry,' zei Frank vanuit de deuropening, 'ik wilde niet storen.'

Babette schudde haar hoofd. Frank keek haar aan. 'Gaat het?'

'Ja, ja.' Ze wuifde wat met haar hand. 'Ik kan gewoon niet geloven dat ze dat vermiste meisje hier hebben gevonden. Ik bedoel: hier, op zo'n beetje de rustigste plek van de hele streek... Er gebeurt nooit wat.'

'Misschien juist daarom', zei Frank met zijn wenkbrauw opgetrokken. Er klonk getik op de stenen vloer en Roxy voegde zich bij hem. 'Wie van een lichaam af wil, probeert doorgaans drukke plekken te vermijden.'

Babette gaf geen antwoord. Ze nam nog een slok koffie, maar die was koud geworden. 'Ik begreep dus dat jij haar hebt gevonden', zei ze toen.

Frank knikte, maar keek toen omlaag naar zijn hond. 'Zij, eigenlijk. Ze heeft haar oude werk weer opgepakt.'

Babette keek hem verwonderd aan. 'Roxy heeft in haar werkzame jaren heel wat stoffelijke overschotten gevonden.'

Bij die mededeling trok Babettes maag zich samen. Ze humde iets als antwoord en Frank hield zijn hoofd schuin.

'Ik weet gewoon echt niet wat ik ermee moet', zei Babette toen. 'De politie wil van alles vragen, maar ik kan ze niet helpen. Ik kende haar niet, het is meer dan twee jaar geleden, ik heb nooit iets gezien wat me ook maar enigszins vreemd leek. Dan had ik het wel onthouden.'

'De politie doet nu een routineonderzoek', zei Frank en het leek zijn bedoeling te zijn haar gerust te stellen. 'Daar hoort een buurtonderzoek natuurlijk bij. Ze willen niet alleen aan jou vragen stellen, maar aan alle bewoners in een straal van zeker vijfhonderd meter.'

'En Bastiaan', zei Babette.

'Die kans is heel groot, ja. De politie tast in het duister en dan is het van belang om met zoveel mogelijk mensen te praten.'

Babette ging verzitten. Ze voelde zich iets kalmer door het gesprek. 'Je voelt je gewoon meteen verdachte', zei ze toen. 'Raar eigenlijk hoe dat werkt.'

Frank knikte begrijpend. 'De meeste mensen krijgen niet dagelijks te maken met politieonderzoek. Dan ziet het er allemaal groot en intimiderend uit.'

'Zeg dat wel', knikte Babette.

'Jouw gevoel is heel normaal bij mensen die zijdelings betrokken zijn bij een misdrijf', zei Frank. 'Je kan al snel het gevoel krijgen dat de recherche je iets aanrekent of op zoek is naar hiaten in je verhaal. Maar ik kan je verzekeren dat de recherche op dit moment vooral op zoek is naar informatie.'

Babette voelde zich iets meer ontspannen. 'Weten ze al iets?' vroeg ze. 'Ik begreep dat jij veel contact hebt met de politie.'

Frank zei geen ja maar ontkende het ook niet. 'De eerste fase van het onderzoek richt zich vooral op de vindplaats', zei hij. 'Het stoffelijk overschot is naar het forensisch laboratorium overgebracht en nu moeten er zoveel mogelijk sporen veilig worden gesteld.'

'Zijn die er dan nog na al die jaren?'

Hij haalde kort zijn schouders op, leek even te aarzelen en zei toen: 'Dat is de vraag.'

Babette keek hem geringschattend aan. 'Waarom ging Roxy daar eigenlijk speuren? Ik neem aan dat ze dat niet zelf bedenkt?'

'Nee...' Frank tuitte zijn lippen en leek zijn woorden

te wegen. 'Laten we zeggen dat je als rechercheur op een bepaald moment een zesde zintuig ontwikkelt. Er waren een paar dingen die ik opvallend vond.'

'Zoals?'

Hij haalde kort zijn schouders op. 'Vooral het gegeven dat de grond daar meerdere keren na elkaar werd omgeploegd.'

'Weet je wie dat heeft gedaan?'

'Nee.' Hij liet een lachje zien, maar zijn blik was wat gespannen. 'Als we dat wisten, zouden we een behoorlijke stap in de juiste richting kunnen zetten.'

Babette registreerde vaag dat hij in de wij-vorm sprak. Ze wendde even haar blik af. Frank had haar natuurlijk al eerder gewezen op de omgewoelde grond, maar ze vond dat hij overdreef.

'Denk je dat...' begon ze, maar ze maakte haar vraag niet af. Frank kneep zijn ogen samen. 'Wat?' vroeg hij. 'Denk ik wat?'

'Laat maar', zei ze en ze zette de gedachte uit haar hoofd dat nog nooit iemand de grond had omgewoeld tot Frank, Sam en Jeroen er waren. En Harold, maar het was na zijn vertrek ook nog gebeurd.

'Je kan alles zeggen', zei Frank nog, maar Babette schudde haar hoofd.

'Het is niet belangrijk.'

'Oké.' Frank ging wat meer rechtop staan. Roxy reageerde onmiddellijk door overeind te komen. Hij wierp haar nog een blik toe waar iets vragends in zat, maar zei toen: 'Als ik iets voor je kan doen, laat het me dan weten.'

Babette knikte en keek hem na toen hij wegliep, eerst door de hal en daarna buiten door de tuin. Ze had geen tijd om haar gedachten te ordenen omdat haar telefoon een luide melodie begon te spelen.

'Bastiaan', zei ze toen ze opnam. Het telefoontje kwam niet onverwacht. 'Hoe is het?'

'Ja eh...' Hij klonk wat opgefokt. 'Wat is er allemaal aan de hand?'

'Ze hebben die vermiste vrouw gevonden en...'

'Dat heb ik inmiddels begrepen, ja. De politie heeft me gebeld.'

Babette deed er het zwijgen toe. 'Heb je een kamer vrij?' vroeg Bastiaan.

'Voor wanneer?'

'Morgen.'

Babette wist niet of ze hem wel goed begreep. 'Hoezo?'

'Het is voor mij. De politie heeft me ontboden.' Het lukte hem niet een ietwat cynische toon uit zijn stem te weren. 'Ze willen iedereen spreken die in de periode van de verdwijning van die vrouw in de buurt is geweest en aangezien ik daar toen woonde...'

'En daarvoor moet je hiernaartoe komen?' vroeg Babette ongelovig. 'Kan dat niet via de telefoon?'

'Dat zei ik ook, maar de recherche schijnt niet zo dol te zijn op het gebruik van moderne communicatiemiddelen. Toen ik voorstelde om wat vragen per e-mail te beantwoorden, bleef het heel lang stil alsof ze moesten opzoeken wat dat is, een e-mail. Hun werkmethodes lijken in de jaren tachtig te zijn blijven hangen.'

Babette dacht vluchtig aan Gioia. Die zou het vast hartgrondig met Bastiaan eens zijn.

'Een kamer gaat niet lukken', zei ze toen beslist. 'De B&B zit tot eind augustus vol.'

'Babs, kom op...' Nu hij er in het vorige gesprek mee was begonnen, gebruikte hij de verkorting van haar naam alsof ze na al die tijd ineens weer close met elkaar waren. 'Je hebt een extra slaapkamer in je appartement. We zijn jaren samen geweest, we overleven een paar nachten met elkaar heus wel. Ik weet dat je gek wordt als er tandpasta in de wasbak zit en mocht ik je per ongeluk zonder kleren zien, dan zie ik ook niets nieuws.'

'Ik heb die tv-opnames hier ook nog', antwoordde ze onwillig. 'Boek gewoon een hotel of airbnb in de buurt, er zijn er genoeg.'

'Jij bent misschien een succesvolle ondernemer, maar ik...'

'Ik regel wel iets voor je.' Babette probeerde niet eens om de irritatie uit haar stem te weren. Bastiaan had gewoon een baan, maar deed altijd alsof zij er met de miljoenen vandoor was gegaan terwijl hij op een houtje moest bijten. Beide kanten van die voorstelling van zaken waren onterecht. 'Wanneer vlieg je?'

'Morgen.' Zijn antwoord klonk nu afgemeten, beledigd ook. 'Jammer dat dit zo moet, Babs. Ik had verwacht...'

'Ik laat je weten waar je kan overnachten', zei Babette en ze verbrak de verbinding. Daarna gooide ze haar telefoon harder dan nodig was op tafel en liet grommend een ademteug ontsnappen.

Ze pakte haar telefoon weer op om haar belofte aan Bastiaan maar meteen in te lossen, maar werd onderbroken door Gioia. 'We hebben een annulering', zei haar werkneemster. 'Twee gasten die vijf dagen zouden komen, maar die er door alles wat er nu gaande is, toch maar van afzien.'

Babette wilde beginnen over het annuleringsbeleid dat de afzegging in de weg stond, maar ze deed het niet. Eigenlijk begreep ze die mensen ook wel. De vondst had haarzelf ook een knoop in haar maag bezorgd die er maar niet uit ging. Ze legde haar telefoon aan de kant en zei met een zucht: 'Dan kan Bastiaan die kamer wel nemen.'

Gioia keek haar bevreemd aan, maar het ontbrak Babette aan de energie om zich nader te verklaren, net zoals het haar aan de energie ontbrak om zich nog tegen de komst van haar ex te verzetten. Hopelijk zou de politie weinig tijd nodig hebben om alle gesprekken met hem te voeren die nodig waren, zodat hij binnen een paar dagen weer naar Nederland kon vertrekken. Dat was vast beter voor hem en zeker beter voor haar.

Snel stuurde ze Bastiaan een berichtje dat het geregeld was en dat hij een kamer in de B&B kon gebruiken. Hij kwam meteen online en stuurde niets anders dan een opgestoken duim.

'Ben je er klaar voor?' Jack dook voor haar op. Ook al waren ze binnen, hij droeg een donkere zonnebril. 'We vertrekken over vijf minuten.'

Babette kreunde zonder geluid. Ze was de date alweer vergeten en nee, ze was er niet klaar voor. Ze zou er in haar huidige staat ook niet snel klaar voor zijn, maar omdat ze wel moest liep Babette naar haar appartement, werkte haar make-up bij, kamde haar haar en hoopte dat ze in staat was een paar zinnige dingen te zeggen. Ze zouden gaan lunchen in Alberobello en nog een stukje door het dorp lopen en een paar dingen zeggen die hopelijk uitzendingswaardig waren. Wat dat betreft zou ze op Sam kunnen rekenen, die eergisteren duidelijk had besloten een korte route naar haar hart te zoeken.

Iets meer dan een uur later zaten ze op het terras van een klein restaurantje net buiten de trulli-straten, waar ze de blikken van de andere gasten zwaar op zich gericht voelden. Thijs liep om hen heen met de camera, Roy en Mandy zaten aan de tafel naast hen.

'Hoe denk jij over massatoerisme?' vroeg Sam en Babette bedankte hem in stilte voor het onderwerp dat gelukkig niet met een door hem bedachte bruiloft of een toekomst in Italië te maken had. Ze hadden ook afgesproken niet te praten over de gebeurtenissen in de B&B, die buiten het programma werden gehouden.

'Aangezien ik leef van toerisme kan ik daar moeilijk negatief over zijn', zei ze. 'Maar als je dan kijkt naar de straten van dorpen als dit, denk ik ook weleens dat het wat minder kan.'

Sam had duidelijk over het onderwerp nagedacht en kwam met een analyse van de voor- en nadelen, waar Babette naar probeerde te luisteren maar die toch grotendeels langs haar heen ging. Toen de ober na het eten twee kopjes espresso bracht, was ze blij dat ze aan haar verplichting had voldaan. 'En nu?' vroeg Sam met zijn hoofd schuin. 'Hoe kijk je nu tegen ons aan?'

Babette haalde diep adem. De vraag ontwijkend zei ze nog maar eens dat ze het een zeer geslaagde date vond. Daarna dronk ze snel haar koffie op, vroeg om de rekening en maakte zich klaar om te gaan. 'Nog even door het dorp lopen', zei Jack en Babette deed wat er werd gevraagd. Daarna kwam het busje weer aanrijden en stapten ze in. Ze ging tegenover Sam zitten in plaats van naast hem en zag hoe Thijs meteen zijn camera pakte. Daarop veranderde ze toch maar van plek, ook omdat ze niet onaardig wilde zijn. Ze wist eigenlijk helemaal niet waar ze wilde zitten. Hoe moest ze nadenken over haar liefdesleven en hoe moest ze haar gevoel bepalen over Sam, of over Jeroen of Frank, terwijl om haar heen zoveel gebeurde?

Met een zwaar gevoel liet ze haar hoofd tegen het raampje rusten terwijl de auto zich in beweging zette. Sam leek aan te voelen dat ze even rust nodig had en begon berichtjes op zijn telefoon te beantwoorden. Terug in de B&B bedankte Babette hem voor de date, gaf hem een omhelzing en liep snel naar haar appartement voordat Mandy haar kon vragen om te quoten. Ze duwde de deur achter zich dicht, draaide die voor de zekerheid op slot en liet zich op de bank zakken.

Flarden van de dag trokken aan haar voorbij, maar alles kwam haar nu zo bizar voor dat het leek alsof zich in haar hoofd een film afspeelde. Een film met een slecht scenario, zonder aanknopingspunten, te veel vaagheden. Een vermissing, een lichaam dat vijftig meter verderop was gevonden, haar eigen B&B, een speurhond die toevallig in de buurt was – er klopte gewoon helemaal niets van. Het waren puzzelstukjes die niet alleen niet in elkaar pasten, maar die niet eens onderdeel van dezelfde puzzel leken te zijn.

Ze pakte haar telefoon en scrolde met nietsziende ogen door haar berichten en daarna door social media. Uiteindelijk legde ze hem aan de kant, maar toen begon hij een melodietje te spelen. Ze keek op het scherm.

'Hé', zei ze toen ze zag dat het Sabine was. 'Hoe is het?'

'Dat kan ik beter aan jou vragen', klonk de stem van haar vriendin. 'Wat heftig, van dat gevonden lichaam.'

'O, je hebt het gehoord?'

'Ik las het op internet. Het is zelfs hier in het nieuws.'

Babette wist niet goed wat ze moest zeggen. Blijkbaar was haar gevoel door de telefoon heen te horen, want met een stem vol medeleven vroeg Sabine: 'Trek je het nog een beetje?'

'Het is wel veel', zei Babette met een zucht. 'Ik kan het ook gewoon niet geloven.'

'En nu?' vroeg Sabine. 'Weet de politie al iets? Ze zullen wel druk bezig zijn met het onderzoek.'

'Het is niet normaal', zei Babette. 'Ze hebben het lichaam inmiddels uit de grond gehaald, maar de recherche is nog lang bezig geweest met het onderzoek. Er blijven vannacht agenten hier om de plaats delict te bewaken, zodat er niemand op kan komen. En dan gaan ze morgen weer verder met het onderzoek.'

'Hebben ze jou ondervraagd?'

'Nog niet echt', zei Babette. 'Morgen moet ik naar het politiebureau en dan willen ze mij vragen stellen. En aan Bastiaan.'

'O ja, tuurlijk.' Sabines stem klonk begrijpend. 'Hij woonde er destijds natuurlijk nog. Ik neem tenminste aan dat de politie ervan uitgaat dat dat meisje vlak na haar vermissing al begraven is op die plek?'

Babette knipperde een paar keer. Automatisch was ze daar zelf ook van uitgegaan, maar in haar hoofd verschenen nu beelden van een donkere nacht, een auto, een in plastic gewikkeld lichaam dat moeizaam werd verplaatst. Zou het kunnen dat het lichaam pas later was begraven? Was dat de reden dat de grond zo was omgewoeld?

'Ik weet het niet', beantwoordde ze de vraag van Sabine. 'De politie is niet zo scheutig met het geven van informatie.'

‘Weet jij iets?’ vroeg haar vriendin. ‘Als je terugdenkt, bedoel ik. Zijn jou dingen opgevallen?’

‘Niet dat ik me kan herinneren. Geen grote dingen, in elk geval.’ Babette voelde zich weer onrustig bij de gedachte aan de vragen die de politie voor haar zou hebben. ‘Hoe moet ik nu nog weten wat ik meer dan twee jaar geleden op een bepaalde dag deed en dacht? Het is toch niet vreemd dat ik dat niet weet?’

‘Helemaal niet vreemd’, zei Sabine beslist. ‘Ik weet amper wat ik drie dagen geleden heb gegeten. De meeste dagen in een mensenleven zijn gewoon dagen. Onze hersenen zijn niet ontworpen om reguliere, zich herhalende gebeurtenissen te onthouden. Het is eigenlijk juist een goed teken dat je je die dagen rondom haar verdwijning niet kan herinneren, dat betekent dat er niets vreemds is gebeurd.’

Babette had het gevoel dat ze met goede antwoorden moest komen, dat ze de politie verder moest helpen. ‘Ga door je foto’s op je telefoon’, adviseerde Sabine. ‘Gewoon die periode op je filmrol opzoeken en scrollen, dan komt er vast wel weer wat naar boven.’

‘Wacht.’ Babette zette de telefoon op de luidspreker en opende haar foto’s. In de zoekbalk typte ze de betreffende maand in. ‘Wij zaten toen volop in de verbouwing’, zei ze tegen Sabine. ‘O, hier heb ik die donderdag waarop ze is verdwenen.’

Ze swipete door foto’s van een grote bouwmarkt en twee kopjes zielige automatenkoffie. Bastiaan was op een van de foto's te zien met een sip gezicht en Babette herinnerde zich dat ze lol hadden gehad om het idee dat ze naar het land van de goede koffie waren verhuisd om vervolgens een brouwsel te drinken dat nog viezer was dan wat er op haar vroegere werk uit de automaten was gekomen. 'Wij waren die dag naar een bouwmarkt in de buurt van Lecce', zei ze tegen Sabine. 'En daarna hadden we een gesprek met een bedrijf dat airco's op de gastenkamers zou installeren. 's Avonds hebben we in Lecce gegeten.' Ze keek naar een foto van twee borden pasta en swipete daarna door. 'De volgende dag hebben we geklust in de B&B en 's avonds ben ik naar Nederland gevlogen. O, hier ben jij.' Ze glimlachte om een foto van haar en Sabine bij een koffietentje, gemaakt op zaterdagmiddag. Dat hele weekend was helemaal volgepakt met afspraken, herinnerde ze zich. Ze had vriendinnen gezien en was met haar ouders uit eten geweest omdat het hun trouwdag was. Op maandag had ze nog wat dingen geregeld die te maken hadden met de verkoop van hun huis, om vervolgens op maandagavond terug te vliegen naar Italië.

'En Bastiaan?' vroeg Sabine.

'Die heeft het hele weekend geklust.' In haar filmrol vond ze tussen haar eigen foto's de plaatjes die Bastiaan had doorgestuurd. Hij had dat weekend een project gemaakt van het stuken van de gastenkamers en stuurde grappige foto's waarop hij onder de spetters zat, of meer technische plaatjes van leidingen in de muren. Er waren ook foto's van de fles goede wijn waarmee hij zichzelf 's avonds had beloond voor het harde werken. Babette keek ernaar met gemengde gevoelens. Achteraf realiseerde ze zich steeds meer dat Bastiaans relatie met alcohol al langer ongezond was, zelfs toen ze nog in Nederland woonden. Op de volgende foto, anderhalf uur later opgeslagen in haar telefoon, was de fles al leeg.

'En?' vroeg Sabine toen Babette erg lang stil bleef. 'Heb je iets?'

Ze schudde haar hoofd en humde wat. 'Ik denk niet dat de politie veel aan me heeft. O, had ik al gezegd dat ze Bastiaan hebben opgedragen hiernaartoe te komen? Zo'n gesprek met hem kan blijkbaar niet via de telefoon. Dus straks zit ik hier met nog drie potentiële geliefden én mijn ex. Twee potentiële geliefden eigenlijk, want ik moet er morgen eentje wegstemmen en weet nog niet wie.'

Sabine kreunde meelevend. 'Zal ik naar je toe komen? Ik meen het, hoor. Als je wil, stap ik in het vliegtuig.'

'Nee', zei Babette vlug, vlugger dan ze nadacht. 'Dat hoeft niet.'

Het was lief en ze voelde tranen opkomen als ze dacht aan hoe fijn het zou zijn om haar vriendin hier bij zich te hebben, maar tegelijkertijd wilde ze minder mensen om zich heen, niet meer.

'Laat me weten als je van gedachten verandert', zei haar vriendin. 'Ik ben er voor je als je me nodig hebt.'

Babette slikte de tranen weg. 'Dat is lief', zei ze en

daarna rondde ze het gesprek af.

De stilte voelde zwaar maar weldadig na een dag waarop ze bijna geen moment alleen was geweest. Een paar minuten lang zat ze daar maar, terwijl ze probeerde even helemaal niets te denken, wat natuurlijk niet werkte, want juist nu begonnen haar gedachten weer door elkaar heen te lopen. De vondst van Serena Giannuzzi was dan misschien al op het Nederlandse nieuws geweest, zelf had Babette nog amper tijd gehad om de nieuwsberichten te volgen, in de Nederlandse en Italiaanse media. Ze pakte haar telefoon, maar bedacht zich en zette de televisie aan om het journaal terug te kijken. Het onderwerp vormde de opening van het nieuws. Boven de linkerschouder van de nieuwslezeres was de foto van Serena te zien die ook in alle 'vermist'-berichten was gebruikt: donkerbruin haar, ogen in dezelfde kleur, een brede glimlach. De jeugd en belofte straalden van haar af.

De nieuwslezeres maakte plaats voor een verslaggeefster ter plekke. De beelden van de vindplaats waren vanaf de openbare weg gefilmd en kwamen op Babette onwerkelijk over. Het wapperende politielint naast de muur van haar eigen bed and breakfast leek nog steeds iets uit een vreemde film te zijn. Voor het lint stond de jonge, knappe verslaggeefster in zeer rap Italiaans te vertellen wat er was gebeurd. Daarna veranderde het beeld weer en was de verslaggeefster in het oude centrum van Avetrana te zien, waar het opmerkelijk druk was. Ze vroeg voorbijgangers naar hun reactie op de vondst van het lichaam. Schokkend en onverwacht – dat was de algemeen gedeelde mening.

Plotseling was het alsof er een elastiekje werd afgeschoten in Babettes hoofd. Een tikje tegen de binnenkant van haar hersenen dat haar overeind deed veren. Ze wist niet waar het vandaan kwam, alleen dat haar ogen iets hadden geregistreerd dat haar hersenen meteen deed opschrikken. Met samengeknepen ogen keek ze naar het scherm en toen begon haar hart te bonken.

Ze durfde niet goed op haar eigen ogen te vertrouwen, maar zelfs toen ze knipperde en nog eens knipperde, veranderde het beeld niet. Op de voorgrond praatte de verslaggeefster maar door, alsof ze een maximale hoeveelheid woorden in zo min mogelijk tijd moest zien uit te spreken. De camera zwenkte nu weg, bracht twee oudere mensen in beeld die aangedaan in de camera keken. Babette spoelde een stukje terug en keek opnieuw.

Het was echt zo. Daar op de achtergrond, aan een tafeltje met een espressokopje voor zich en een telefoon in zijn hand, zat hij. Terwijl hij daar helemaal niet kon zijn.

Hoofdstuk 12

'Het klopt.' Mandy had haar telefoongesprek beëindigd en keek Babette nu aan. In haar heldere blauwe ogen stond iets van onrust te lezen. 'Sophia heeft hem gebeld en Harold heeft inderdaad niet het vliegticket gebruikt dat wel voor hem was geboekt.'

Babette trok haar wenkbrauwen hoog op. 'Waarom niet?'

'Hij had zin in een vakantie.' Mandy draaide met haar schouders als om de spieren los te maken na lang stilzitten, al had ze in werkelijkheid helemaal niet stilgezeten. Tijdens het bellen had ze juist de hele tijd heen en weer gelopen, was Babette opgevallen.

'Hij zei dat hij vier weken had vrijgehouden en dat hij het jammer vond dat hij al zo snel naar huis moest. Daarom besloot hij een hotel te boeken en nog even van de omgeving te genieten.' Ze keek Babette aan. 'Eerlijk gezegd klinkt het best logisch.'

'Dat had hij toch wel kunnen zeggen?'

'Tja.' Mandy begon haar aandacht te verliezen. 'Hij zei er ook bij dat hij zich op deze manier beter aan de bepaling in het contract kon houden dat hij niets over de uitslag mag zeggen tot alles is uitgezonden. Als hij terug zou komen in Nederland, zou het natuurlijk duidelijk zijn dat hij er als eerste uit lag.'

'Dat verklaart nog niet waarom hij het niet heeft gezegd.'

'Ik weet niet of het echt een geheim was of dat hij het min of meer spontaan heeft besloten en het ticket gewoon heeft laten verlopen. Zodra hij hier weg was, kon hij natuurlijk doen wat hij wilde, hij hoefde geen verantwoording af te leggen.'

Babette deed er het zwijgen toe. Ergens stelde de uitleg haar wel gerust, maar toch verdween haar vreemde gevoel niet helemaal. Toen ze gisteravond op het nieuws Harold aan een tafeltje had zien zitten, had ze haar ogen niet kunnen geloven. Vannacht had ze er slecht van geslapen, meerdere keren was ze met een onrustig gevoel wakker geworden. Ze had overwogen hem te appen, maar had het niet gedaan. Vanochtend had ze het meteen tegen Mandy gezegd.

'Jack wil graag over een uur de wegstemronde doen', veranderde Mandy van onderwerp. 'Heb je tijd om te quoten?'

Babette knikte automatisch en liep met Mandy mee. In de tuin, niet ver van de kruidentuin, was Thijs bezig het licht te meten. Hij stak zijn duim op naar Mandy. Roy kwam naar Babette toe met haar zender.

'Klaar voor?' vroeg Mandy toen het geluid getest was. Babette knikte en ging op haar plek staan. Thijs legde de camera op zijn schouder. Jack kwam er ook bij staan en gaf het teken dat de opname gestart kon worden. Babette werd even afgeleid doordat de poort in de tuin openging en Frank aan kwam lopen. Hij wierp een vluchtige blik op de crew en haar en ging toen zijn trullo binnen.

'Hoe kijk je naar vandaag?' vroeg Mandy. 'De wegstemronde?'

'Ik eh...' Babette knipperde een paar keer, slikte en dwong zichzelf om zich te concentreren. 'Vandaag is de wegstemronde', zei ze wat stroef. 'Daar kijk ik natuurlijk niet naar uit, maar het hoort erbij. Het is moeilijker dan de eerste keer, want met de mannen die er nu zijn, heb ik allemaal een heel leuke tijd gehad.'

'Toch moet je er eentje kiezen', zei Mandy, terwijl ze ondertussen begrijpend knikte. 'Was het een moeilijke keuze?'

Waar ze eerder haar best had gedaan clichés te vermijden, was Babette nu juist blij met het bestaan ervan. 'Het was zeker een lastige keuze', zei ze. 'Alle drie de mannen zijn echt leuke mensen, ze zouden vrienden van mij kunnen zijn en ik ben blij dat ik ze heb leren kennen. Ook met degene die ik ga wegstemmen, zou ik zo een vriendschap kunnen hebben. Maar we zijn hier natuurlijk om uit te zoeken met wie ik een romantische klik voel, daar gaat het om.'

Daar was hij weer, de klik. In gedachten hoorde ze Sabine lachend turven. Mandy knikte echter serieus. 'En die voel je niet met iedereen?'

'Die klik voel ik niet met iedereen, ook al heb ik het met deze man ook heel gezellig gehad. Maar voor een toekomst samen zijn we te verschillend.'

Waren ze dat? Ze wist het eigenlijk niet. Ze wist alleen dat hij haar op haar zenuwen werkte met toekomstplannen waar zij nog lang niet klaar voor was.

'Oké, thanks', zei Mandy. 'Wij gaan nu de testimonials met de dates opnemen en dan kunnen we daarna verder met de exit, oké?'

Babette knikte, deed haar zender af en liep weg. Ze wilde naar de keuken lopen, maar daar waren Sam en Jeroen aan het koken. Zo kort voor het wegstemmen had ze moeite een alledaags gesprekje te voeren, bang dat ze aan haar gezicht konden aflezen wat ze straks zou zeggen. Daarom veranderde ze haar plan en ging op weg naar binnen om het appartement voor Bastiaan op orde te brengen, maar een vrouwenstem riep haar terug.

'Goedemorgen', zei ze toen ze tegenover rechercheur Valentina Mancini stond. De vrouw ging vandaag gekleed in een smetteloze lichtgroene broek en een crèmekleurige blouse. Aan haar broekband bungelde in een houder een pasje met haar naam en foto erop.

'Goedemorgen Babette', zei de vrouw met een glimlachje dat vooral professioneel genoemd kon worden. 'Heb je tijd voor een gesprek?'

'Ik eh...' Babette gebaarde naar buiten. 'Ik heb zo meteen een opname. Kan het daarna?'

'Natuurlijk.' De rechercheur knikte en glimlachte opnieuw. 'In de tussentijd wil ik je vragen of je wellicht foto's hebt uit de tijd van de verdwijning van Serena Giannuzzi.'

'Ja, ik heb ze gisteren al gezocht. Ik heb op mijn telefoon vele foto's van onze verbouwing, waar we in die maanden heel druk mee waren.'

'Perfect. Het zou heel erg helpen als je die kan delen met mijn collega's. Hier.' Ze gaf Babette een kaartje, een ander exemplaar dan gisteren. 'Dit is het e-mailadres waar je de beelden naartoe kan sturen. En misschien heb je fotoboeken uit die tijd?'

'O, ja.' Babette had daar nog niet aan gedacht. 'Ik heb die hier, op mijn kantoor.'

Ze ging de rechercheur voor, blij dat ze iets kon bijdragen. 'Dit is het fotoboek van het hele eerste jaar', zei ze toen ze het juiste exemplaar overhandigde.

Valentina Mancini knikte kort. Babette ging haar voor het kantoor uit. Ze wilde nog iets zeggen, maar de rechercheur kreeg een telefoontje. Babette liep naar buiten. Vanochtend had ze nog niet zoveel van de aanwezigheid van de recherche gemerkt, wat een verbetering was ten opzichte van gisteren. Op de ene annulering na waren alle reserveringen blijven staan en ook de gasten die er al meerdere dagen waren, waren gewoon gebleven. Ze knikte een ouder Brits echtpaar toe en vroeg of hun verblijf naar wens was. De man en vrouw knikten beiden, bleven even staan om een praatje te maken over wat er allemaal gebeurde en daarna liepen ze verder. Babette wilde dat ook doen, maar haar blik viel op de plek van de kruidentuin. Verwonderd liep ze ernaartoe. Waar na de brand modderige aarde en zwartgeblakerde muurtjes waren overgebleven, stonden nu kleine, frisgroene muntplantjes en een paar struikjes rozemarijn. Het lage muurtje rondom de tuin was voorzien van een verse laag witte verf.

'Gioia?' Babette liep naar de keuken, maar haar medewerkster was er niet. Ze ging de trap op, keek in de gastenkamers en vond Gioia uiteindelijk in het washok, waar het een graad of veertig moest zijn omdat de droger aanstond. 'Heb jij in de kruidentuin gewerkt?'

Gioia wiste een laagje zweet van haar voorhoofd en stapte de gang op. 'Nee, dat heeft Jeroen gedaan. Hij kwam gisteren ineens aan met plantjes en verf en is aan de slag gegaan.'

'Waarom?'

Gioia haalde haar schouders op. 'Geen idee, maar ik vind het er wel goed uitzien.' Ze keek Babette aan met haar hoofd schuin. 'Is het een probleem? Sorry, ik wist niet...'

'Nee, nee', wuifde Babette haar zorgen weg. 'Ik vroeg me gewoon af wie er zo lief is geweest.'

'Hij zei dat hij er vandaag mee verdergaat. Als je hem tenminste niet...' Ze maakte een gebaar met haar hand en keek Babette onderzoekend aan. Die glimlachte terug en zei: 'Ik ga het bed in kamer 2 opmaken voor onze speciale gast.'

Ze trok een gezicht en Gioia wist wat ze bedoelde. 'Wil je dat ik...'

'Nee hoor.' Babette pakte het beddengoed uit de kast, liep naar de kamer en deed haar oortjes in. Terwijl ze aan de slag ging, belde ze haar zus terug die sinds gisteren al drie keer had geprobeerd haar te bereiken.

'Hoe gaat het?' vroeg Lilian. 'Weet de politie al wat meer?'

Babette gaf haar een korte update. Daarna veranderde Lilian van onderwerp. 'Hoe is het met de opnames? Moet je niet weer eens iemand wegsturen?'

'Zo meteen', knikte Babette.

'Wie?'

'Eh...' Babette knipperde een paar keer, terwijl ze vakkundig de hoes om het dekbed deed. Ze wist het antwoord wel, maar ze had het nog niet echt hardop uitgesproken.

'Weet je het nog niet?'

'Jawel', zei Babette. Ze trok het dekbed strak over het

bed en drapeerde de kussens erop. 'Al heb ik ook het gevoel dat ik ze net zo goed allemaal naar huis kan sturen. De liefde zakt steeds verder weg op mijn prioriteitenlijst.'

Lilian maakte een meelevend geluid. 'Het komt wel goed', zei ze toen. 'Jij weet altijd wat je te doen staat en dat zal nu niet anders zijn.'

Ze namen afscheid en hingen op. Babette maakte de kamer af en liep daarna naar buiten. Er was nog wat tijd voor de opname van het wegsturen zou beginnen en haast automatisch liep ze naar de poort. Ze opende hem en stond voor het eerst sinds de vondst van het lichaam op de braakliggende grond. Ondanks de brandende zon rilde ze. Niet goed wetend wat te doen, zette ze een paar passen voor ze bleef staan. De vindplaats was afgezet met schermen en een witte tent. Eromheen waren voetstappen in de droge aarde te zien. Er waren ook bandensporen. Tussen twee schermen was een smalle doorgang gemaakt, maar Babette ging niet naar binnen. Ze wist niet of de politie het sporenonderzoek al had afgerond. Op één geüniformeerde agent na was er niemand te zien, ook al stonden langs de weg meerdere auto's geparkeerd. Twee ervan waren herkenbaar als politieauto, de andere twee waren, zo wist Babette inmiddels, van de rechercheurs.

Een beweging bij het scherm deed haar opschrikken. Vreemde, losse flodders van scenario's kwamen in haar hoofd op. Raar hoe de dood je hersenen op hol kon brengen. Ze knipperde en wilde dat de plaatjes die haar brein haar voorschotelde vanzelf verdwenen, maar toch zag ze beelden voor zich van hoe agenten in en uit zouden lopen met stukken bot in hun hand of zelfs een hele schedel met donkere gaten waar de ogen hoorden te zitten. Ze beet hard op haar lip en de beelden verdwenen weer. Ergens in haar buik ontstond een golf paniek en ze realiseerde zich dat ze wat haar hersenen haar voorschotelden niet voor het eerst zag. Het moest een stukje uit de nachtmerrie zijn waaruit ze vannacht met een schreeuw wakker was geworden. Ze had toen niet geweten wat de razende angst in haar lichaam veroorzaakte, maar nu kwam het terug. Daarna had ze nog lang wakker gelegen met een gloeiend heet hoofd, ondertussen rillend alsof ze koorts had.

'Hé', zei Frank. Hij was degene die achter het scherm vandaan was gekomen. Achter hem liep een jonge agente die haar chocoladebruine haar in een hoge paardenstaart had gebonden. Ze zei iets tegen Frank dat Babette niet kon verstaan en liep daarna weg in de richting van de geparkeerde auto's. Babette keek haar na terwijl ze probeerde haar bonkende hart wat tot bedaren te brengen. De schedel was gelukkig voor haar geestesoog verdwenen.

Frank keek haar onderzoekend aan. Hij droeg een donkerblauwe polo en een beige korte broek en leek zich comfortabel te voelen zo vlak naast de plek van een vreselijke misdaad. 'Gaat het?' vroeg hij aan haar.

Babette knikte, hoewel het antwoord niet per se ja was. 'Hoe is het hier?' vroeg ze.

Frank blikte naar achter, alsof het scherm hem een antwoord zou verschaffen. 'De recherche kan vandaag het onderzoek ter plaatse waarschijnlijk wel afronden', zei hij. 'Dat betekent dat de rust terugkeert.'

'O.' Babette knikte een paar keer. 'Gelukkig. En weten ze al wat meer?'

Frank haalde kort zijn schouders op. 'Niet dat ik weet, maar het forensisch onderzoek is in volle gang.' Hij kneep zijn ogen samen. 'Ik hoorde dat je een oude bekende had gezien.'

Babette trok met haar mond. Ze bukte zich om over de kop te aaien van Roxy, die net aan kwam lopen. 'Ja, die bleek nog even vakantie te zijn gaan vieren', zei ze toen. 'Ik schrok me een ongeluk toen ik hem op het journaal zag.'

'Kan ik me voorstellen', zei Frank. Voor het eerst was er iets van een lachje op zijn gezicht te zien. 'Je verwacht dat iemand meteen naar huis gaat.'

'Tja.' Babette kneep haar ogen samen. Ze had haar zonnebril op moeten zetten. 'Al zegt het waarschijnlijk meer over mij dat ik zo schrok. Want als ik er langer over nadenk, is het eigenlijk best logisch dat hij nog heel wat dagen vrij had en het ervan heeft genomen. In elk geval veel logischer dan dat hij iets te maken heeft met wat hier allemaal speelt.'

Frank keek haar fronsend aan. 'Denk je dat dan?'

'Dat was het eerste wat in me opkwam, maar het slaat nergens op. Die vrouw is al jaren geleden verdwenen, Harold is iets meer dan een week geleden aangekomen.'

'Het is wat vergezocht, ja.'

De opmerking van Sabine kwam terug in Babettes hoofd. 'Denk jij dat het lichaam hier al die tijd heeft gelegen?' vroeg ze aan Frank.

'Wat bedoel je met "al die tijd"?'

'Sinds haar verdwijning. Of is het er later neergelegd? De grond is misschien niet voor niets omgewoeld.'

'O, zo...' Frank fronste, al had Babette niet het idee dat de vraag echt nieuw voor hem was.

'Als het goed is, zal die kwestie op korte termijn worden opgehelderd', zei hij uiteindelijk, zonder haar vraag daadwerkelijk te beantwoorden. 'Dit is informatie die ze in het forensisch laboratorium kunnen achterhalen.'

'Hoelang duurt dat?'

'Bij een zaak die zo in het nieuws is, vast niet langer dan een paar dagen. Mogelijk wordt dan ook de doodsoorzaak achterhaald, al is dat bij stoffelijke overschotten die enige tijd onder de grond hebben gelegen soms moeilijk.'

Babette voelde een rilling over haar rug gaan. 'Ik vind het zo'n naar idee', zei ze eerlijk. 'Als ze hier inderdaad al die tijd heeft gelegen, en dat ik hier dan heb gewoond toen ze...' Ze slikte moeizaam. 'En dat ik plannen heb gemaakt voor deze grond. Haar graf, eigenlijk.'

Ze verwachtte half dat Frank zou zeggen dat ze dat

natuurlijk niet kon weten, maar hij deed er het zwijgen toe. In plaats daarvan legde hij even zijn hand op haar schouder. 'Ik moet door', zei hij toen. 'Mandy belde me al waar ik bleef. Blijkbaar moet er een testimonial worden opgenomen.'

'O. Ja.' Babette knikte. De hand voelde warm en ze wilde tegelijkertijd wel en niet dat hij hem weghaalde. 'Ze zijn in de tuin bezig.'

'Oké.' Hij haalde zijn hand weg. 'Doe voorzichtig, oké? Ik zie je straks.'

Daarna liep hij weg. Babette draaide zich om. 'Eh, Frank?'

'Ja?' Hij keek haar aan met een frons.

'Wat bedoel je met "voorzichtig"?'

'O, ik eh...' Frank schudde zijn hoofd. 'Sorry, beroepsdeformatie.'

Na die woorden verdween hij door de poortdeur. Babette bleef staan en staarde naar het zwarte scherm. De beelden uit haar droom waren verdwenen, de angst die zo nu en dan zonder enige reden de kop opstak, hield zich koest. In plaats daarvan gingen de twee woorden die Frank had gezegd door haar hoofd. Ze sloot even haar ogen en draaide haar gezicht naar de zon, maar hoe warm de stralen ook waren, ze konden haar vandaag niet rustig maken.

'Oké, mensen. Iedereen graag de plekken innemen en dan kunnen we zo van start.' Jack nam een paar grote slokken uit een flesje water. Zijn gezicht was rood en zijn lichtroze overhemd vertoonde natte plekken. Babette ging op een van de loungestoelen zitten, de drie mannen namen naast elkaar op de bank plaats. Ze voelde zich nerveus maar tegelijk op een vreemde manier kalm. Nu ze de keuze voor zichzelf had gemaakt, voelde ze dat ze al langer had geweten wat ze moest doen. De omstandigheden hadden daaraan niets veranderd. Een bruiloft onder de olijfbomen, een toekomst samen, ze voelde het gewoon niet.

Terwijl haar gedachten weggleden, zaten de mannen onderling te praten.

'Ben je al aangenomen?' Jeroens stem paste niet helemaal bij zijn gekscherende gezicht toen hij die vraag aan Frank stelde. 'Het lijkt wel alsof je inmiddels bij de Italiaanse politie werkt, joh.'

Frank glimlachte even. 'Gelukkig niet, ik ben blij met mijn huidige werk. Maar als ik iets kan toevoegen omdat ik een beetje ervaring heb in dit vakgebied, waarom dan niet?'

'En?' vroeg Jeroen.

'En wat?'

'Kun je iets toevoegen? Hoelang lag die vrouw er al niet? Twee jaar?'

'Zoiets', zei Frank. 'Twee jaar en een maand geleden is ze verdwenen.'

Jeroen rilde zichtbaar. 'Ik denk dan altijd: het zal je kind zijn. Voor haar ouders moet het een vreselijk idee zijn dat je kind zo lang ligt weg te...' Hij brak zijn eigen zin af. 'Dat je kind zo lang ergens onder de grond ligt. En dat je ook niet weet wat er is gebeurd.'

'Vreselijk', knikte Babette nu ook en Sam, die tot dan toe druk was geweest met iets op zijn telefoon, humde instemmend.

'Laten we beginnen', zei Jack. Hij nam de laatste slok uit zijn flesje en frommelde het plastic met een luid gekraak in elkaar. 'Babette, jij begint met praten en neemt ons mee in jouw overwegingen. Daarna maak je bekend wie je wegstuurt. Praat rustig en geef Thijs de kans om iedereen goed in beeld te brengen, oké?'

Babette knikte. Ze wachtte op het teken van Jack en nam toen het woord. Net als de vorige keer had ze niet letterlijk voorbereid wat ze zou zeggen, maar de woorden kwamen weer min of meer vanzelf. 'We zijn nu een paar dagen verder en ik merk dat ik jullie allemaal steeds beter leer kennen', begon ze. Rustig praten, zei een stem in haar hoofd. Iedereen aankijken. Ze liet een stilte van een paar seconden vallen en ontmoette de blik van Jeroen, die behoorlijk gespannen was.

'Dat is leuk, maar het maakt het ook moeilijker', ging ze door. 'Want ik mag jullie alle drie heel graag en ik merk dat jullie gezelschap me ook goeddoet, bij elk van jullie op een andere manier. Sam, wij hebben een leuke tijd gehad in Alberobello. Jeroen, jij begrijpt precies wat er in de B&B moet gebeuren en je doet dat nu al zonder dat ik erom vraag. En Frank, we hebben een aantal mooie gesprekken gevoerd.'

Alle drie de mannen knikten. Ze zag dat Sam wat naar voren was gaan leunen toen ze zijn naam noemde. Hij keek naar haar met een glimlach en iets dromerigs in zijn blik, dat maakte dat haar keuze nog meer als de juiste voelde.

'Maar het is helaas tijd om een van jullie naar huis te laten gaan, want uiteindelijk zoeken we hier niet naar vriendschap maar naar de grote, romantische liefde.' Ze maakte haar ogen groot terwijl ze haar lippen naar binnen zoog – een gek gezicht om de zwaarte van het moment wat te verlichten. 'En als ik eerlijk ben, voel ik niet met elk van jullie die...'

Niet zeggen, klonk een stemmetje in haar hoofd. Niet dat cliché. Zoek een ander woord.

'... potentie', maakte ze haar zin af. Ze wierp een vluchtige blik op Thijs toen hij zijn camera niet op haar, maar op elk van de drie mannen richtte. Jack stak zijn duim naar haar op.

'Laten we overgaan tot het moment waar het allemaal om gaat', zei Babette toen. 'Het moet toch een keer. Ik heb besloten degene naar huis te laten gaan met wie ik zeker een leuke tijd heb gehad, maar met wie ik het ook over de toekomst heb gehad en onze beelden blijken niet overeen te komen.' Voor de laatste keer liet ze haar blik dwalen, toen richtte ze haar ogen op Sam. 'Sam, ik vond het leuk je te leren kennen, maar ik zie ons niet oud worden samen. Het spijt me.'

Er viel een zware stilte. Waar Babette verwachtte dat

Sam die zou opvullen met een teleurgestelde maar ook begripvolle reactie, staarde hij haar alleen maar aan. 'Wat?' zei hij uiteindelijk. 'Ik?'

Babette beet op haar lip en knikte langzaam. 'Ja', zei ze langzaam. En toen voegde ze wat onhandig toe: 'Sorry.'

Sam staarde haar aan. 'Ik eh... Tja. Oké.'

'Gaat het?' vroeg ze. 'Wil je anders even...'

'Nee, nee.' Hij stak afwerend zijn hand op. De camera was nu recht op hem gericht. 'Het gaat wel. Het is alleen...' Hij haalde diep adem, rechtte zijn rug. 'Ik voelde juist een enorme chemie tussen ons, Babette, zeker door de date.'

Babette voelde tegelijk wel en niet de behoefte om antwoord te geven. Als ze met iets beters kon komen dan halfslachtige pogingen zichzelf nader te verklaren, zou ze het zeker doen. Maar de blik in Sams ogen was harder dan zijn woorden klonken.

Ze deed haar mond open en kwam niet verder dan een zacht: 'Tja, ik...'

Sam stond op. De hardheid verdween of misschien had ze zich die ook alleen maar verbeeld. Hij zag er nu juist wat meer ontredderd uit. 'Dank je wel, Babette', zei hij toen en hij kwam naar haar toe. 'Voor dit avontuur.'

De tegenstrijdigheid in zijn reactie bracht haar van haar stuk, maar Babette deed een stap naar voren en beantwoordde de omhelzing die hij voorstelde. 'Het was fijn je te leren kennen, Sam. Ik weet zeker dat je iemand vindt die jouw mooie toekomstdromen verdient.'

'Mooi, mooi.' Met tevredenheid in zijn stem maakte Jack een einde aan de scène. 'Sam, Thijs en Roy gaan met je mee naar je kamer om je spullen te pakken. Babette, zo meteen even quoten graag.'

Frank en Jeroen stonden op. Frank liep weg, Jeroen bleef even staan en grijnsde naar haar. Hij wilde iets zeggen, maar Mandy kwam ertussen. 'Ik wil zo meteen graag even met je reflecteren op het wegstuurmoment', zei ze terwijl ze ging zitten. Met haar opgerolde papier trommelde ze op haar hand. Jeroen aarzelde even, maar liep toen weg. Sam had zijn kamer al bereikt en ging naar binnen.

'Zullen we even checken of hij wel gewoon naar huis gaat?' vroeg Babette aan Mandy en het lachje dat ze liet zien was gekscherend bedoeld maar ze merkte zelf dat het meer triest overkwam. 'Of duikt hij binnenkort ook op in het nieuws?'

'Sophia brengt hem hoogstpersoonlijk naar het vliegveld.' Net als bij Babette was het ook bij Mandy niet duidelijk of het een grapje was. 'Dat doet me er trouwens aan denken dat de politie Harold heeft opgedragen naar het bureau te komen. Dat hoorde ik van Sophia.'

'O?' Babette trok haar wenkbrauwen op. Ze had de aanwezigheid van Harold niet met de politie gedeeld. 'Waarom?'

'Geen idee. Het lijkt mij geen misdrijf om je vlucht

niet te nemen, maar ze zullen hun redenen hebben. Sophia is ermee bezig.'

Babette wilde vragen waarmee Sophia dan precies bezig was, want een gesprek van Harold met de politie was niet per se een aangelegenheid van de producent, maar Mandy's telefoon ging en ze liep haastig weg. 'De hele zaak blijft buiten het programma', hoorde Babette haar zeggen. 'Dus dat hij bij de politie zit zou...'

Ze haalde diep adem. Imago, daar ging dit blijkbaar om. Voor ze daar langer over kon nadenken, kwam rechercheur Mancini naar haar toe. 'Ik heb het fotoboek teruggelegd.' Mancini knikte Babette kort toe. 'Het wordt tijd dat we dat gesprek gaan voeren. Over een uur op het bureau, oké?'

Hoofdstuk 13

ZE REDDE HET MAAR NET. OF EIGENLIJK NET NIET, want toen Babette de auto voor het politiebureau parkeerde was er iets meer dan een uur verstreken sinds ze de rechercheur bij haar thuis had gesproken. Ze stapte uit en verruilde daarmee de koelte van de airconditioning voor de deken van hitte die buiten over haar heen leek te vallen. Het was echt een uitzonderlijk warme dag.

Ze voelde zich nerveus en gehaast toen ze naar de ingang liep. Net, op de parkeerplaats van de B&B, had ze onder het oog van de draaiende camera afscheid genomen van Sam. Eerder, bij het quoten, had ze geprobeerd haar gedachten op een rijtje te zetten, maar dat was niet echt gelukt. Met Jeroen en Frank nog over had Mandy willen weten hoe ze tegen beide mannen aankeek. Op hetzelfde moment had ze Jeroen in de kruidentuin bezig gezien terwijl Frank op een voor hem uitzonderlijk uitgesproken manier een gesprek had gevoerd met rechercheur Mancini. Ze had het niet kunnen verstaan, maar zijn handgebaren hadden voor zich gesproken.

'Ah, mevrouw Van As.' Mancini kwam al naar haar toe. 'Loopt u mee?'

Het politiebureau was maar klein. Ze gingen een deur door die Mancini met een pasje opende en kwamen in een ruimte met een zestal bureaus, allemaal verlaten. De rechercheur ging haar voor naar een kleine spreekkamer. 'Water?' bood ze aan en Babette knikte.

Mancini schonk een glas vol vanuit een karaf en schoof dat naar Babette toe. Zelf nam ze niets. De deur ging open en de jongere rechercheur die Babette eerder al had gezien, kwam binnen en schoof aan. Ze knikte Babette toe en opende een laptop. Sienna, herinnerde Babette zich. Haar naam was Sienna de Luca.

'Ik wil benadrukken dat u hier vrijwillig bent en op elk moment vrij bent om te gaan', begon Mancini. 'U bent hier in de rol van bewoner van het aan de plaats delict grenzende pand, te weten...' Ze verschoof een blaadje op tafel en noemde naast het adres van de B&B ook een nummer dat Babette niet zoveel zei maar dat kennelijk het perceelnummer was. 'Klopt dat?' vroeg de rechercheur en Babette knikte.

'Bent u naar uw eigen mening de Italiaanse taal voldoende machtig om dit gesprek in het Italiaans te voeren of wilt u het gesprek in het Engels voeren dan wel gebruikmaken van een tolk?'

'Ik hoef geen tolk', zei Babette. 'En we kunnen Italiaans spreken.'

Mancini knikte. Haar collega tikte iets in op de laptop. Mancini wachtte even en zei toen: 'Rechercheur De Luca en ik zullen u vandaag een aantal vragen stellen waarop u niet verplicht bent te antwoorden. Doet u dat wel, dan worden de antwoorden opgenomen in het dossier en deze kunnen in het geval van een rechtszaak gebruikt worden, ook als de rechtszaak tegen u dient.'

Babette slikte. 'Ik begrijp het', zei ze toen.

'Goed.' Mancini liet een glimlachje zien. 'Laten we beginnen. U weet dat naast uw huis en bed and breakfast het stoffelijk overschot is gevonden van een vrouw genaamd Serena Giannuzzi.' Mancini knipperde haar van haar pony weg uit haar ogen. Nu pas viel het Babette op dat de rechercheur haar haar voor het eerst los droeg. 'Kende u deze persoon?'

Babette deed haar mond open om antwoord te geven. Daarna volgden er meer vragen, vooral feitelijkheden over de dagen rondom de verdwijning van Serena en de weken en maanden daarna. De meeste vragen kwamen neer op telkens dezelfde kwestie: had ze ooit iets gemerkt?

'Denkt u dat het lichaam er sinds de verdwijning heeft gelegen?' vroeg Babette op haar beurt.

Mancini fronste haar wenkbrauwen. De pony bewoog over haar voorhoofd. Na een korte aarzeling zei ze: 'Daar gaan we op dit moment wel van uit. Dat is ook de reden dat we uw ex-man hebben gevraagd naar het bureau te komen.'

Ex-vriend, wilde Babette verbeteren, maar het deed eigenlijk niet echt ter zake. 'Dat begreep ik', knikte ze.

'Hoe was jullie relatie?'

Babette ging verzitten. Ze draaide het waterglas rond voor ze antwoord gaf. 'We kwamen vol dromen naar Italië, maar het is natuurlijk niet voor niets dat ik de B&B nu zonder hem run', vatte ze het verhaal effectief samen, maar Mancini nam er geen genoegen mee.

'Waarom gingen jullie uit elkaar? Dat gebeurde eh...' Ze keek weer op haar blaadje. 'Dat gebeurde bijna zes maanden na de verdwijning van Serena Giannuzzi.'

Babette woog haar woorden. 'We gingen uit elkaar omdat een emigratie en het opbouwen van een bedrijf in het buitenland een enorme relatietest is en die hebben we niet overleefd. Problemen die we misschien altijd al hadden werden groter en uiteindelijk onoverkomelijk.' Ze glimlachte naar beide rechercheurs, maar kreeg alleen van de jongere vrouw een reactie.

'Wat betekent dat concreet?' vroeg Mancini.

'Dat we uit elkaar groeiden en uiteindelijk voornamelijk ruziemaakten.'

De rechercheurs wisselden een blik. Babette probeerde hun gedachten erin te lezen, maar het moment duurde te kort. 'Hoelang voor de scheiding zou u zeggen dat de problemen begonnen?' vroeg de andere rechercheur nu. 'Was dat weken? Maanden?'

Daar moest Babette over nadenken. 'Zoiets ontstaat niet van de ene op de andere dag', zei ze toen. 'En als je er middenin zit, kun je ook niet zeggen wanneer het is begonnen. Het gaat geleidelijk, er ontstaan discussies, ruzies, het gevoel wordt anders.' Ze keek van de een naar de ander. 'Achteraf weet ik niet eens of het wel goed zat tussen ons toen we nog in Nederland woonden.'

'Was er sprake van overspel?' vroeg Mancini. Haar toon was bijna luchtig, maar de vraag was dat niet. Babette schudde haar hoofd. 'Nee, dat was het probleem niet. Het was meer dat we uit elkaar groeiden en de problemen werden denk ik groter door zo'n ingrijpend project als de verbouwing. En ook voor het runnen van een bed and breakfast moet je op één lijn zitten.'

'En dat zaten jullie niet.'

Babette tuitte haar lippen. 'Nee, dat zaten we niet. En dat zouden we ook niet meer komen. Dan kan je beter uit elkaar gaan voor je elkaar alleen maar ongelukkig maakt.'

Ze stelde de zaken misschien iets rationeler, en harmonieuzer, voor dan ze waren, maar ze voelde er niet veel voor om de rechercheurs mee te nemen in Bastiaans alcoholgebruik en de vele ruzies die ze hadden uitgevochten.

Mancini was duidelijk nog niet klaar met het onderwerp. 'En dus ging hij terug naar Nederland en u bleef hier. Was dat een gezamenlijke beslissing?'

'Bastiaan had de B&B ook mogen hebben, maar hij kreeg de financiering niet rond. En eerlijk gezegd denk ik dat mijn hart er misschien meer lag dan dat van hem.' Babette haalde diep adem. 'Het proces was niet altijd eenvoudig, maar we zijn allebei oké met de uitkomst.'

'Oké.' Mancini knikte en liet weer zo'n lachje zien waarbij haar mond wel meedeed maar haar ogen niet echt. 'Dus u heeft nooit iets gemerkt van – ik noem maar wat – contact met andere vrouwen, berichtjes, bezoeken...'

Babette schudde haar hoofd. 'Nee. Waarom vraagt u dat?'

'Omdat mevrouw Giannuzzi vanaf enkele weken voor haar verdwijning een paar keer is gezien op bewakingscamera's van een huis niet ver bij het uwe vandaan.'

Babette staarde de rechercheur aan. 'Wat betekent dat?' vroeg ze.

'Dat proberen we uit te zoeken.' De rechercheur had haar benen de hele tijd over elkaar geslagen, maar zette nu haar voeten naast elkaar. Ze rangschikte haar papieren, pen en telefoon voor zich op tafel. 'Uit de beelden zou af te leiden kunnen zijn dat mevrouw Giannuzzi elke keer onderweg was naar uw B&B.'

Babette voelde iets prikken in haar nek. 'Ik heb haar nooit gezien en haar naam komt ook niet voor in onze administratie, dus ze was geen gast.' Ze wist eigenlijk niet waarom ze dat had nagekeken, maar het was gisteren ineens in haar opgekomen. 'Ten tijde van haar verdwijning was ze veel in het nieuws. Ik zou het hebben geweten als ik haar persoonlijk had gezien.'

'Uw ex-man woonde er toen nog.'

'Bastiaan? Nee, hij...' Babette schudde haar hoofd. 'Bastiaan is verre van perfect, maar ik geloof niet dat hij me bedroog. Dat zou bovendien praktisch gezien erg lastig zijn geweest, want we waren bijna altijd samen.'

'Behalve wanneer u in Nederland was.' Mancini trok een blaadje tevoorschijn. 'Drie keer in de maanden voorafgaand aan de verdwijning, plus het weekend na de donderdag dat mevrouw Giannuzzi voor het laatst is gezien.'

'Ja, maar... Nee.' Babette schudde haar hoofd. Ze deed haar mond open, maar sloot hem ook weer. Uiteindelijk zei ze: 'Ik zou dat toch wel hebben gemerkt, als Bastiaan bezig was met... met andere dingen.'

Mancini hield haar hoofd een beetje schuin en keek Babette aan met een blik waarin niets en tegelijkertijd heel veel te lezen was. *Hij zou de eerste niet zijn.*

'Ik geloof echt niet dat hij er iets mee te maken heeft', zei ze toen stellig. 'Hij kende bijna niemand hier, hij heeft niet eens goed Italiaans leren spreken.'

Het probleem was dat de tegenwerpingen automatisch in haar hoofd opkwamen. Alsof een taalbarrière mensen ervan weerhield elkaar iets aan te doen. Als dat echt zo was, zou recherchewerk er waarschijnlijk een stuk makkelijker op worden.

'Even naar het nu.' De stem van Sienna de Luca klonk licht door de ruimte die nu benauwd voelde. 'De naam Harold van Loon, die klinkt bekend, of niet?'

Door de Italiaanse tongval moest Babette heel even nadenken wie de rechercheur bedoelde, maar toen knikte ze. 'Ja, zeker. Hij is een van de mannen van het programma.'

'De man van wie u dacht dat hij naar huis was, maar die nog in de buurt bleek te zijn.' Rechercheur De Luca sprak de zin neutraal uit, maar aan haar blik was te zien dat ze Babettes reactie monsterde.

'Eh, ja', antwoordde Babette. 'Ik zag hem ineens op de achtergrond bij een nieuwsitem en schrok me kapot.'

'Waarom?' Mancini hield haar hoofd schuin. 'Bent u bang voor hem of...'

'Nee, nee.' Babette stak afwerend haar handen op. 'Zo bedoel ik het niet. Ik wist alleen niet beter dan dat hij alweer in Nederland was. Dan is het even schrikken om te zien dat iemand in Avetrana is.'

'Zeker als er eerst brand wordt gesticht en daarna een lichaam wordt gevonden', zei Mancini, maar Babette had grote moeite te geloven dat het begrip dat ze probeerde uit te stralen oprecht was. 'Dan ga je toch gekke dingen denken.'

'Voor zover ik weet was Harold er niet bij toen de vrouw verdween', zei ze. 'Al weet ik dat natuurlijk niet zeker. En wat betreft die brand...' Vluchtig liet ze het beeld van de aansteker door haar hoofd gaan, maar ze besloot er niet over te beginnen.

'Hij heeft inmiddels bekend', zei Mancini toen. 'Dus dat is opgehelderd.'

Een paar seconden lang ging de verwarrende gedachte door Babettes hoofd dat ze het over de moord had. 'Maar hij...'

'Hij was blijkbaar niet blij met het feit dat hij werd weggestuurd en dus is hij teruggekomen om een deel van uw tuin en uw schuurtje in brand te zetten. Hij is op vrije voeten, maar kan wel vervolging verwachten voor de brandstichting.'

'O, ik...' Babette knipperde een paar keer. 'Maar waarom? Ik bedoel: wat was zijn doel met die brand?'

'Tja.' Sienna de Luca stak haar kin in de lucht. Haar gezicht kreeg iets onverzettelijks. 'Als ze hun zin niet krijgen, kunnen volwassen mensen in kleine kinderen veranderen.'

'En brand stichten?' Babette kende geen kinderen die tot zulke drastische maatregelen overgingen omdat ze hun zin niet kregen.

'En extreem gedrag laten zien om hun frustratie of boosheid te uiten', verklaarde De Luca zich nader. 'Het is gebruikelijk dat de rechter bij de strafmaat ook een schadevergoeding toewijst, die dan uiteraard aan u toekomt. Het kan echter lang duren voor de zaak voor de rechter komt. Het rechtssysteem is wat overbelast.'

Mancini nam het woord weer en bracht de aandacht terug naar de zaak waar het eigenlijk om ging. 'Een van uw eh... Een van uw andere mannen viel het op dat de grond op wat nu de plaats delict is de afgelopen dagen of nachten was omgewoeld. Heeft u iets gezien of gemerkt daarvan?'

'Ik heb wel gezien dat de grond er anders uitzag, maar ik zag daar zelf eigenlijk niets vreemds in', zei Babette. 'Ik dacht dat het door een dier kwam.'

'Dus er is geen enkel moment geweest waarop u misschien een geluid heeft gehoord dat u met de kennis van nu toch vreemd vindt?' De wenkbrauwen van de jonge rechercheur gingen een klein stukje omhoog. Ze waren donkerbruin en perfect geëpileerd. Terwijl ze de boogjes volgde met haar blik, viel Babette iets in.

'Een paar nachten geleden ben ik wel wakker geworden', zei ze en ze schrok zelf van de herinnering. 'Ik dacht dat ik iets hoorde, ik ben zelfs nog naar buiten gegaan.'

Beide rechercheurs gingen wat meer rechtop zitten. 'Kunt u precies beschrijven wat u hoorde?' vroeg Mancini.

'Ik dacht dat het het geluid was van metaal tegen metaal, maar ik weet dat niet zeker', zei Babette. 'In elk geval hoorde het niet bij de normale geluiden die je in huis of buiten hoort, dus ging ik naar de tuin om te kijken of er iets aan de hand was. Het enige wat me opviel was dat de poort open was, maar ik weet niet meer of ik die eerder wel goed had afgesloten. Ik ben nog even naar de plek gelopen waar later...' Ze draaide haar glas rond. '... waar later het lichaam is gevonden', maakte ze haar zin toen af. 'Maar ook daar was niets vreemds te ontdekken.'

'Was de grond normaal? Of was die toen al omgespit?'

'Ik heb er niet specifiek op gelet', zei Babette eerlijk. 'Maar ik weet wel dat ik niemand heb gezien en daarna heb ik ook niets meer gehoord.'

'Welke nacht was dat precies?'

'De eerste nacht dat de mannen van het programma er waren', zei Babette, blij dat ze de datum precies kon terughalen. 'Daarna is me eigenlijk niets geks meer opgevallen, maar ik moet erbij zeggen dat ik behoorlijk door het programma in beslag werd genomen.'

Mancini verschoof op haar stoel en keek Babette aan met haar hoofd schuin en even dacht Babette dat ze iets over het programma of de deelnemende mannen zou vragen, maar ze begon over de camera's op de muren en poorten van de B&B. Babette had de recherche al toegang gegeven tot de beelden van de afgelopen twee weken, de periode dat die beelden werden bewaard.

'Is de camera bij de poort aan de zijkant al langer defect of uitgeschakeld?' vroeg Mancini. 'Er zijn geen opnames mee gemaakt.'

Babette fronste. 'Hoe bedoelt u?'

'Zoals ik het zeg: de camera doet het niet. Mijn collega's hebben er ter plekke al naar gekeken, maar aan de buitenkant lijkt er niets mee aan de hand te zijn. Hij is niet beschadigd of ontkoppeld.'

Het was gek, maar Babette vergat soms dat het camerasysteem er was. Het was altijd meer Bastiaans ding geweest om de B&B met camera's te beveiligen. Ze logde dan ook zelden in op de app waarmee ze de beelden live kon bekijken of kon terugspelen. Nu ze erover nadacht, was het logisch geweest die nacht te doen dat ze het geluid hoorde, maar ze had het niet gedaan.

'Ik weet het niet', antwoordde ze naar waarheid. 'Naar mijn beste weten doet hij het gewoon, maar ik heb het niet gecontroleerd.'

Mancini knikte, maar het duurde net iets te lang voor ze die beweging met haar hoofd maakte. De blik die de rechercheurs onderling uitwisselden, ontging Babette ook al niet. 'Ik kan het aan Bastiaan vragen', bood ze aan. 'Destijds heeft hij het systeem uitgezocht en geïnstalleerd, misschien is er wel een manier om de beelden van langer geleden terug te kijken.'

Valentina Mancini maakte een aantekening. 'We nemen het mee in ons gesprek', zei ze en daarmee was het onderwerp kennelijk afgedaan, maar Babette zat het niet lekker. Ze kreeg het gevoel dat de rechercheurs bij haar opzet vermoedden, ook al zeiden ze dat niet met zoveel woorden.

'Bedankt voor uw tijd, mevrouw Van As', zei Mancini nu en ze maakte een stapeltje van haar papieren. 'Als we nog meer vragen hebben, melden we ons wel weer.'

Babette stond op, gaf beide vrouwen een hand en liet zich toen door Sienna de Luca naar de uitgang brengen. 'Nogmaals bedankt.' De rechercheur glimlachte haar kaarsrechte tanden bloot. 'Tot ziens.'

Babette voelde de ogen van de jonge vrouw in haar rug prikken toen ze naar buiten liep. De warmte viel over haar heen als een wollen deken. Met haar rug recht liep ze naar haar auto. De airconditioning begon voorzichtig koele lucht te blazen toen ze snel het parkeerterrein af reed.

Hij was er al, stelde Babette vast toen ze thuiskwam en Bastiaans stem uit de keuken hoorde komen. Het effect op haar was wonderlijk. Ze onderdrukte de neiging om naar haar appartement te lopen, de deur op slot te doen en hem de komende uren gewoon nog even buiten te sluiten. Hoe je jarenlang je leven, je huis, je bed en je diepste gedachten kon delen met iemand van wie je na een breuk het liefst kilometers afstand hield, bleef iets vreemds.

Maar ze kon natuurlijk niet zomaar naar boven lopen zonder op z'n minst gedag te zeggen. Bastiaan zat met Jeroen aan tafel met allebei een wijnglas voor zich, de geopende fles stond tussen hen in. Babette had alle gevoel voor tijd vandaag verloren en ze had de klok nodig om vast te stellen dat het halfvijf was. Ze moest nog naar het dorp om inkopen te doen en dat voelde ineens als een welkom uitje.

'Hé Bastiaan', zei ze en ze liep op hem af. Hij kwam overeind. Even stonden ze tegenover elkaar, toen stapte ze naar voren om hem een omhelzing te geven. Hij was afgevallen, stelde ze vast. Hij voelde peziger. Zijn luchtje was onveranderd en bracht een golf van herinneringen teweeg. 'Goed om je te zien', zei ze.

'En jou.' Hij hield haar iets van zich af. 'Je ziet er goed uit.'

De stilte die viel had ongemakkelijk kunnen worden als Jeroen er niet tussen was gekomen. 'Wil je ook een glas wijn? Je ziet eruit alsof je dat wel kan gebruiken.'

Babette sloeg het aanbod af. 'Ik moet nog rijden', zei ze, ineens dankbaar voor de taken die nog op haar wachtten. 'Heb je je kamersleutel al gekregen?'

Dat laatste was voor Bastiaan bedoeld. Die knikte. 'Gioia heeft het allemaal al geregeld. Doe je echt niet even een glas mee?'

Babette schudde haar hoofd. 'Nee, die inkopen moeten echt gedaan worden. Moet jij trouwens niet naar de politie?'

'Ja, zo meteen', zei Bastiaan monter, maar hij leek dat niet te zien als een reden om de alcohol te laten staan. Er was, zo stelde Babette vast, op dat gebied nog niet zoveel veranderd. 'Die rechercheur die me de hele tijd belt, heeft gevraagd of ik om halfzes op het bureau kan zijn.'

Waar zijzelf nerveus was geworden van het gesprek met de politie, oogde Bastiaan volkomen ontspannen.

De ongemakkelijkheid van de situatie waarin Jeroen door middel van een tv-programma naar het hart van Babette kwam dingen terwijl Bastiaan daar nu bij was, leek hem ook al niet te raken. Hij nam een slok van zijn wijn en hief zijn glas naar haar op. 'Je weet niet wat je mist.'

Babette knikte maar wat. Ze wist het wel, want ze had de fles geïdentificeerd als een exemplaar uit haar eigen voorraad. 'Tot straks', zei ze en draaide zich om, rinkelde met de bos waaraan de autosleutel hing en liep naar buiten.

Het was druk in het dorp. Toeristen en locals liepen door elkaar, het gonsde intussen van verhalen en vragen over het nieuws van de dag. Toen Babette zich door de straatjes bewoog, voelde ze de blikken op zich gericht. Bij de bloemist werd ze aangesproken door het meisje dat er werkte, bij de kaaswinkel door andere klanten. Contact met de dorpelingen had ze altijd wel, maar nu was het anders, directer. 'De politie doet volop onderzoek', zei ze de hele tijd maar als antwoord. 'Verder weet ik niets.'

Waar een bezoekje aan het dorp haar normaal gesproken ontspanning en energie bracht, voelde ze zich nu plakkerig en uitgewrongen toen ze weer in de auto stapte. Ze startte de motor en reed het dorp uit, de grote weg op. In een opwelling nam ze een afslag en belandde op een kleiner weggetje en daarna nog eentje. Losliggende keien tikten tegen de bodemplaat en uiteindelijk kwam ze tot stilstand op een kleine parkeerplaats. Ze stapte uit en overbrugde de meters naar het uitzichtpunt van waaruit ze de B&B en de omgeving kon overzien. Eigenlijk wist ze niet wat ze hier deed, behalve dan dat ze behoefte had aan de rust, het alleen zijn, het zicht op de zon die goudgeel kleurde en begon te zakken. Ze haalde diep adem en rook dennen en bloemen. De beginnende avond bracht ook vocht en frisheid met zich mee. Er waaide een stevige bries.

Bastiaan moest nu bij de politie zitten. Zouden ze hem ook vragen naar de defecte camera? De vrouw die kennelijk al vaker in de buurt was geweest? Zou hij een antwoord hebben op die vragen? Ze streek met haar vinger over het hekje waarvan het hout begon te vermolmen. Nee, had ze vanmiddag gezegd, ze kon zich niet voorstellen dat Bastiaan iets in zijn schild had gevoerd toen ze nog samen waren. Maar de waarheid was dat de man die ze vandaag voor zich had gezien, net zo goed een vreemde had kunnen zijn. Hoewel het luchtje allang vervlogen was, verbeeldde ze zich dat ze het nog rook. Ze sloot haar ogen. Flarden van herinneringen gingen door haar hoofd, maar toen ze probeerde ze te grijpen, waren ze verdwenen.

Hoofdstuk 14

HET WAS HARDER GAAN WAAIEN. BABETTE HOORDE het toen ze tegen de ochtend wakker werd doordat de wind de openstaande luiken deed rammelen. Meteen was alle slaap verdwenen, ook al vertelde een blik op haar telefoon haar dat het pas kwart voor vijf was. Er was tegenwoordig maar weinig voor nodig om haar zenuwen, en haar gedachten, op hol te jagen. In dit geval moest de wind de boosdoener zijn geweest.

Ze stond op uit bed om de luiken te sluiten. De wind voelde lauw toen ze uit het raam leunde, het kostte moeite de houten luiken ertegenin te bewegen. Toen ze de grendels had gesloten, hoorde ze de wind langs de dikke buitenmuren fluiten. Ze ging terug naar bed, maar voelde zich te onrustig. Zodra ze haar ogen sloot, gingen ze als vanzelf weer open. Ze was niet alleen maar wakker geworden van de wind. Er was nog iets, iets dat in haar hoofd rondging maar dat zich niet liet grijpen. Hoe harder ze probeerde het terug te halen, hoe meer ze in het duister tastte.

Op blote voeten liep ze naar de badkamer. De regendouche stortte heet water over haar lichaam. Ze liet shampoo schuimen in haar haar en deed er daarna conditioner in, maar ze had geen geduld om te wachten tot die was ingetrokken. Halfslachtig spoelde ze haar haar uit en waste zich en toen zette ze de douche uit, sloeg een handdoek om zich heen en liep naar de beslagen spiegel. Met haar hand veegde ze wat condens weg. Haar eigen ogen staarden naar haar. Het blauw oogde flets en de donkere kringen verraadden dat ze weleens beter had geslapen. Onder de gebronsde laag was haar huid vaal. Vaag ging het besef door haar hoofd dat ze er op televisie straks verlept uit zou zien, maar de gedachte raakte haar niet.

Met grove bewegingen kamde ze haar haar. Daarna deed ze dagcrème en make-up op en trok de eerste kleren aan die ze in de kast tegenkwam, wat een ivoorkleurige rok en een mouwloze top in min of meer dezelfde tint opleverde. De rok zat minder strak dan voorheen, merkte ze. Ze keek opnieuw in de spiegel en er viel haar iets vreemds op aan haar gezicht: het oogde ingevallen.

Ze liep de trap af. In de keuken heerste een vreemde rust. Het was bijna kwart over vijf, Gioia zou er niet voor zes uur zijn. Ze zette de oven aan en begon aan de voorbereidingen van het ontbijt in de hoop dat de vertrouwde handelingen haar rustiger zouden maken. Ze stopte broodjes in de oven, schikte kaas en ham op schaaltjes, perste sinaasappels. Tegen de tijd dat Gioia er was, had ze twee cappuccino gedronken en neuriede ze een liedje dat in haar hoofd zat. '*Buongiorno*', zei haar medewerkster met een verwonderde blik op wat Babette allemaal al had klaargezet. 'Jij was er vroeg bij.'

'Koffie?' vroeg Babette en Gioia knikte. Ze wilde meteen aan de slag gaan, maar Babette maande haar om aan tafel te gaan zitten. 'Ik heb het meeste al gedaan, dus we hebben best even tijd voor koffie.'

Ze maakte twee cappuccino klaar en zette er eentje voor Gioia neer. Daarna ging ze tegenover haar aan tafel zitten. 'Kon je niet slapen?' vroeg Gioia. Soms, als Gioia zoals nu met een licht bezorgde blik in haar ogen naar Babette keek, deed ze Babette aan haar moeder denken. Ergens in haar achterhoofd zweefde de gedachte rond dat ze die moest bellen, maar ze stelde het telefoontje uit. Ze wist dat haar moeder inderdaad bezorgd was en Babette wilde haar geruststellen, zeggen dat ze zich geen zorgen hoefde te maken. Maar ze had op dit moment niet zoveel grond waarop ze die geruststelling kon baseren.

'Ik werd wakker van de wind', zei ze als antwoord op Gioia's vraag. 'Toen ben ik er maar uit gegaan.'

'Maak je je zorgen?' vroeg haar medewerkster. 'Over het politieonderzoek, bedoel ik?'

Babette haalde kort haar schouders op. 'Ik zou het fijn vinden als het onderzoek is afgerond, want het maakt me heel onrustig. En natuurlijk hoop ik dat ze de dader snel vinden, zeker voor Serena's familie. Maar zelf...' Ze schudde haar hoofd. 'Ik heb niets te verbergen, dus ik heb ook niets om me zorgen om te maken.'

'Nee.' Gioia glimlachte. 'Dat is waar. Ze hebben mij ook ondervraagd, wist je dat?'

Babette ging verzitten. 'Nee, dat wist ik niet. Wat wilden ze weten dan? Jij werkte hier destijds niet eens.'

'Dat heb ik ze ook gezegd, maar ze stelden vragen over jou en ook over onze gasten en of ik weleens iets vreemds heb gemerkt.' Ze haalde wat gelaten haar schouders op. 'Ik denk niet dat ze veel aan me hebben gehad.'

Babette dacht een tijdje na over die woorden. 'Soms denk ik dat de recherche heel gericht te werk gaat, maar dan lijkt het weer alsof ze geen idee hebben en maar zo breed mogelijk inzetten.' Ze draaide haar kopje rond aan het oor. 'Straks gaan ze die mensen van het tv-programma nog verdenken.'

Het lachje dat ze liet zien, werd niet door Gioia beantwoord. In plaats daarvan keek haar medewerkster haar onderzoekend aan. 'Ik heb daarover nagedacht', zei ze. 'Vind je het niet vreemd dat het allemaal begint te spelen net nu die mannen en de crew hier zijn?'

'Niet als je bedenkt dat een oud-rechercheur en zijn speurhond hier toevallig neerstrijken.'

'Toevallig', herhaalde Gioia.

'Denk jij van niet?' Het gesprek bezorgde Babette een onbestemd gevoel. Alsof er iets werd aangeraakt dat ze zelf juist ongemoeid probeerde te laten. 'Dat het toeval is, bedoel ik?'

Gioia sloeg haar blik op naar de hemel. 'Ik geloof niet in toeval.'

En ik niet in het lot, antwoordde Babette daarop zonder die woorden daadwerkelijk uit te spreken. Ze stond op om de broodjes uit de oven te halen. 'Maar hoe zou het geen toeval kunnen zijn?' vroeg ze en misschien stelde ze die vraag wel meer aan zichzelf dan aan Gioia. 'Het lichaam lag er al jaren, het kan niets met Frank te maken hebben.'

'Maar vind je het dan niet gek? Niemand heeft het ooit gevonden, ook niet de recherche die al sinds de verdwijning van Serena onderzoek doet. En dan komt hier een of andere man uit Nederland ingevlogen en hup, hij vindt het.'

Babette dacht na over die woorden terwijl ze de nog warme broodjes van de bakplaat naar het broodmandje verplaatste. Daarna draaide ze zich om en keek leunend tegen het aanrecht naar Gioia. 'Maar hoe kan hij op voorhand hebben geweten dat het hier lag?'

'Dat weet ik niet', zei Gioia. 'En misschien zie ik dingen die er niet zijn. Maar ik heb sterk het gevoel dat er iets niet klopt en je weet dat je intuïtie nooit moet negeren.'

Babette zette het broodmandje op tafel en knikte. 'Maar als je logisch nadenkt...'

'Als je logisch nadenkt, zijn er nog steeds bepaalde dingen vreemd', zei Gioia. 'Nooit gebeurt er iets met die grond en nu ineens begint er iemand te graven en te ploegen, dat is één.' Ze telde op haar vingers. 'En dan wordt het lichaam gevonden terwijl er én een oud-rechercheur én een vriend uit jouw verleden hier zijn. Dat is twee.' Ze keek nadenkend. 'Volgens mij is die Frank zijn eigen onderzoek begonnen. Ik zie hem de hele tijd bij die vindplaats staan of dan is hij weer in gesprek met de recherche, maar als je in de buurt van hem komt, valt zo'n gesprek stil. En ik weet ook niet wat hij gisteren op jouw kantoor deed.'

Babette staarde Gioia aan met een ongemakkelijk gevoel. 'Hoe bedoel je?'

Gioia nam een slokje van haar koffie en daarna keek ze Babette aan met haar hoofd schuin. 'Gisteren kwam ik hem tegen toen hij jouw kantoortje verliet. Eerst dacht ik dat jij er zelf ook was, maar daarna zag ik dat je buiten stond. Ik ging nog achter Frank aan om te vragen wat hij er deed, maar toen was hij al verdwenen.'

Babette had ineens een droge mond. Ze bracht haar kopje naar haar lippen, maar de koffie was op. 'Ik vond het echt vreemd', zei Gioia. 'Hij heeft daar toch niets te zoeken?'

'Nee, hij...' begon Babette, maar op dat moment kwam Frank binnen en abrupt hield ze op met praten, ook al sprak ze Italiaans. Dat leidde tot een stilte die zo gespannen en ongemakkelijk was dat Frank zijn wenkbrauwen optrok. 'Stoor ik?'

'Nee hoor, nee.' Gioia kwam overeind en begon te redderen met borden en bestek. 'Koffie? Sap?'

Frank knikte, al was het onduidelijk op welke van de twee. Babette ging bij het aanrecht staan en deed er langer dan nodig over om zoete broodjes en gebak op een bord te leggen. Onopvallend keek ze om naar Frank, die verdiept was in iets op zijn telefoon. Ze zette het bord op tafel en voelde een vreemde rilling toen ze met haar hand bijna die van hem raakte.

Wie was deze man? En waarom was hij hier?

Hij had niets in haar kantoor te zoeken. Het was zelfs ronduit onbeschoft om er zomaar naar binnen te lopen. Maar als ze verder dacht dan dat, was het ook zinloos. Er stonden wat mappen met oude administratie, maar sinds dit jaar was ze helemaal over op een elektronisch systeem, dus als hij daar al iets van zocht, zou hij het niet vinden. Alles stond op haar laptop en die was beveiligd met een wachtwoord. Op kantoor lagen verder folders van activiteiten en bezienswaardigheden, kaarten van de omgeving, reclame van auto- en Vespaverhuurbedrijven. Er was een boekenplank vol reisgidsen over de omgeving. Verder stond er een map met technische handleidingen van dingen als keukenapparatuur of de sprinklerinstallatie. Niet interessant, leek haar.

Waar was Frank naar op zoek geweest? Wás hij wel ergens naar op zoek geweest?

Ze moest het hem vragen, dat was waarschijnlijk het beste. En tegelijkertijd, bedacht ze toen ze naar hem keek terwijl hij Gioia bedankte voor de koffie, was het beter om niets te zeggen en te proberen uit te vinden wat hij van plan was.

'Goedemorgen.' De stem van Jeroen deed haar opschrikken uit haar gedachten. 'Wat een drukte al hier.'

Babette keek naar hem. Opgewekt staarde hij terug. 'Goed geslapen?'

'Ja, ja.' Ze knikte. 'Ik eh... moet even wat doen.'

Vlug verliet ze de keuken en liep naar boven. Op de bank van haar appartement opende ze haar laptop en zocht al het nieuws op dat ze over de zaak kon vinden, wat veel berichten met dezelfde strekking bleken te zijn. Daarna opende ze Google en zocht de naam van Frank op.

Er waren niet veel resultaten. Hij had geen LinkedIn, geen Facebook of Instagram. Ze vond hem bij de uitslag van een hardloopwedstrijd van drie jaar geleden en op de website van de organisatie waarvoor hij werkte, maar die gaf niet meer informatie dan dat hij na een carrière bij de politie nu werkte met jongeren met psychische problemen. Ze keek nog wat rond op de site, maar die was vrij summier. Uiteindelijk sloot ze de laptop en bleef voor zich uit kijken terwijl van beneden stemmen tot haar doordrongen.

Misschien had Gioia gelijk. Misschien was het allemaal wel iets te toevallig.

De dag sleepte zich voort. Babette probeerde Bastiaan te ontlopen, wat niet echt lukte tot hij door de recherche werd gevraagd opnieuw naar het bureau te komen. Het voelde lichter toen hij vertrokken was. Ze ging aan het werk in haar kantoor. Haar blik gleed even naar het slot van de deur, dat ze tot nu toe nog nooit had gebruikt. Misschien was ze daarin te laks geweest, misschien moest ze de deur maar gewoon op slot draaien als ze er niet was.

Ze werkte de administratie en de reserveringen bij en deed wat bestellingen – dagelijkse handelingen die nu veel meer moeite kostten omdat er een mist in haar hoofd leek te zitten. Er was een mail van een van de gemeenteambtenaren over de aankoop van de grond. Ze verwachtte half dat de mail over het politieonderzoek op die plek zou gaan, maar toen ze hem twee keer had gelezen, begreep ze dat er een procedure gestart zou worden die inzicht zou geven in de kwaliteit van de grond en die de gemeente zou vrijwaren van eventuele claims op het gebied van vervuiling. Babette wilde een antwoord sturen, maar haar vingers bleven zweven boven het toetsenbord en uiteindelijk maakte ze het mailtje ongelezen met de intentie het later te beantwoorden. De vondst van het lichaam veranderde niets aan haar toekomstplannen, maar toch voelde ze een huivering bij het idee dat ze de grond zou kopen waarin Serena Giannuzzi jarenlang dood had gelegen. Daar waar ze in gedachten het zwembad al voor zich zag, was het lichaam van Serena...

Stop, sprak ze zichzelf in gedachten streng toe. Deze gedachten brachten haar nergens.

Ze beantwoordde een berichtje van Sabine die vroeg hoe het ging. Het antwoord was zo ingewikkeld dat ze maar volstond met zeggen dat het oké ging, onder de omstandigheden. Er kwamen twee gasten binnen, een stel uit Noorwegen dat vroeg of een *piscina naturale* de moeite van het bezoeken waard was. Babette voelde hoofdpijn opkomen achter haar ogen toen ze zo enthousiast als ze kon vertelde over het natuurlijke zwembad tussen de rotsen. 'Echt prachtig', benadrukte ze en de twee mannen bedankten haar opgewekt.

'Dan weten we waar we vandaag naartoe gaan.'

'Veel plezier', wenste Babette hun toe. Ze wachtte tot de gasten het kantoortje hadden verlaten en sloot daarna haar laptop af. Ze liep naar buiten. De wind was wat in kracht afgenomen en vormde binnen de muren slechts een aangename bries. Vanuit haar zak klonk de ping die een nieuw berichtje aankondigde. Half verwachtend dat het van Sabine was, pakte ze haar telefoon.

Frank, zag ze. Het bericht deed haar adem in haar keel stokken.

Ik moet je iets laten zien. Kom vanavond naar mijn kamer.

Ze keek op toen ze een geluid hoorde en sloot snel haar telefoon af. Haar hart bonsde en ze wist zeker dat haar ogen groot waren.

'Hé', zei Bastiaan die naar buiten stapte. 'Ik zocht je al.' Hij wierp haar een onderzoekende blik toe. 'Is er iets?'

'Nee, nee hoor.' Babette schudde een paar keer snel haar hoofd en probeerde zo normaal te doen dat het opvallend was. Bastiaan trok zijn wenkbrauwen op en ze realiseerde zich dat hij haar beter kende dan wie dan ook hier. 'Zeker weten?' vroeg hij. 'Je kijkt geschrokken.' Hij knikte in de richting van de telefoon in haar hand. 'Slecht nieuws gehad?'

'Nee hoor.' Babette stopte haar telefoon in haar zak. 'Ik moet er gewoon aan wennen dat jij hier weer bent.'

Bastiaan maakte zich breder. Hij wilde iets zeggen, maar Mandy dook op. 'Stoor ik?' vroeg ze en ze keek van de een naar de ander.

Babette schudde haar hoofd. 'Heb je me nodig?'

'Ja, even quoten over hoe het gaat nu Sam weg is. En Jack wil graag het verdere verloop van het programma met je doornemen. Er komen nieuwe dates aan met de twee overgebleven mannen, waarover Jack met jou wil overleggen. Jij kent de omgeving beter en weet vast de mooie plekken.'

Babette knikte. 'Ja, natuurlijk. Geen probleem. Ik kom zo naar je toe.'

'Oké.' Mandy keek van Babette naar Bastiaan en weer terug. Ze leek iets te willen zeggen, maar uiteindelijk knikte ze en trok zich terug. Babette keek naar Bastiaan. 'Hoe was het bij de recherche?'

'Waarom wil je dat weten?' Zijn blik, die eerst waakzaam was geweest, kreeg iets vijandigs dat paste bij de toon van zijn stem.

'Omdat ik...' Babette haalde diep adem. Ze likte aan haar gortdroge lippen. 'Weet ik het. Gewoon.'

'Wat heb jij tegen ze gezegd?'

'Waarover?'

'Waarover denk je?' Er flikkerde iets in zijn blik dat Babette niet goed kon duiden. 'Over de periode dat dat meisje verdween, natuurlijk. We moeten wel hetzelfde verhaal vertellen.'

'Ik begrijp niet...' Babette kneep haar ogen samen. 'Er is maar één waarheid en zolang we die allebei vertellen...'

Bastiaan maakte een honend geluid. 'Elk verhaal heeft drie waarheden: jouw waarheid, mijn waarheid en wat er echt is gebeurd. Laten we in godsnaam allebei hetzelfde vertellen, zodat ze niet gaan denken dat wij er iets mee te maken hebben.'

Babette had de neiging een stap naar achter te doen, zo fel en hard kwamen de woorden zijn mond uit. Toch bleef ze staan en maakte zich groter. 'Ik weet niet waar je het over hebt. Ik heb niets te verbergen en vertel de rechercheurs dus gewoon wat ze willen weten. Ik neem aan dat dat voor jou niet anders is.'

'Niet naïef doen, Babs. Als ze je kunnen pakken, zullen ze het doen. Dan is het niet relevant of je ermee te maken hebt of niet.'

'Waar slaat dat nu weer op?' Het lukte Babette niet om het cynisme uit haar blik te weren. 'Zeg je echt dat de politie jou en mij gaat pakken voor een moord waar we niets mee te maken hebben?'

'Als ze geen alternatief hebben zullen ze dat zeker proberen.'

'Nou, dat zal ze dan niet lukken.' Babette vouwde haar armen over elkaar. 'Denk je niet dat de recherche praat met iedereen die destijds in de buurt was of geweest kan zijn, in de hoop informatie te verzamelen die naar de dader kan leiden?'

'Natuurlijk', zei Bastiaan, maar het was onduidelijk of hij het ook echt meende. 'En tegelijkertijd móéten ze met een dader op de proppen komen. Je hebt het nieuws toch gezien? De druk is hoog. De geloofwaardigheid van de politie hangt ervan af.'

Babette schudde haar hoofd. Ze wilde helemaal niet meegaan in dit gesprek, maar Bastiaan ging door. 'Als je ze ook maar iets geeft, gaan ze door. Dan keren ze je helemaal binnenstebuiten.'

'Ik weet niet waar je het over hebt.'

'Omdat je naïef bent. Heb je niet gemerkt dat die rechercheurs een spelletje spelen? Ze laten je iets zeggen en even later proberen ze het zo te draaien dat je iets anders zegt. En dan hebben ze je.'

'Ik zeg helemaal niet even later iets anders', zei Babette. 'Ik vertel ze wat ik weet en als ik het niet meer weet, zeg ik dat. Dat ging best goed, moet ik zeggen.'

'Wacht maar', zei Bastiaan. 'Straks pakken ze je erop. En mij.'

'Je bent bang', stelde Babette vast.

'Onzin.' Bastiaan plaatste zijn voeten wat uit elkaar. 'Ik probeer jou te behoeden voor fouten die ons allebei raken. Jij hebt ze verteld dat je het weekend nadat die vrouw net was verdwenen in Nederland was. Daarmee zet je mij in een lastige positie, want dan was ik hier dus alleen.'

'Maar zo was het ook.'

'Dat hoeft de politie niet te weten.'

Babette snoof. 'Ze zouden er toch wel achter komen.'

'Natuurlijk niet.' Bastiaan bewoog zijn hoofd naar achteren met een bruuske beweging, waardoor hij een moment lang op haar neerkeek alsof ze iets kleins en onbeduidends was. 'Alsof ze alle vluchtgegevens van toen gaan uitpluizen om te zien of jouw naam erbij staat.'

'Waarom niet?' zei Babette. 'En dan komen ze erachter dat ik heb gelogen.' Ze zette haar handen in haar zij en keek Bastiaan aan. 'En waarom zou ik ook moeten liegen?'

'Omdat...' Hij zuchtte wanhopig. 'Als die rechercheurs ook maar één strohalm hebben, klampen ze zich eraan vast omdat het onderzoek verder vastloopt. Jij had mij vrij kunnen pleiten. Niet dat ik dat nodig heb, maar je begrijpt wel wat ik bedoel.'

'Waarvan zou jij dan vrijgepleit moeten worden?' Babette keek hem uitdagend aan. De vraag rolde haar mond uit voor ze erover had nagedacht. 'Heb jij er soms mee te maken?'

'Doe niet zo debiel', zei hij en ze voelde haar lichaam verstrakken bij de nare woorden die op de zachte en tegelijkertijd bikkelharde toon werden uitgesproken waarin hij altijd al goed was geweest. Toen staarde hij haar aan en zonder die blik van haar los te maken zei hij: 'Ik kan aan jou hetzelfde vragen. Heb jíj er soms iets mee te maken?'

Babette wendde haar blik af. Vanuit haar ooghoek zag ze Frank zijn trullo uit komen. Hij droeg een lange broek en een jas en had een helm in zijn hand. Hij zag haar niet of deed alsof dat zo was toen hij naar de poort liep.

'Ik geloof dat we uitgepraat zijn', zei ze tegen Bastiaan en ze liep weg zonder hem nog een blik waardig te keuren. Het geluid van een startende motor vulde haar oren en toen ze een paar passen naar achteren deed om de oprit te overzien, ving ze nog net een blik op van de motor voor die de weg op draaide.

Het berichtje kwam terug in haar hoofd.

Ik moet je iets laten zien.

Hoofdstuk 15

'Dus we gaan het avontuur opnieuw aan, en nu met de twee overgebleven mannen.' Babette wierp een, naar ze hoopte, montere blik langs de camera naar Mandy, die echter op het callsheet stond te kijken en zo te zien niet echt luisterde naar het antwoord op haar vraag hoe Babette aankeek tegen de komende dagen.

'Oké, super', zei Mandy desondanks knikkend. 'Helemaal goed. De volgende date is morgen en dan ga je met Frank op pad. Heb je al een idee wat je wil gaan doen?'

Babette keek naar Bastiaan, die verderop voorbijliep. Ze deed alsof ze de blik die hij in haar richting wierp niet opmerkte, maar voelde tegelijkertijd iets zwaars in haar buik. Hij was achter haar aan gekomen toen ze net, na hun gesprek, naar binnen was gelopen. Gelukkig was Mandy opgedoken met de vraag om mee te lopen.

'Ik wil met Frank graag naar de piscina naturale gaan', zei Babette als antwoord op Mandy's vraag. 'Dat is een heel bijzondere plek bij Marina Serra, waar tussen de rotsen een soort natuurlijk zwembad is ontstaan. Heel bekend in Puglia en ik beveel het ook altijd aan aan gasten.'

En ruim een uur rijden vanaf de B&B, maar dat zei ze er niet bij. Het was wel een van de redenen dat ze die plek had uitgekozen. Zolang Bastiaan er was, zou het heerlijk zijn om zo ver mogelijk bij haar huis vandaan te zijn.

'Wat hoop je bij de date te bereiken?' vroeg Mandy werktuiglijk. 'Je kent Frank nu al een beetje, maar zijn er nog dingen die je graag wil vragen of weten?'

Babette moest daar even over nadenken. 'Ik hoop met Frank tot wat diepere gesprekken te komen dan we tot nu toe hebben gevoerd', zei ze toen. 'Op de eerste date hebben we het gehad over hoe onze levens eruitzien en wat voor werk hij doet en dat soort dingen. Maar ik hoop nu wat meer te weten te komen over hoe hij in het leven staat.'

Het klonk prima als antwoord, maar het volstond niet. Ze wilde vooral weten wat hij haar had willen laten zien, maar dat zei ze er natuurlijk niet bij. Bovendien zouden ze dat niet morgen tijdens hun date bespreken.

'Heb je daar al iets van meegekregen en denk je dat het zou kunnen aansluiten bij jouw leven?'

'Wacht even.' Roy stak zijn hand op. Vanuit de verte zwol het geluid van een sirene aan. 'Als deze gepasseerd is kan je antwoord geven.'

Het geluid maakte Babette onrustig, maar de politie-auto – als het dat was – passeerde natuurlijk gewoon. Als er al nieuwe ontwikkelingen zouden zijn in het onderzoek, zou er heus niemand met gillende sirenes bij de B&B aankomen. Ze knipperde een paar keer en speurde de tuin af, maar Bastiaan was nergens meer te bekennen. Roxy slenterde naar het terras en vlijde zich neer in de zon.

'Toe maar', zei Roy toen het geluid was weggestorven. Babette haalde diep adem. 'Het leven dat ik hier in Italië heb, is natuurlijk heel anders dan Franks leven in Nederland. Ik heb gemerkt dat hij veel van zijn werk houdt en ik weet niet of hij dat hier zou kunnen voortzetten.' Ze slikte. Alsof ze hier echt mee bezig was. 'Maar dat is allemaal van later zorg', voegde ze snel toe en forceerde een lachje.

'Eerst maar eens kijken hoe hij er in zijn zwembroek uitziet', zei Mandy met een grijns. 'Nietwaar?'

Babette liet zich niet verleiden. 'We zullen zien', zei ze, wat zo'n beetje alles kon betekenen en wat, aangezien ze Mandy's woorden niet herhaalde, op camera gelukkig onbruikbaar was.

'Oké.' Mandy rolde haar papier op. 'Dank je wel. Ik

heb aan Sophia doorgegeven waar je naartoe wil, zij gaat alles regelen voor morgen. Jeetje, wat is er allemaal aan de hand?' Ze keek om bij het horen van nog meer sirenes. 'Klinkt ernstig.'

Babette liep de oprit af, maar op de weg leek niets aan de hand te zijn. Er kwam weer een politieauto voorbij. Ze keek de wagen na tot die een heel eind verderop de bocht om ging. Boven haar hoofd klonk het geluid van een helikopter. Ondanks haar zonnebril knipperde ze tegen het zonlicht toen ze de heli met haar blik omhooggericht volgde. Niet eens zo heel veel verderop begon hij te dalen.

Ze liep terug naar binnen. 'Zo te zien is er iets ernstigs gebeurd', zei ze tegen Gioia.

Ze nam haar laptop mee naar buiten, stuurde een paar e-mails en schreef een berichtje aan Lilian. Daarna legde ze de computer op haar kantoor en pakte wat tuingereedschap uit het schuurtje. Met haar handen in de aarde probeerde ze haar gedachten te ordenen, maar alles liep door elkaar en uiteindelijk probeerde ze maar gewoon aan de aarde en het onkruid te denken.

Ze wist niet hoeveel tijd er verstreken was voor ze een gestalte waarnam niet ver bij haar vandaan. Ze kwam overeind en draaide zich om en toen zag ze dat het niet om één maar om twee personen ging. Geüniformeerde agenten die haar met een strak maar professioneel gelaat tegemoettraden. 'Bent u de eigenaresse?'

'Dat klopt', zei Babette in het Italiaans. 'Is er iets...'

Ze zette zich schrap voor nieuws over, misschien zelfs een doorbraak in het onderzoek, al was het opvallend dat zoiets gebracht werd door deze twee mannen die ze niet kende en niet door de inmiddels vertrouwde rechercheurs. 'Kent u de heer Frank Hoving?'

Door de Italiaanse tongval waarmee de naam werd uitgesproken had Babette een paar tellen nodig om te begrijpen wat de man bedoelde. 'O, ja', zei ze toen. 'Ja, dat is een van mijn eh... een van mijn gasten.'

'Ah, oké.' De man keek even naar zijn collega. 'Verblijft hij hier alleen? Of zijn er familieleden van hem aanwezig?'

'Nee, geen familie.' Bevreemd keek Babette het tweetal aan. 'Kan ik misschien helpen?'

De agent negeerde haar woorden. 'Heeft u de gegevens van zijn familie? Het is van belang dat wij met hen in contact treden.'

'Ja, ik...' Babette keek achter zich in de richting van het hoofdgebouw, alsof daar het antwoord te vinden was. Normaal vulden gasten inderdaad een 'in geval van nood'-telefoonnummer in, vaak van een familielid of goede vriend. Maar Frank was geen gewone gast.

'Meneer Hoving is hier in het kader van een tv-programma', zei ze. 'Ik heb geen gegevens van zijn familieleden, maar misschien de producent wel.' Ze keek van de een naar de ander en zag nu dat hun gezichten niet zozeer strak maar meer meelevend stonden. Ergens diep in haar begon zich een alarm te roeren. 'Maar kunt u vertellen wat er aan de hand is?'

'Meneer Hoving heeft een ongeluk gehad', zei de oudste van de twee mannen nu vrij plompverloren. 'We vonden een sleutel van uw hotel in zijn zak.'

Er gleed een ijskoude rilling over Babettes rug. In haar oren klonken weer de geluiden van de sirenes en de helikopter. 'Hoe is het met hem?' vroeg ze en ze hoorde zelf dat haar stem vreemd hoog klonk.

'Hij is overgebracht naar het ziekenhuis in Lecce', zei de jongste agent, waarbij hij zijn blik eerst op Babette en daarna op zijn schoenen richtte. 'Verdere informatie hebben we op dit moment niet.'

Babette beet op haar onderlip en knikte een paar keer. Dat Frank naar het ziekenhuis was gebracht betekende in elk geval dat hij nog leefde. Maar voor een schaafwond zou de politie niet naar Franks familie komen informeren, dat besefte ze ook wel.

'Wat is er gebeurd?'

'Onze collega's zijn ter plekke nog bezig met het onderzoek. We weten alleen dat meneer Hoving op een motor reed en door een auto is aangereden.'

'Niet zo ver hiervandaan', zei de oudste agent.

'Op de kruising met de provinciale weg?'

'Ja, daar.'

'En de automobilist?' Babette schraapte haar keel. 'Hoe is die eraan toe?'

'Die eh...' De jongste agent keek even naar zijn collega alsof hij niet zeker wist of hij mocht praten.

'De automobilist is doorgereden', vulde de andere

man aan. 'Getuigen hebben gezien om wat voor auto het gaat. Onze collega's zijn er op dit moment uiteraard naar op zoek.'

Het voelde alsof Babettes maag werd samengeknepen. 'Wat een schoft', zei ze. Daarna haalde ze diep adem. 'Ik ga naar hem toe', zei ze, meer tegen zichzelf dan tegen de agenten. 'Ik zal ook proberen de gegevens van familieleden te achterhalen en hen informeren.' Terwijl schrik en ongeloof in haar nog om voorrang streden, nam de regelmodus het over. Een modus waarin ze zich zekerder voelde en waarmee ze al het andere kon onderdrukken.

De agenten vertrokken en Babette ging op zoek naar Mandy en Jack. Ze vond het tweetal in de keuken, waar ze met Thijs bezig waren beelden te bekijken op een laptop. 'Frank heeft een ongeluk gehad', viel ze met de deur in huis en snel vertelde ze hun wat ze van de politie te horen had gekregen. 'Ik ga nu naar het ziekenhuis om te kijken hoe het met hem is.'

'Ik ga mee', zei Jack. Mandy volgde zijn voorbeeld. Binnen vijf minuten zaten ze in de auto. Onderweg zat Jack continu met zijn mobiel aan zijn oor, Mandy staarde juist zonder iets te zeggen naar het scherm van de hare.

'Kun je iets vinden?' vroeg Babette in de verwachting dat Mandy bezig was informatie over het ongeluk op te zoeken.

De jonge vrouw schudde haar hoofd. 'Ik weet ook niet

zo goed waar ik moet zoeken. Zo te zien is er niet echt een website voor 112-meldingen in Italië.'

Babette moest bekennen dat ze er nog nooit naar had gezocht. Maar zo'n melding zou ook geen informatie geven over wat er was gebeurd en hoe het met Frank ging. Ze trapte het gaspedaal wat verder in en overschreed de maximumsnelheid, terwijl het gevoel van ongerustheid zich vanuit haar buik door haar hele lichaam verspreidde.

De rit leek eindeloos te duren, maar uiteindelijk manoeuvreerde ze de auto in een smal parkeervak voor het ziekenhuis. Snel stapten ze uit en liepen naar binnen via de ingang van de spoedeisende hulp. De geur van ontsmettingsmiddel kwam haar tegemoet, vermengd met iets anders, iets elektronisch dat uit de airconditioning leek te komen. Geflankeerd door Jack en Mandy sloot Babette aan in de rij voor de balie. Ze wierp een blik op de volle wachtkamer. Nerveus zoog ze haar onderlip naar binnen. Ergens in haar hoofd kwam het zinnetje op dat zo'n beetje iedereen in haar omgeving had uitgesproken in de dagen voor het begin van de opnames. *Ben je er klaar voor?*

Ook al was er niets grappigs aan, toch voelde Babette hoe haar lippen zich plooiden in wat nog het meest op een cynisch lachje leek. Als ze dit allemaal had geweten, had ze volmondig kunnen zeggen dat ze er niet klaar voor was.

'Wij zijn op zoek naar Frank Hoving', zei ze toen ze

eindelijk aan de beurt waren. 'Hij is binnengebracht na een ongeluk nabij Avetrana.'

De jonge medewerkster keek haar met haar grote bruine ogen vragend aan. 'Wat was de naam, zei u?'

'Frank Hoving.' Babette spelde de naam. De medewerkster rammelde met haar lange nagels over het toetsenbord, waarbij de armbanden om haar rechterpols een klingelend geluid maakten. Er klonken luide stemmen toen een brancard in hoog tempo over de gang werd gereden, een ambulancemedewerker ratelde medische gegevens op. Babette draaide haar nek, maar ze kon de patiënt niet zien. Natuurlijk kon het Frank niet zijn, vertelde haar ratio haar. Hij moest al langer geleden zijn binnengebracht.

'Hoving...' herhaalde de medewerkster voor zichzelf terwijl haar ogen over het scherm gleden. 'Ah, ik zie...' Haar blik fixeerde zich op één punt. 'Ik zie dat de arts zo bij u komt', maakte ze toen haar zin wat gekunsteld af. 'U kunt plaatsnemen in wachtkamer 7.'

Babette keek achter zich, maar die wachtruimte had geen nummer. 'De gang in', wees de medewerkster. 'U vindt de ruimte aan uw linkerhand. Ik geef door dat u er bent.'

Het laatste wat je wilde, bedacht Babette toen ze met Jack en Mandy over de gang liep, was een speciale behandeling in een ziekenhuis. Ze had niet het gevoel dat de aparte wachtruimte die ze kregen toegewezen nu per se goed nieuws betekende.

'Misschien is hij wel meteen geopereerd', opperde Mandy. 'En wil de arts uitleggen wat er aan de hand is en wat ze gaan doen.'

'Misschien is hij dood', zei Jack plompverloren. 'Zoiets deel je ook niet even in een overvolle wachtruimte mee.'

Babette zei niets. De ongerustheid had plaatsgemaakt voor een pijnlijk gevoel ter hoogte van haar middenrif. Ademhalen ging houterig.

'Ze zeggen altijd dat die Italianen als gekken rijden en blijkbaar is dat niet zomaar een cliché.' Jack schudde zijn hoofd. 'Nog doorgereden ook, wat een imbeciel. Hopelijk krijgen ze die schoft snel te pakken.' Hij keek naar Babette. 'Zei je nu dat de politie weet wat voor auto het is?'

'Dat zeiden ze wel', knikte Babette. 'Dat er getuigen zijn.'

Het geluid van Jacks ringtone vulde de kamer. Hij keek op het scherm. 'Yo Patrick', zei hij toen. 'We zijn nu in het ziekenhuis, maar we weten nog niks.'

Patrick... Babette scande haar eigen gedachten en herinnerde zich toen weer dat dat de naam was die onder de quitclaim stond. Patrick Kleinstra, de producent en dus de baas van Jack.

Het was een kort gesprek. Toen Jack had opgehangen klakte hij met zijn tong en tikte met zijn voet tegen het linoleum. Babette sloot even haar ogen. Ze wilde vragen of hij niet gewoon géén geluid kon maken, maar ze wist zich in te houden.

'Ik heb het nummer van Franks zus', zei Mandy toen. 'Gekregen van Sophia.'

'Bellen', droeg Jack haar op. 'Of nee, wacht, laat Pat dat maar doen.'

Mandy mompelde dat ze het nummer zou doorsturen en pakte haar telefoon. Daarna legde ze hem weg en bleef voor zich uit staren.

Na wat uren leek te zijn werd de deurklink naar beneden geduwd. Alle drie keken ze met een ruk op naar de vrouwelijke arts die binnenkwam, op de voet gevolgd door een jongere, mannelijke arts aan wiens borstzak een pasje bungelde. 'Familie Hoving?' vroeg de vrouw.

Babette schraapte haar keel en antwoordde in het Italiaans. 'Geen familie, maar wij zijn hier wel voor meneer Hoving', legde ze uit. 'Zijn familie is in Nederland, wij zijn hier in Italië met hem.'

'U bent bevriend?'

Babette knikte maar gewoon. Het klopte niet helemaal, maar het volstond. De arts hield haar hoofd schuin en haalde diep adem. 'Laten we even gaan zitten.'

Babette liet zich op een stoeltje van hard plastic zakken en keek met een angstig gevoel de arts aan. De vrouw blikte heen en weer tussen haar, Jack en Mandy en deed haar mond open. 'In het Engels?' vroeg ze en Babette knikte. Jack en Mandy gingen ook zitten, het kostte Jack moeite zijn voet stil te houden.

'Uw vriend heeft, zoals u weet, een ernstig motorongeluk gehad', nam de arts het woord. 'Hierbij is hij met een hoge snelheid aangereden en dit heeft geleid tot ernstige inwendige bloedingen en botbreuken. Ter plekke is door de ambulancemedewerkers en de met de traumahelikopter ingevlogen arts geprobeerd hem te stabiliseren, wat gedeeltelijk is gelukt. Hij is bij aankomst in het ziekenhuis onmiddellijk naar de operatiekamer overgebracht om de interne bloedingen te stoppen en de botbreuken zo goed mogelijk te behandelen.' Ze pauzeerde even om adem te halen. 'De operatie is pas net afgerond en uw vriend is naar de intensive care gebracht.'

'Dus hij leeft nog?' vroeg Babette ademloos.

De arts knikte. 'Ik moet er wel bij zeggen dat...'

'O mijn god.' Babette sloeg haar handen voor haar gezicht. Toen de arts net de ruimte was binnengekomen en het woord had genomen, had Babette zich schrap gezet voor het allerslechtste nieuws.

Mandy sloeg een arm om haar schouders. Babette haalde haar handen weg voor haar gezicht en keek de arts weer aan. Die glimlachte vol begrip. 'Hij leeft, maar zijn situatie is zeer zorgelijk. Voorlopig houden we hem in een kunstmatige coma om zijn lichaam zoveel mogelijk rust te geven. Daardoor weten we op dit moment ook niet wat de gevolgen zijn van de bloeding in zijn hersenen.'

De woorden kwamen bijna niet binnen in Babettes hoofd. Alleen met uiterste krachtsinspanning lukte het haar om tot zich te laten doordringen wat de arts precies zei.

‘Zijn helm heeft zijn hersenen natuurlijk beschermd, maar door de impact van de klap is ook hier een bloeding ontstaan die mogelijk grote gevolgen kan hebben. Verder houden we hem natuurlijk nauwlettend in de gaten en als andere bloedingen niet binnen afzienbare tijd gestelpt zijn, is er een kans dat we hem met spoed opnieuw moeten opereren.’ Ze keek van de een naar de ander. Haar jongere collega deed exact hetzelfde. ‘Het levensgevaar is op dit moment nog niet geweken, maar dat uw vriend de eerste operatie relatief goed is doorgekomen, is al een grote stap. De komende vierentwintig uur zullen cruciaal zijn.’

‘Mogen we naar hem toe?’ vroeg Babette.

De arts knikte. ‘U kunt hem bezoeken, maar ik moet u waarschuwen. Hij heeft een zwaar ongeluk gehad, gevolgd door een zware operatie, en op de intensive care ligt elke patiënt aan een heleboel apparaten. Het is een heftige aanblik.’

Babette stond op. ‘Waar vinden we de intensive care?’

De arts legde hun uit waar ze moesten zijn en wenste ze sterkte. Zonder veel te zeggen liepen ze naar de lift. Bij de dubbele deuren die naar de intensive care leidden, werden ze staande gehouden door een verpleegkundige, die zuinig keek toen Babette zei dat ze Frank wilden bezoeken maar geen familie waren. Pas nadat ze had uitgelegd dat Franks familie in Nederland was, stond de verpleegkundige hun toe om vijf minuten naar hem toe te gaan.

Op de gang rook het weeïg. Babette voelde misselijkheid opkomen. De verpleegkundige wees hun de kamer en waarschuwde dat het geen fijn gezicht was, en met die woorden naklinkend in haar oren stapte Babette de kamer binnen. Achter zich hoorde ze Mandy scherp inademen, zelf knipperde ze een paar keer.

Frank was bijna niet te zien door alle apparatuur rond zijn bed. Overal waren monitors en slangen en om zijn hoofd zat ook nog een wit verband. Zijn huid had bijna dezelfde kleur. Aarzelend deed ze een stap naar voren. Het regelmatige piepje dat uit een van de monitors kwam, klonk onnatuurlijk hard. Ze schraapte haar keel, maar zei niets.

'Hij lijkt wel...' begon Mandy, maar ze sprak het woord niet uit.

Franks handen lagen boven de dekens. Aan beide zijden was een infuus aangebracht. Babette durfde hem niet aan te raken. Rond zijn borstkas bewoog de deken op het ritme van de beademingsapparatuur die afwisselend een blazend en zuigend geluid maakte. Ze voelde een brok in haar keel om de aanblik die Frank bood. 'Zullen we gaan?' vroeg ze al na een minuut aan Jack en Mandy. Die knikten allebei. Ze verlieten de kamer, liepen de gang af, kwamen terecht in een kamer voor familieleden van patiënten. Hier stond een raam open en Babette zoog buitenlucht op in haar longen alsof ze enige tijd onder de grond had geleefd. Mandy kwam naast haar staan. Jacks telefoon ging en hij liep naar de gang om te bellen.

Babette sloot haar ogen. Honderden gedachten schoten door haar hoofd terwijl ze probeerde het beeld van Frank in dat bed kwijt te raken, wat natuurlijk niet lukte.

De tijd in het ziekenhuis kroop voorbij alsof er stroop aan de wijzers van de klok zat. Babette nam wat regelwerk voor haar rekening om haar eigen gedachten af te leiden. Ze sprak Franks zus Imke, die natuurlijk in shock was en niet zoveel kon uitbrengen. Later liet Imke via WhatsApp weten dat ze de verdere familie zou inlichten, plus de werkgever van Frank. Babette had het idee dat ze in het ziekenhuis moesten blijven, maar daar viel niet veel te doen. En toen, net voor ze naar huis wilden gaan, doken de twee rechercheurs op die Babette eerder had gesproken. 'Heeft u even tijd?' vroeg Valentina Mancini en zonder het antwoord af te wachten nam ze Babette mee naar een vrij kamertje. Het was duidelijk dat de rechercheur haar weg kende in dit ziekenhuis.

'We zijn hier in verband met het ongeluk van de heer Hoving', kwam Mancini meteen ter zake. Sienna de Luca was niet mee naar binnen gegaan. 'Wegens het doorrijden van de bestuurder onderzoeken we deze zaak momenteel als een misdrijf.'

Babette knikte een paar keer. 'Hebben jullie die bestuurder al gevonden?'

'Nee, maar de auto is een paar kilometer verderop aangetroffen.'

‘O?’ Babette ging wat meer overeind zitten. ‘Maar dan moet het toch niet zo moeilijk zijn om...’

‘Het gaat om een voertuig met gestolen kentekenplaten. De herkomst van de auto weten we nog niet, maar we gaan ervan uit dat ook die gestolen kan zijn. De rechtmatige eigenaar van de kentekenplaten verblijft momenteel in het buitenland.’

Babette liet de informatie op zich inwerken. ‘Dat is dan een tegenvaller’, zei ze. ‘Dat het nu net om een auto gaat waarvan de kentekenplaten geen informatie geven. Hoe groot is die kans nou?’

Mancini knipperde een paar keer. ‘Dat is precies wat wij ons ook afvragen. In recherchewerk geldt de regel dat een kleine kans niet per se bestaat. Toeval trouwens ook niet.’

‘Bedoelt u...’ Babette kneep haar ogen samen. ‘Bedoelt u dat het geen toeval is? Geen ongeluk?’

‘Zegt u het maar.’ De rechercheur tikte met haar pen tegen haar notitieboekje, waarvan de opengeslagen pagina nog helemaal leeg was. ‘De aanwijzingen die we hebben dwingen ons de mogelijkheid van opzet onder ogen te zien.’ Ze ging verzitten. ‘En dat is waarom ik graag met u wil praten. Heeft u vandaag of in de afgelopen dagen iets aan hem gemerkt?’

‘Ik eh...’ Babette moest de informatie even op zich laten inwerken. Ze dacht aan het berichtje, dat ze aan de rechercheur liet lezen. Die maakte er met haar telefoon een foto van en tikte wat dingen in voor ze haar mobiel weer opborg. ‘Enig idee waar hij het over had in dit berichtje?’

Babette schudde haar hoofd. ‘Nee, dat is het vreemde. Hij stuurde dit ineens naar me, terwijl we elkaar de hele dag tegenkomen in de B&B. En we genoeg momenten hebben waarop hij zoiets ook gewoon tegen me zou kunnen zeggen.’

‘U heeft niet geantwoord?’ De rechercheur hield haar hoofd schuin bij de vraag die niet echt een vraag was.

‘Nog niet aan toegekomen’, zei Babette. ‘Ik was in gesprek en daarna had ik een opname voor het tv-programma. Ik wist ook niet zo goed wat ik moest antwoorden, eerlijk gezegd vond ik het nogal een vreemd bericht.’

‘Was u van plan om later naar zijn kamer te gaan?’

‘O ja, zeker. Ik was nieuwsgierig geworden naar wat hij me wilde laten zien.’

‘Heeft hij nog iets gezegd voor hij wegging?’

Babette knipperde een paar keer. Gek genoeg had ze zich ook nog helemaal niet afgevraagd wat het doel van Franks trip was. Na het uitstapje naar Lecce had hij de motor gehouden en automatisch was ze ervan uitgegaan dat hij had willen toeren in de omgeving. Maar nu ze erover nadacht, was dat eigenlijk vreemd. Als hij een paar mooie plekken wilde bezoeken, was het logisch geweest dat hij haar om tips had gevraagd of in elk geval had gezegd dat hij dit van plan was.

‘Ik was in gesprek en zag hem wel weglopen,’ zei ze toen, ‘maar hij heeft niet verteld waar hij naartoe ging.’

'Dat weet ik wel', zei Valentina Mancini en ze keek Babette fronsend aan. 'Hij heeft me eerder vandaag gebeld dat hij me iets wilde voorleggen. Hij was onderweg naar mij.'

Hoofdstuk 16

IN DE B&B HEERSTE EEN VREEMDE COMBINATIE VAN bedrijvigheid en daarnaast juist een stilte die als een zware deken over de tuin en de kamers hing. Gioia omhelsde Babette toen ze thuiskwam en vroeg naar Franks toestand. Daarna installeerde ze Babette op een van de terrassen met een schaal antipasti en een glas limoncello. 'Eten en drinken', droeg ze haar op, maar na een klein slokje zette Babette het drankje al weg. Ze had het gevoel dat de alcohol onmiddellijk naar haar hoofd schoot. Aan eten moest ze ook al niet denken.

'Ik kan het gewoon niet geloven', zei Jeroen, die zich bij hen voegde. Hij leunde voorover en steunde met zijn ellebogen op zijn knieën. Het was voor het eerst dat hij echt niet leek te weten wat hij moest zeggen.

Babette schudde haar hoofd, maar gaf geen antwoord. Pas nu ze weer thuis was, voelde ze hoe moe ze was. Uitgewrongen, bijna.

'Er hebben trouwens nieuwe gasten ingecheckt', zei Gioia. 'Een Italiaans stel. Ze blijven een week.'

De woorden drongen nauwelijks tot Babette door. Ze humde wat en knikte en was blij dat Gioia de boel draaiende had gehouden terwijl ze weg was, want ze had tijdens de uren in het ziekenhuis niet één keer aan de B&B gedacht.

'Klopt het dat de dader is doorgereden?' vroeg Jeroen. 'Ik las een nieuwsbericht waarin dat werd gesuggereerd.'

'Dat is zo', knikte Babette. Zelf had ze nog niet op internet gekeken maar het was logisch dat de nieuwssites erover berichtten. 'Ik begreep dat de politie de auto heeft gevonden, maar ze kunnen er niet zoveel mee omdat de kentekenplaten niet kloppen.'

'Hoezo?' vroeg Gioia. 'Je weet dan toch van wie de auto is?'

'Die platen blijken gestolen te zijn.' Babette keek haar medewerkster aan. 'Het verhaal is zo vreemd.'

Jeroen haalde zijn telefoon uit zijn zak, keek op het schermpje en liep toen weg. Babette zag Bastiaan lopen, maar hij kwam niet naar haar toe.

'De politie is al op zijn kamer geweest', zei Gioia. 'Volgens mij zijn ze nog steeds binnen bezig.'

Babette knikte wat. Mancini had gezegd dat ze in het ziekenhuis nog een gesprek met de ambulancemedewerkers wilde voeren en dat ze daarna naar de B&B zou komen. Het verbaasde Babette niet dat de politie wilde onderzoeken of er iets op Franks kamer te zien was dat zou kunnen verklaren wat hij met Mancini wilde bespreken. Ze vroeg zich af of dat hetzelfde was als wat hij haar had willen laten zien.

Gioia stond op en liep naar binnen in het hoofdgebouw. Babette sloot even haar ogen en voelde hoe het bonkte in haar hoofd. Toen ze haar ogen weer opende, kwam er een stel van haar eigen leeftijd aanlopen. De man was lang en slank en droeg een donkergroen overhemd en een zandkleurige broek. Hij had zijn arm losjes om de schouders van zijn vrouw geslagen. Bij de kruidentuin bleven ze staan en de vrouw wees ergens naar. Babette volgde de man met haar blik toen hij vooroverleunde, een plantje aanraakte en daarna aan zijn vingers rook. Hij knikte een paar keer, keek om en kreeg haar in het oog. Daarna kwam het tweetal haar kant op. 'Jij bent Babette, of niet? De eigenaresse?' vroeg de vrouw. Ze streek haar witte zomerjurkje glad en stak Babette haar hand toe. 'Ik ben Cecilia, en dit is mijn man Leo.'

'Welkom', zei Babette terwijl ze eerst de vrouw en toen de man de hand schudde. 'Leuk dat jullie er zijn.' Ze glimlachte professioneel en naar ze hoopte zonder al te veel vermoeidheid in haar blik. 'Ik hoop dat jullie kamer naar wens is?'

'Ja, ja.' De vrouw knikte enthousiast. 'Die is echt prachtig. De hele B&B trouwens. Wat een heerlijke plek.'

'Waar komen jullie vandaan?' vroeg Babette.

'Turijn', antwoordde de vrouw. 'Gek genoeg hebben we de halve wereld over gereisd, maar hebben we in ons eigen land niet veel gezien. Ik ben alleen als kind een keer in Puglia geweest en nu we een weekje vrij hadden, hebben we in een opwelling geboekt.'

'Jullie zullen er geen spijt van krijgen', zei Babette met een glimlach. 'Als jullie op zoek zijn naar leuke uitjes, laat het dan gerust weten.'

'We gaan eerst even wat eten', zei de man. 'We zijn een beetje laat, maar er stond een enorme file onderweg hiernaartoe.'

Zijn vrouw knikte. 'Anderhalf uur hebben we vast gestaan en dan ook nog op een binnenweg. Dat verwacht je bij ons in Turijn wel, maar hier op het platteland...'

'Er was een ongeluk gebeurd', zei haar man. 'Het zag er ernstig uit, ik hoop maar dat alles goed is met de slachtoffers.'

Babette haalde diep adem. Bij het onderwerp 'Frank' leek haar keel zichzelf dicht te schroeven. Gelukkig ging de man er niet over door en snel noemde ze een paar namen van restaurants in de buurt met een goede menukaart. 'Laten we gaan', antwoordde de man met een blik op zijn vrouw. 'Anders kunnen we nergens meer een tafeltje krijgen. We zien je vast nog wel, Babette.'

'Veel plezier', wenste Babette hun toe en ze keek de man en vrouw vluchtig na toen die wegliepen. Ze richtte haar blik weer op het eten en drinken op tafel, maar het stond haar zo tegen dat ze er misselijk van werd. Uit de trullo van Frank kwam een politieman naar buiten. Bastiaan stond op een afstandje te bellen, Jeroen was nu nergens meer te bekennen. De zon voelde als vuur op de blote huid van haar benen. Ze stond op en liep naar binnen. In haar appartement liet ze zich op de bank zakken en ineens, alsof de onderliggende aardbeving eindelijk tot een vloedgolf had geleid, begon ze met haar hoofd in haar handen te huilen.

Het duurde een tijd voor Mancini er was. Alleen, deze keer. Babette had zich in de tussentijd in haar kantoor geïnstalleerd. Er was niets uit haar handen gekomen, maar het gaf haar desondanks het gevoel dat ze iets nuttigs deed. Jack was langsgekomen om te zeggen dat ze het natuurlijk ook over de voortgang van het programma moesten hebben. Babette kon met de beste wil van de wereld niet bedenken hoe ze nu verder konden en het was ook een van de laatste dingen waar ze mee bezig was. 'Met alleen Jeroen nog hier en Frank in het ziekenhuis is het programma voor nu eigenlijk afgelopen', had Jack gezegd. 'Maar ik kan me voorstellen dat de beslissing of Jeroen wel of niet je droomman is, nu lastig te nemen is.'

Om het zacht uit te drukken, had Babette er in haar hoofd aan toegevoegd maar die woorden had ze voor zich gehouden. In plaats daarvan had ze haar slapen gemasseerd, gezegd dat nadenken haar moeite kostte en gevraagd of ze het gesprek inderdaad op een ander moment konden voeren, waarop Jack gelukkig had geknikt om daarna uit het kantoortje te verdwijnen. Nu zat Mancini tegenover haar en vertelde dat ze onderzoek hadden gedaan in de trullo van Frank, maar dat daar niets uit was gekomen. 'We zijn er niet achter gekomen wat hij te vertellen had', zei ze en van haar gezicht was de frustratie over dat feit af te lezen. 'En hij heeft jou ook niet meer informatie gegeven, of wel?'

Babette schudde haar hoofd. 'Alleen dat hij me iets wilde laten zien.' Ze veegde met haar vinger over haar gesloten laptop. 'Zou er in zijn telefoon iets te vinden zijn? Een foto die hij had gemaakt of een aantekening in de notities? Dat is wat ik zou doen als ik iets ontdekte, dan zou ik het op die manier vastleggen, denk ik.'

Mancini knikte en haar gezicht liet iets van ongeduld zien. 'Daar doen we onderzoek naar, maar de telefoon is door het ongeluk onbruikbaar geworden. We zijn bezig toegang te krijgen tot zijn cloudopslag.' Mancini haalde een dunne map uit haar tas. Ze legde een vel papier voor Babette neer. 'Ik wil je vragen of deze je bekend voorkomt.'

Babette boog zich over het blaadje. Ze zag een armband die misschien van oorsprong goudkleurig was, maar die groene en bruine aanslag vertoonde. Het was een stevig model met schakels. Ze kneep haar ogen samen en schudde haar hoofd. 'Die heb ik nooit eerder gezien, volgens mij.'

Mancini legde er een papiertje naast. Hierop was een foto van dezelfde armband te zien, maar deze keer werd die door een hand in de lucht gehouden. Daardoor was beter zichtbaar dat het een vrij groot en grof sieraad was, niet iets wat subtiel om een pols gleed.

Babette keek op naar de rechercheur en schudde haar hoofd. 'Hij komt me niet bekend voor. Is hij van Frank?'

Mancini maakte een beweging met haar hoofd die van alles kon betekenen. 'We proberen er juist achter te komen van wie deze armband is.'

'Maar is hij gevonden bij Frank na het ongeluk?'

De rechercheur leek even te aarzelen, maar schudde toen haar hoofd. 'Hij is gevonden op de plaats delict, bij het lichaam van Serena Giannuzzi.'

Babettes adem stokte en ze staarde nu met open mond naar de foto. 'O...'

'Gezien de grootte van het sieraad is het waarschijnlijk niet van het slachtoffer. Als ze dit had gedragen, zou het zo van haar pols zijn gegleden. We houden dus rekening met de mogelijkheid dat het van de dader is.'

Babette pakte het papier en hield het dichter bij haar gezicht. Daarna bewoog ze het juist bij haar ogen vandaan, alsof het bekijken van verschillende afstanden haar meer duidelijkheid over de herkomst van het sieraad zou verschaffen.

'Je zult begrijpen dat we graag willen weten van wie het sieraad afkomstig is', zei Mancini. 'Is er iemand in jouw omgeving die een dergelijke armband heeft gedragen?'

Babette tuitte haar lippen, maar moest opnieuw haar hoofd schudden. 'Nee, sorry. Ik ken niemand met een schakelarmband.'

'Denk goed na', zei Mancini, die duidelijk nog niet van plan was om op te geven. 'De eigenaar is het sieraad waarschijnlijk al meer dan twee jaar kwijt.'

'Maar ik ken...'

'Hoe zit het met jouw ex? Ook nooit zo'n armband gehad?'

'Bastiaan?' Babette keek de rechercheur verbaasd aan. 'Bastiaan is niet het type voor sieraden.'

De rechercheur humde wat, maar reageerde verder niet. Babette hield haar hoofd schuin. 'Waarom vraagt u dat? Is Bastiaan... Is er iets met hem?'

'Hij woonde hier destijds', zei de rechercheur. 'Hij zou de armband verloren kunnen zijn, dat moeten we uitsluiten.'

'O, zo.' Babette knikte wat, toch wel opgelucht. 'U kunt het met een gerust hart uitsluiten. Ik denk dat als wij ooit getrouwd waren, Bastiaan niet eens een ring was gaan dragen.'

Mancini reageerde niet. In plaats daarvan stopte ze

de papieren terug in het mapje en stond op. 'Dank je wel voor je medewerking.' Babette stond ook op en liet Mancini uit. Bij de deur schoot haar iets te binnen. 'Die armband... Heeft Frank die foto ook gezien?'

Mancini fronste en knipperde. En toen, terwijl ze naar buiten stapte en zich nog één keer omdraaide, zei ze: 'Hij had de foto niet nodig. Hij is degene die de armband heeft gevonden.'

Gioia had haar befaamde *pasta puttanesca* gemaakt, maar Babette kwam niet verder dan wat prikken met haar vork in de spaghetti. Ze zaten in de tuin te eten onder de pergola. De avond was warm en de lucht rook naar bloemen. De avondzon kleurde de hemel roze en er stond een klein briesje en in een andere situatie, in een ander léven, zou Babette dit een van de perfecte Italiaanse avonden hebben genoemd waarvoor ze was geëmigreerd. Maar nu dacht ze daar niet aan. Ze dacht aan het gesprek dat ze net had gevoerd met een verpleegkundige van de intensive care. Franks toestand was onveranderd.

Aan de andere kant van de tafel lieten Bastiaan en Jeroen zich het eten goed smaken. 'Ik heb de politie meegedeeld dat ik morgen naar huis ga', zei Bastiaan. Hij nam een slok wijn, liet de drank even in zijn mond rondgaan en slikte die daarna door. 'Ze laten me helemaal hiernaartoe komen,' zei hij vervolgens, 'stellen me voortdurend dezelfde vragen en als ik vraag waarom ik nog moet blijven, krijg ik daar geen antwoord op. Ik vind het wel genoeg geweest.'

Babette gaf geen antwoord. Jeroen knikte instemmend. 'Ik heb er niet zoveel zicht op, maar het lijkt niet alsof de politie echt vorderingen maakt met het onderzoek, wel?'

'Geen idee', zei Bastiaan schouderophalend. 'Ik weet alleen dat ze bij mij niet de antwoorden gaan vinden die ze zoeken. Maar de zaak is elke dag in het nieuws, dus ze willen vast niet toegeven dat ze eigenlijk geen idee hebben wat dat meisje is overkomen.'

Jeroen was het met hem eens. Babette gaf geen antwoord en Gioia volgde het gesprek niet omdat het in het Nederlands werd gevoerd. 'Het eten is heerlijk', zei Babette in het Italiaans om haar medewerkster niet het gevoel te geven dat ze werd buitengesloten.

'O ja?' antwoordde Gioia met een veelbetekenende blik op Babettes volle bord. Ze glimlachte. 'Gaat het wel?'

Babette haalde diep adem. Aan haar voeten bewoog Roxy in haar slaap. De hond was eindelijk gaan liggen nadat ze de hele middag onrustig door de tuin had gedraafd. Babette had haar tranen moeten terugdringen toen ze Roxy zag snuffelen bij de poort, zag opkijken bij elk voertuig dat voorbijkwam. In de keuken had ze de hond gekookte kip gevoerd, omdat ze zo met het beest te doen had. En nu had Roxy zich er blijkbaar mee verzoend dat Frank er niet was.

Babette wierp een snelle blik op Bastiaan en Jeroen, die met elkaar in gesprek waren over het politieonderzoek. 'Ik weet het niet zo goed', antwoordde ze toen eerlijk op Gioia's vraag. 'Het is een bizarre dag geweest.'

'Weet de politie al iets?' vroeg Gioia. 'Hebben ze degene al die het ongeluk heeft veroorzaakt?'

'Voor zover ik weet niet.'

Het viel stil. Babette stopte toch maar een hap in haar mond, waarbij Gioia's goedkeurende blik haar niet ontging. Terwijl ze kauwde gleden haar gedachten naar rechercheur Mancini en de foto's die de politievrouw had laten zien. De beelden van de armband leken zich wel aan Babettes netvlies te hebben vastgeklonken. Onbewust keek ze naar Bastiaans armen. Hij droeg een linnen overhemd met lange mouwen, maar ze wist heel zeker dat daaronder geen armbanden verborgen zaten.

Gioia raakte nu in gesprek met de mannen. Babette probeerde te volgen wat er werd gezegd, maar haar gedachten gleden steeds weg. Ze moest Lilian bellen, en Sabine. Haar zus en haar vriendin wisten nog niet eens wat er vandaag was gebeurd. Het zou ook goed zijn om de zus van Frank nog even te spreken. Ze herinnerde zich het gesprek waarin Frank haar had verteld dat het zijn zus was die had aangedrongen op zijn deelname aan het programma. De vraag ging door Babettes hoofd of ze daar nu spijt van had, gevolgd door een schuldgevoel dat misschien niet terecht was maar wel heel logisch voelde. Als Frank niet voor haar naar Italië was gekomen...

Ze probeerde de gedachten weg te duwen die haar hersenen haar automatisch voorschotelden. Als Frank niet naar Italië was gekomen, als het lichaam niet net nu was gevonden... als, als, als. Maar het was allemaal wel gebeurd. Frank was hier gekomen. Frank was rechercheur geweest. Frank had iets vreemds aan dat stukje land opgemerkt. Frank was gaan graven en Frank had het lichaam gevonden. En nu lag Frank te vechten voor zijn leven.

Ze had eens een podcast geluisterd waarin een hoogleraar in de wiskunde werd gevraagd naar de waarschijnlijkheid dat een aantal op zichzelf al zeldzame gebeurtenissen één persoon zouden overkomen. Kon het dan nog toeval zijn?

De hoogleraar was duidelijk geweest. Alles kon toeval zijn. En toch bleven Babettes gedachten alles aan elkaar rijgen als aan een lange ketting vol kralen, die in haar hoofd uiteindelijk in de knoop raakte. Wat was toeval eigenlijk? Rechercheur Mancini was er duidelijk over geweest: de recherche deed er in elk geval niet aan.

De mannen verdwenen en ook Gioia nam afscheid. 'Als je me voor nu niet meer nodig hebt, ga ik naar huis.'

Babette bedankte haar voor alles en wenste haar alvast een goede nacht. Het duurde niet lang voor ze de Vespa van Gioia de oprit af hoorde rijden. Gioia had de borden al opgeruimd en Babette bracht nu ook de glazen naar de keuken. Ze zette thee en ging met de dampende beker in haar hand buiten op de loungebank zitten. Roxy volgde haar als een schaduw en vlijde zich opnieuw neer aan Babettes voeten. Ze legde haar kop op haar poten, maar ging niet slapen.

Het was nu bijna donker. Babette blies in haar thee. Toen ze een geluid achter zich hoorde, schrok ze alsof iemand een stuk vuurwerk naast haar hoofd had afgestoken.

'Sorry,' zei een mannenstem, 'ik wilde je niet besluipen.'

'Nee, nee.' Babette zette met moeite een glimlach op. Het was Leo, deze keer zonder zijn vrouw. 'Het geeft niet. Ik zat gewoon een beetje te eh...' Ze stokte en mompelde vaag iets, maar ze betwijfelde of de man überhaupt wel luisterde, want zijn blik gleed over de donkere tuin. 'Wat is het hier mooi 's avonds', zei hij. 'Je kan wel zien dat er veel werk in deze tuin zit.'

Hij liep om en bleef bij een van de stoelen staan. Roxy hief haar kop. 'Ik hoop dat jullie een leuke dag hebben gehad', zei Babette. Ze hoopte dat de man niet lang zou blijven.

'Ja, zeker.' De man keek haar wat onderzoekend aan. 'Nog bedankt voor je restauranttips. We hebben heerlijk gegeten in Avetrana. Ik eh...' Hij keek verontschuldigend. 'Ik ben niet goed in namen onthouden, maar het restaurant zit in een bocht en dan heb je zo'n bruggetje en...'

'Ah, ja', zei Babette. Ze dacht dat ze wist wat hij bedoelde. 'Dat is inderdaad een leuke plek.'

'Ja.' De man knikte wat, maar zei niets meer. De stilte was ongemakkelijk, maar Babette deed niet haar best om die op te vullen. Uiteindelijk hield de man zijn hoofd schuin en zei: 'Hé, ik ving op dat je hier met een televisieprogramma bezig bent?' Er speelde een lachje om zijn lippen. 'Wat grappig.'

'Grappig' was momenteel het laatste woord dat Babette zou gebruiken, maar toch knikte ze. 'Ja, dat is een heel avontuur.'

'Wat is het voor programma? Iets over jouw emigratie hiernaartoe en dat je een B&B bent begonnen?'

Babette schudde haar hoofd. 'Iets anders', zei ze. 'Maar de opnames zijn afgelopen.'

Dat was niet helemaal waar, maar ze deed geen moeite het verder uit te leggen. 'Hebben jullie voor morgen al plannen?' veranderde ze van onderwerp.

'Nee, niet echt.' De man stond nog steeds achter een van de stoelen, zijn armen ontspannen op de leuning. 'Misschien een beetje door de omgeving toeren. Het leek me wel leuk om een Vespa te huren, maar mijn vrouw ziet dat niet zitten na dat vreselijke ongeluk van vandaag.' Hij knipperde even. 'Al was daar volgens mij geen Vespa bij betrokken.'

'Nee, een motor', zei Babette.

'Ja, ik las het. En ook dat het slachtoffer in levensgevaar verkeert. Echt vreselijk.'

Opnieuw viel er een stilte. Babette voelde zich onrustig, alsof er iets van haar werd verwacht, ook al was dat natuurlijk niet zo. 'Ja, hij eh…' Ze verschoof op haar stoel. 'Hij was een gast van de B&B.'

'O…' De man zette grote ogen op. 'Jeetje, wat erg. Ook voor jou, bedoel ik. Ik eh…' Hij wreef met zijn hand over zijn baardje. 'Kende je hem goed? Nee, natuurlijk niet – alsof je al je gasten heel goed kent, maar…' Zijn gestamel klonk nerveus. Babette sloeg haar blik neer. 'Ik kende hem niet zo goed, maar hij deed ook mee aan dat programma', zei ze toen maar, omdat het vertellen van een halve waarheid het alleen maar ingewikkeld maakte. 'En het is een datingprogramma.'

'Ah.' De man knikte een paar keer. 'Oké, dus hij…'

'Ja, hij kwam hier met een aantal mannen en dan zou ik kijken of ik de liefde van mijn leven zou vinden.' Hoewel het eigenlijk niet grappig was, voelde Babette ineens dat ze lachte. Het was meer een lach van verdriet of misschien sarcasme. 'Laat ik zeggen dat ik inmiddels de dag vervloek dat ik besloot mee te doen aan dat programma.'

'Dat kan ik me voorstellen.' Opnieuw wreef de man over zijn baard, wat blijkbaar een tic van hem was. 'Jeetje, wat een verhaal, zeg. Ik weet niet wat ik moet zeggen.'

'Tja.' Babette haalde diep adem. Ze wist eigenlijk niet waarom ze het vertelde. In een poging het gesprek wat luchtiger te maken begon ze over een dorpje in de buurt dat misschien het bezoeken waard was voor Leo en zijn vrouw. Hij antwoordde knikkend en zei dat het leuk klonk, maar met zijn gedachten was hij er duidelijk niet helemaal bij. Uiteindelijk wenste hij Babette sterkte en een goede nacht en liep weg.

Ze keek hem na en voelde zich ineens helemaal leeggezogen door het gesprek. De thee was nu lauw en ze goot het bij de planten. Toen ze naar binnen liep, volgde Roxy haar op de voet.

Hoofdstuk 17

VAN SLAPEN WAS NIET VEEL GEKOMEN. AAN DE VERmoeidheid lag het niet, Babette had het gevoel dat ze inmiddels al een week haar ogen niet meer had gesloten. Vannacht had ze voornamelijk van haar ene zij op haar andere gedraaid, terwijl ze probeerde stukjes van een puzzel in elkaar te passen zonder te weten welke puzzel ze aan het leggen was.

Tegen vijven was ze uit bed gegaan en had ze met Roxy over het landje naast de B&B gelopen. De hond toonde geen interesse meer in de inmiddels verlaten plaats delict, maar wel in de struiken en stenen waaraan ze naar hartenlust snuffelde. De kuil waarin het lichaam had gelegen was door de politie provisorisch dichtgegooid met aarde. De tent was verwijderd en niets herinnerde meer aan de gruwelijkheden die hier hadden plaatsgehad, maar Babette kon niet naar de omgewoelde aarde kijken zonder dat haar netvlies haar beelden voorschotelde die ze niet eens ooit zelf had gezien. Zeker in de verlatenheid van de vroege ochtend had een onheilspellend gevoel haar bekropen en ze was snel teruggekeerd naar de tuin.

Nu zat ze in de zachtfrisse ochtendlucht met een kop koffie in haar ene hand en haar telefoon in de andere onder de pergola. Zojuist had ze naar het ziekenhuis gebeld. Frank was de nacht goed doorgekomen, had een verpleegkundige haar verteld. De arts zou straks beslissen over de verdere behandeling, maar daarop kon de verpleegkundige niet vooruitlopen. Babette stuurde een bericht naar Imke, waarop meteen een antwoord kwam. Kennelijk had ook Franks zus een korte nacht gehad.

Ze bracht haar kopje naar haar lippen, maar haar hand schoot uit van pure schrik toen ze een stem achter zich hoorde. Met een ruk draaide ze zich om. 'Sorry', zei Leo met een scheve grijns. 'Het lijkt wel alsof ik je met mijn aanwezigheid elke keer laat schrikken.'

Babette moest haar best doen om er een glimlach uit te persen. De gasten betekenden alles voor de B&B, maar moest die man echt bij het ochtendgloren door de tuin scharrelen? Sinds zijn aankomst leek hij voortdurend overal op te duiken.

‘Vroeg op?’ vroeg ze met een stem die hopelijk haar gevoel verborg.

‘Altijd.’ Hij richtte zijn blik naar de lucht. ‘De ochtend heeft zoveel moois, het is zonde om lang te slapen. Of misschien ben ik mezelf dat maar gaan wijsmaken om mijn biologische klok, die me elke dag om halfzes doet ontwaken, te omarmen.’

‘Ah’, knikte Babette. ‘Dan heb je wel wat aan je dag.’

‘Dat is zeker zo.’ Hij kneep zijn ogen samen. ‘Zo te zien ben je ervaringsdeskundige.’

Het ontbrak Babette aan de wil om haar eigen situatie uit te leggen en dus knikte ze maar gewoon. ‘De dag in een bed and breakfast begint sowieso vroeg’, zei ze. ‘Avondmensen kunnen beter een restaurant beginnen.’

Ze probeerde een lachje, dat niet helemaal uit de verf kwam. Leo beantwoordde het niet, maar leek met zijn gedachten ergens anders te zijn. ‘Trouwens, dat wilde ik je nog vragen’, zei hij nu. ‘Mijn oog viel op een nieuwsbericht dat er hier in de buurt een lichaam was gevonden?’

Hij slaagde erin, moest Babette hem nageven, om elke vorm van sensatiezucht uit zijn blik te weren. In plaats daarvan leek hij oprecht geïnteresseerd. ‘En op één foto leek het wel alsof dat precies naast jouw bed and breakfast was, of heb ik dat niet goed gezien? Ik herkende dat torentje op het dak.’

‘Dat klopt’, zei Babette. Ze keek naar Roxy, die haar kop op haar poten had gelegd maar Leo desondanks scherp in de gaten hield. 'Het is echt een verschrikkelijke vondst.'

'Dat kan ik me voorstellen, ja.' Leo floot zacht tussen zijn tanden. 'Zo'n jonge vrouw, en dan zo'n gruwelijke dood.'

Babette realiseerde zich dat ze de precieze doodsoorzaak nog steeds niet kende. Misschien was die nog niet bekendgemaakt of misschien was ze te veel door de gebeurtenissen rondom Frank in beslag genomen.

'Voor jou ook erg', zei Leo toen ze niet op zijn woorden reageerde. 'Het moet een naar idee zijn dat je er al die tijd naast hebt gewoond.'

Babette knikte, maar ging er verder niet op in. Ze vond het niet fijn om over de zaak te praten met vreemden en ze wist ook niet helemaal wat Leo wilde. 'Ik ga beginnen met het klaarmaken van het ontbijt', zei ze en stond op. Haar koffiekopje nam ze mee naar binnen. Leo keek haar na, dat voelde ze.

In de keuken ging Roxy op de deken liggen die Babette voor haar had neergelegd. Babette zette de oven aan, dekte de tafel, vulde het zoetbeleg aan. Ze deed alles op de automatische piloot. Gioia kwam binnen en Babette maakte koffie voor haar, daarna ging ze naar haar appartement om, zoals Gioia haar had opgedragen, nog wat te rusten maar dat lukte niet.

Tegen tienen verschenen Jack en Mandy en Babette stelde voor om naar Lecce te gaan om Frank te bezoeken. 'Is er al nieuws?' vroeg Jack.

Babette schudde haar hoofd. 'Nee, maar ik heb toch het gevoel dat we daar moeten zijn. Hij ligt daar maar, alleen.'

'Ja, tuurlijk.' Jack knikte wel, maar leek niet precies te weten wat hij met haar woorden moest.

'Ik heb weleens gelezen dat comapatiënten horen wat er om hen heen gebeurt', zei Mandy. 'Niet bewust, maar wel op een heel basaal niveau. Dat mensen wakker zijn geworden omdat er om hen heen werd gepraat over het beëindigen van hun leven.'

Babette huiverde. Mandy leek enthousiast over het onderwerp en zei: 'Als je hun favoriete muziek draait, worden patiënten daar rustig van. Misschien kunnen we dat proberen?'

'Wat is Franks favoriete muziek?' vroeg Jack, maar geen van drieën wisten ze het antwoord.

Ze stapten in de auto, Babette reed weer. Jack zat naast haar en via de achteruitkijkspiegel keek ze naar Mandy die onophoudelijk naar het scherm van haar telefoon staarde. Babette blikte onopvallend naar Jack. Hij leek rustiger dan gisteren. 'Heb je al nagedacht over de voortgang van het programma?' vroeg ze na een tijdje.

Jack knikte wat. 'We hebben genoeg materiaal om heel wat uitzendingen te kunnen vullen', zei hij. 'Ergens in de komende dagen willen we zowel met jou als met Jeroen een uitgebreide testimonial opnemen waarin jullie allebei ingaan op de gebeurtenissen. We kunnen er niet omheen het ongeluk in de afleveringen mee te nemen, anders blijft het de vraag waarom Frank ineens weg is. Patrick zal het daar nog met zijn familie over hebben.' Hij keek naar haar van opzij. 'En dan is het goed om ook nog een gesprek tussen jou en Jeroen op te nemen.'

De ongedwongenheid van televisie, dacht Babette niet zonder cynisme. Ze begreep ook wel dat dat niet zomaar een gesprek was, maar een gesprek waarin ze Jeroen duidelijkheid moest geven over hun gezamenlijke toekomst of het gebrek eraan. De gebeurtenissen van de laatste dagen hadden haar zo in beslag genomen dat ze geen ruimte in haar hoofd had gehad om te bedenken hoe ze verder wilde. Maar als ze dacht aan haar leven delen met Jeroen, zei het gevoel in haar buik eigenlijk genoeg. In haar hoofd kwamen automatisch al de woorden op die ze zou kunnen gebruiken. 'Heel aardig, maar...', 'Een leuke vriendschap...', 'Geen romantische klik...' Dat het precies de clichés waren die ze eerder had willen vermijden, kon haar nu nog maar weinig schelen.

Om Jacks woorden te beantwoorden, humde ze wat. Jack pakte zijn telefoon en zei niets meer. Babettes blik viel op de drie leren armbandjes die hij om zijn linkerpols droeg. Om zijn rechterpols had hij er eentje van een festival, iets wat ze eigenlijk niet echt bij hem vond passen. Eerder waren de bandjes haar niet opgevallen, het kwam door de foto die Valentina Mancini haar had laten zien en de vragen die ze over Bastiaan had gesteld. Een ietwat onrustig gevoel bekroop haar terwijl de kilometers asfalt onder de wielen van de auto door gleden. Het waren details die je makkelijk over het hoofd zag, zo'n klein bandje om een pols. Herinneringen waren gemankeerd, ze had foto's nodig om haar dagen en bezigheden van destijds te kunnen reconstrueren. En toch had ze met overtuiging gezegd dat Bastiaan geen sieraden droeg, toen niet, nooit. Voor zover ze wist was dat ook zo, maar hoe betrouwbaar was een waarneming? Hoe betrouwbaar was een geheugen?

Het was als een sticker waarvan ze het puntje niet loskreeg. Ze peuterde, maar tussen haar vingertoppen scheurde het papier. De lijm was te sterk, haar grip juist niet sterk genoeg. Ze zag iets over het hoofd. Hoe kon een mensenleven beëindigd worden en het bewijs daarvan weggewerkt zonder dat ze het door had gehad? Het was niet haar grond, nee, en de barrière van een simpele muur verklaarde dat ze niets had gezien – als ze al in de buurt was geweest toen het gebeurde. Maar ze bleef voor haar gevoel tasten naar iets waar ze niet bij kon.

Ze keek opnieuw naar de armbanden en haalde diep adem. Bastiaan was niet het type voor sieraden. En toch zag ze iets over het hoofd.

Ze reed de parkeerplaats van het ziekenhuis op. Met een zwaar gevoel in haar maag liep ze achter Jack en Mandy aan naar binnen. Op de intensive care leek het alsof de tijd sinds gistermiddag gewoon was blijven stilstaan. Dezelfde verpleegkundige, dezelfde apparatuur, dezelfde piepjes. Alleen Franks baard was iets voller geworden, als een stil protest tegen het stilleggen van zijn bewustzijn. Het ontlokte Babette een kleine glimlach.

'De arts heeft besloten de coma met minimaal vierentwintig uur te verlengen', liet de verpleegkundige weten. 'Zijn lichaam krijgt optimaal de kans te herstellen.'

'En de inwendige bloedingen?' vroeg Babette.

'Die lijken onder controle', antwoordde de verpleegkundige met een gezicht dat zo serieus was dat het detoneerde met de boodschap die toch goed nieuws leek te bevatten.

Ze zaten een tijdje naast Frank. Vijf minuten, tien. Babette werd onrustig en datzelfde leek voor Jack en Mandy te gelden. De rit van ruim drie kwartier vereiste voor Babettes gevoel dat ze een substantiële hoeveelheid tijd bij Franks bed moesten doorbrengen, maar welbeschouwd was dat natuurlijk onzin. Ze pakte haar telefoon en stuurde een bericht naar Imke. Die kwam meteen online en liet weten dat ze bezig was een vlucht te regelen. Babette beloofde haar een kamer in de B&B.

'Zullen we gaan?' stelde Jack na een kwartier voor. 'Of hebben jullie nog iets te doen hier?'

Babette was blij dat hij het zei. Het zuigende geluid van de beademing gaf haar vreemd genoeg een benauwd gevoel. Ze had hoofdpijn die bonkte op het ritme van de piepgeluiden van de apparaten. Elke zoveel minuten ging er ergens op de afdeling een alarm af, waarna voetstappen zich in die richting spoedden.

Deze keer gingen ze niet in de familiekamer zitten, maar liepen meteen naar buiten, terug naar de auto. 'Ik vind het een droevige plek', zei Mandy. 'Alsof je de hele tijd voelt dat het leven daar aan een zijden draadje hangt.'

De terugweg leek sneller te gaan dan de weg ernaartoe. Bij aankomst in de B&B stapten Jack en Mandy meteen in hun eigen huurauto om terug te gaan naar hun hotel. Babette liep naar binnen. Op de bovenverdieping hoorde ze de stofzuiger gaan, beneden was niemand te bekennen. De deur van het kantoortje stond open, zoals zo vaak het geval was. Ze liep naar binnen en ging achter haar bureau zitten.

Meteen daarna zag ze de hoop vervliegen dat ze even alleen kon zijn. 'Hallo', zei Leo die in de deuropening verscheen. 'Je zei dat ik hier...' Hij gebaarde naar de boekenplank. 'Ik zocht wat informatie over de omgeving.'

'Neem gerust wat reisgidsen mee.' Babette knikte in de richting van de boeken. 'Hou ze maar zolang je ze nodig hebt.'

En laat me even alleen, voegde ze er in gedachten aan toe. Kwam het doordat ze momenteel minder kon hebben dan anders of was de man echt voortdurend waar zij ook was? In de deuropening dook Cecilia op, zijn vrouw. 'O, hier ben je', zei ze met een glimlach naar haar man. Daarna begroette ze ook Babette.

Er ontvouwde zich een gesprekje over bezienswaardigheden en al snel besloot het stel om later vandaag naar een van de strandjes in de buurt te gaan. 'Bedankt voor je advies', zei Cecilia. Ze bleef even staan en keek naar Babette met haar hoofd schuin alsof ze iets wilde vragen, maar uiteindelijk glimlachte ze en zei gedag. Leo was al naar buiten gelopen en stond met Jeroen te praten, zag Babette door het raam. Zelf sloot ze de deur van het kantoor en liep naar de kast met de fotoboeken. Hoe betrouwbaar was een waarneming, die vraag kwam weer in haar op. Hoe betrouwbaar was een geheugen?

Het antwoord wist ze niet en het antwoord zou ze misschien ook niet vinden, maar er was meer dan er tot nu toe in haar hoofd was teruggekomen, dat kon niet anders. In de filmrol op haar telefoon zou ze het antwoord niet vinden. De dagen rondom de verdwijning waren daar gevuld met foto's uit Nederland. De appconversatie met Bastiaan uit die tijd bood ook geen aanknopingspunten. Ze had zelfs foto's waarop toevalligerwijs zijn beide polsen te zien waren – kaal als altijd. Maar, zo bracht een stem in tegen haar eigen redenering, die polsen hoorden ook kaal te zijn. Een armband die een meter onder de grond lag, zag je niet op een foto.

Ze schrok van haar eigen gedachten. Niet eerder had ze gedacht dat Bastiaan ermee te maken had en eigenlijk dacht ze dat nog steeds niet. Maar er zat een dwarsbalk die niet van wijken wist en die haar gedachtestroom dwarsboomde. Ze moest wrikken om te kunnen bereiken wat erachter verborgen lag. Ze pakte het fotoboek uit die tijd en sloeg het open. Met elke bladzijde die ze omsloeg, beeldde ze zich in dat ze wrikte. Wroette. Haar vastgelopen gedachten lostrilde om zichzelf toe te staan te vinden wat erachter lag. Ze sloeg nog een bladzijde om, en nog eentje. Helemaal tot het einde van het boek. En toen kwam er een zin in haar hoofd op.

Ik weet ook niet wat hij gisteren op jouw kantoor deed.

Babette had er niet meer aan gedacht, maar ineens herinnerde ze zich weer dat Gioia dit over Frank had gezegd. Haar medewerkster had hem op haar kantoor gezien, betrapt misschien wel, en Babette had hem niet meer gevraagd wat hij daar deed. Misschien zou ze er niet meer aan hebben gedacht als Frank nu niet in het ziekenhuis zou liggen, als het ongeluk niet was gebeurd. Maar ineens voelde ze zich onrustig.

Ze keek om zich heen met de blik van iemand anders. Met de blik van iemand die zich bezighield met het politieonderzoek. Met de blik van iemand die een armband had gevonden, ook al wist ze niet zeker of dat toen al het geval was. Ze scande haar bureau, de stapel losse papieren, de map met daarin de plannen voor de verbouwing. Ze pakte de tekening erbij en zag dat de plaats waar het zwembad was getekend, niet ver van de vindplaats van het lichaam was. Met haar vinger trok ze een lijn tussen die twee plekken en ze bleef voor zich uit staren. Niet Frank maar Jeroen kwam in haar gedachten op.

Ik heb in een ver verleden bij een vastgoedbedrijf gewerkt... Ze schrok van de woorden die zo helder klonken alsof hij naast haar stond. Zijn hand op het bureau, het witte papier. *Is dit de tekening...*

Ze schudde haar hoofd. In de ongrijpbaarheid van de hele situatie was het alsof ze alles wel wilde pakken om maar iets van houvast te hebben. Alsof de oplossing wel tot haar zou komen als ze lang genoeg bleef nadenken. Het was makkelijk om dingen aan elkaar te gaan leggen om maar een waarheid te creëren, omdat dat beter was dan helemaal niets weten.

En toch lieten haar gedachten zich niet verdringen. Ze pakte het fotoboek opnieuw en sloeg het open. Deze keer fixeerde ze haar blik op elke foto apart, elk detail, elke blik van haarzelf, van Bastiaan, van Sabine, van Lilian, van Jeroen, van iedereen die erop te zien was. Ze speurde haar eigen gezicht af en probeerde zich te verplaatsen in de Babette van toen. Wat waren haar gedachten, haar gevoelens? En die van Bastiaan? Rond de tijd van de verdwijning van Serena Giannuzzi was hij op twee manieren op de foto's te vinden: klussend of drinkend. Maar er wás in die tijd ook weinig anders geweest dat hij deed, dat herinnerde Babette zich wel.

Ze maakte haar blik los van het boek en keek naar buiten, waar Leo en Cecilia nu de olijfboom bewonderden. Die twee werkten op haar zenuwen, wat waarschijnlijk meer over haar zei dan over hen. Ze richtte haar blik weer op de foto's. Bastiaan en Jeroen waren samen te zien, allebei met een kwast in hun hand. Bij het maken van het fotoboek had Babette de datum erbij gezet. 27 maart. Ruim twee weken voor de verdwijning van de vrouw. Ze schudde haar hoofd en sloot haar ogen. Haar gedachten waren als een hond die zijn eigen staart achternazat. Ze leidden nergens naar.

En toen, ineens, was het alsof ze volkomen onverwacht in die staart hapte. De wereld leek stil te staan toen haar hart haar bloed ineens met zoveel kracht rondpompte dat ze niets anders voelde dan gebonk in haar borstkas. Haar oren vulden zich met geruis in hetzelfde ritme. Met een ruk opende ze haar ogen en als vanzelf klonk haar blik zich vast aan dat ene detail op die foto. Het detail waarvan ze op dat moment al niet meer kon geloven dat ze het niet eerder had gezien. Het detail dat de hele foto overnam, dat iets zuurs vanuit haar maag omhoog deed komen, dat voelde alsof in haar hoofd een bliksem insloeg en dat haar haar mond deed openen, maar de kreet die ze wilde slaken bleef in haar keel steken.

Vanuit de deuropening klonk een stem. Nu kwam de kreet wel. Razendsnel sloeg Babette het boek dicht. 'Gaat het?' vroeg Jeroen leunend tegen de deurpost. Babette probeerde een antwoord te verzinnen, maar in zijn ogen was te zien dat dat eigenlijk al niet meer hoefde.

Hij wist het.

Hoofdstuk 18

HAAR MOND WAS KURKDROOG EN ER LEKEN VLAMMEN uit haar borstkas te slaan. Jeroen stond maar in die deuropening zonder zich te bewegen. Het enige wat veranderd was, was de blik in zijn ogen. Die was niet langer vragend. De boosaardigheid waarmee hij haar nu aanstaarde, leek oprechter dan de opgewektheid die hij de hele tijd had voorgewend.

'Nou?' vroeg Jeroen, blijkbaar een antwoord verwachtend op een vraag die niet tot Babette was doorgedrongen.

Babette deed haar mond open, maar er kwam geen geluid voorbij de klem die om haar keel zat. Jeroen deed een stap naar voren, automatisch week ze naar achteren op haar stoel. Ze schoof het fotoboek opzij, maar dat had natuurlijk geen zin omdat Jeroen het allang had gezien. 'Ah', zei hij en met zijn voet duwde hij de deur dicht. 'Wat kan *memory lane* toch mooi zijn, vind je niet?'

Deze keer verwachtte hij geen antwoord en Babette gaf het hem ook niet. Ze wilde hier weg, uit de ruimte waar met zijn komst alle zuurstof uit verdwenen leek te zijn. Zijn aanwezigheid verstikte haar, deed de paniek in golven door haar lichaam trekken. Ze richtte haar blik op de deur, die weliswaar gesloten was maar niet op slot. Jeroen was niet erg breed. Als ze snel was, was ze zo voorbij hem.

'Eens kijken', zei hij en hij trok het fotoboek onder haar hand vandaan. Babette kwam vlug overeind en stond in twee stappen bij de deur, maar toen ze haar hand uitstak naar de klink maakte een felle pijn een einde aan dat plan. Jeroens vingers sloten zich om haar pols. Het volgende moment duwde hij haar terug in haar stoel en liet haar los, maar hij bleef voor haar staan. 'Ik zou maar even wachten', zei hij en zijn ogen hadden vlamgevat. 'Volgens mij waren wij in gesprek.'

Babette wreef over haar pols. 'Ik weet niet waar je het over hebt', zei ze, maar een goede leugenaar was ze nooit geweest. 'Ik heb helemaal geen...'

'Nee?' Jeroen sloeg het fotoboek open en vond de juiste pagina. 'Geen idee waar ik het over heb?'

'Nee', zei ze en ze probeerde haar stem overtuiging mee te geven. Haar ademhaling stokte ter hoogte van haar middenrif.

'Grappig, want dit fotoboek blijkt ineens iedereens interesse te hebben', zei Jeroen. 'Of het moet normaal zijn dat er zomaar mensen doorheen bladeren.' Hij wachtte haar reactie af, maar ze kwam niet verder dan hem aanstaren. Toen hij verder praatte, lag er minachting in zijn stem. 'Meneer de rechercheur dacht dat hij slim was, maar de deur open laten staan is nu niet meteen handig als je niet wil dat iemand doorheeft waar je mee bezig bent.'

'Heeft Frank dit boek bekeken?'

'Doe maar niet alsof je dat niet weet. Hij heeft dat vast tegen jou gezegd zodat jullie samen een verhaaltje kunnen maken over een of andere armband die ik wel of niet om heb. Of wat die rechercheur ook bedoelde toen ze daarover begon.'

'Hij heeft niets tegen mij gezegd', zei Babette en dat was niet gelogen.

'Nee? En toch zit je hier stomtoevallig door dat boek te bladeren?'

Babette klemde haar kiezen op elkaar en keek naar hem zonder iets te zeggen. Zijn blik was ongeduldig en minachtend, maar daaronder zag ze iets wat haar meer verontrustte dan het oppervlakkige vertoon van emoties: Jeroen was bang.

Ze bewoog haar vinger naar de bewuste foto. 'Het

lijkt me goed dat je aan de politie laat zien waar die armband van jou zich nu bevindt', zei ze. 'Anders willen ze vroeg of laat van jou weten waarom je zo kort voor de moord een armband draagt die toch wel erg veel lijkt op het exemplaar dat in Serena Giannuzzi's graf is gevonden. Daar hebben ze Frank of mij niet voor nodig.'

'Wist je dat als je wordt opgepakt voor een moord die je niet hebt gepleegd, de kans dat je wordt veroordeeld vijftig procent is?' Hij staarde haar aan. 'Zo werkt het systeem. Iemand moet hangen.'

Babettes blik gleed naar zijn rechterpols, die nu natuurlijk leeg was. 'Waarom zouden ze jou verdenken als je die armband gewoon kan laten zien? Je was hier niet eens toen die vrouw verdween.'

Jeroen maakte een geluid dat van alles kon betekenen. Hij leek nu eerder geërgerd dan angstig. 'Laat het verleden rusten. Dat heb ik ook tegen hem gezegd, maar hij wilde niet luisteren. En je weet hoe dat is afgelopen.'

'Frank?'

'Ja, natuurlijk Frank. Bemoei je niet met een ander en je zult heel wat minder problemen hebben, Babette.'

'Bedoel je dat hij...' Babette knipperde een paar keer maar kwam niet tot het formuleren van een vraag. Haar gedachten kropen als mieren over elkaar heen.

'Hij dacht dat hij slimmer was dan ik, maar ik had hem allang door. En als je dan naar de politie wil gaan met een halfbakken verhaal over een foto, tja...' Jeroen haalde kort zijn schouders op. 'Ik heb hem gezegd dat hij zich met zijn eigen zaken moest bemoeien.'

Babette probeerde haar duizelingen de baas te worden door diep adem te halen, maar haar longen leken nu wel afgesneden te zijn. 'Heb jij hem aangereden?'

'Bastiaan', zei Jeroen en hij schudde zijn hoofd. 'Ik had het misschien beter zelf kunnen doen, dan was het wel goed afgelopen.'

Met dat laatste bedoelde hij vast niet hetzelfde 'goed' als Babette in gedachten had. 'Omdat hij met de politie samenwerkte moest hij dood?' vroeg ze ongelovig.

'Wie praat, die gaat', zei Jeroen met een luchtigheid die Babette een ijskoud gevoel bezorgde. 'Ik heb geen zin om in de problemen te komen door een onbezonnen actie van een paar jaar geleden. Het is helemaal misgegaan, ja, dat wil ik best toegeven. Maar het was nooit de bedoeling. En ik ga mijn leven niet verkloten voor zo'n meisje. Het was altijd al meer Bastiaans idee.'

'Wacht.' Babette stak haar beide handen afwerend in de lucht. Haar eigen angst was nu naar de achtergrond verdwenen. Wat ervoor in de plaats was gekomen, waren vragen die als bliksemschichten door haar hoofd gingen. 'Wat was Bastiaans idee?'

'Dat meisje.' Jeroen keek haar geringschattend aan. 'Kom op, Babette, wees niet naïef. Je weet echt wel wat Bastiaan in die tijd deed, ook al wilde je het niet zien.'

'Nee', zei ze ferm. 'Ik weet niet beter dan dat wij bezig waren een B&B te openen.'

'Naïef', vond Jeroen. 'Je vroeg je niet af waarom hij vaak ineens weg was? Waarom hij zoveel op zijn telefoon zat? Of waarom die vrouw te zien is op camerabeelden vlak voor ze verdween?'

Het voelde alsof Babettes bloed in ijswater veranderde. Ze deed haar mond open, maar woorden vormen lukte niet.

'Hij had een plan', zei Jeroen en even sloot hij zijn ogen en schudde zijn hoofd. 'Ik had er nooit in mee moeten gaan, maar ja, wie wordt er nu niet gegrepen door het vooruitzicht van een weekend lang alles doen wat God verboden heeft? Bastiaan zou het allemaal regelen. Die vrouw die hij via een of andere app had ontmoet en met wie hij al een tijdje omging zou er zijn en haar vriendinnen kwamen mee.' Hij zoog zijn lippen naar binnen. 'Ik geloofde het, maar dat waren natuurlijk haar vriendinnen niet. Zij kende ze niet en Bastiaan betaalde ze. Maar het kon me niet schelen waar ze vandaan kwamen of hoe ze heetten. Bastiaan regelde drank, Bastiaan regelde drugs, Bastiaan regelde vrouwen. Ik hoefde me alleen maar te laten gaan.'

'En dat deed je', zei Babette. 'Terwijl ik in Nederland was.'

'Jij zou op donderdag al weggaan', zei Jeroen. 'Die vrouw, Serena, kwam op donderdag aan. Maar je ging een dag later.'

Babette herinnerde zich dat helemaal niet meer. Jeroen knikte een paar keer. 'Bastiaan helemaal in de stress, natuurlijk. Hij liet haar in een gastenkamer slapen die nog niet klaar was. Ze moest stil zijn tot jij wegging.'

Het idee dat ze zo dicht bij de vrouw was geweest, deed misselijkheid als een vloedgolf door Babettes lichaam trekken. Ze had een paar seconden nodig om bij te komen van die zo terloops gedane mededeling.

'Het leek allemaal goed te gaan eerst', zei Jeroen. 'De avond was geweldig, zoveel beter nog dan je vooraf denkt. Maar toen kregen ze ruzie, Bastiaan en Serena. Hij had haar beloftes gedaan over een toekomst samen, wat hij natuurlijk niet meende maar zo hield hij haar al de hele tijd aan het lijntje – eigenlijk al sinds hij haar op die datingapp had ontmoet. Ze zouden samen de B&B gaan runnen, dat had hij gezegd. En zij wilde dat daar eens iets van kwam.'

'Hij had... wat?'

'Hij was verliefd, zei hij. Stapelgek op haar. Ze was ook bloedmooi, dat moet ik toegeven. Bastiaan kon niet geloven dat een vrouw als Serena voor hem viel. Zijn zelfvertrouwen ging door het dak, hij was jou allang vergeten. Maar toen wilde ze meer. Of eigenlijk wilde ze gewoon waar ze volgens haar recht op had door wat hij haar had beloofd. En begon ze te dreigen.'

'Waarmee?'

'Ze zou alles aan jou vertellen, zei ze. Ze zou hem helemaal zwartmaken. Ze had foto's en video's om alles te bewijzen, het vreemdgaan, de drugs en de drank waaraan hij nog veel verslaafder was dan jij doorhad. En het maakte Bastiaan niet uit dat jij het zou ontdekken, maar de buitenwereld kon hem wel schelen.' Jeroen liet zijn adem ontsnappen via zijn neus. 'Altijd de buitenwereld, hè. Bastiaan is een buitenwereldmannetje.'

Babette staarde langs Jeroen naar de muur. Voor even trokken haar gedachten haar terug naar twee jaar geleden. Haar weekend in Nederland, in totale onwetendheid van wat zich in de B&B afspeelde. De sfeer toen ze terugkwam. Was er iets veranderd? Had ze toen iets gemerkt? Ze wist het niet meer. Bastiaans drankgebruik, de ruzies – er was in die tijd zoveel veranderd. Had ze beter moeten opletten?

Ze probeerde haar gedachten te ordenen. Dat lukte niet echt, maar ze had het gevoel dat ze moest blijven praten. 'Maar waarom... Wat heeft hij...'

'Bastiaan werd gek', zei Jeroen. 'Het was al bijna ochtend en die andere meiden gingen weg. Hij schreeuwde tegen Serena en zij tegen hem. Engels tegen Italiaans en hoe dan ook geen touw aan vast te knopen. Ik wilde naar bed gaan, maar Bastiaan vond dat ik moest blijven om hem bij te staan. Dus bleef ik, al was ik van de wereld, ik weet niet eens alles meer. Bastiaan vloog haar aan, dat weet ik nog. Zij probeerde te vluchten. Ze kwam nog best ver, de tuin uit, de weg op. Hij ging achter haar aan en ik volgde hem. Uiteindelijk kreeg hij haar te pakken en zat hij ineens boven op haar, met zijn handen om haar keel. Hij schreeuwde dat ik hem moest helpen, dat we nu niet meer terug konden. Dat ik net zo schuldig was. En ik deed het.' Hij keek Babette aan en ze zag dat hij ver weg was, terug in het moment dat hij beschreef. 'Ik hielp hem om haar te wurgen.'

Babette trilde over haar hele lichaam. Ze kon geen woord meer uitbrengen. Jeroens stem was monotoon. 'Het duurde niet zo lang. Heel kort, eigenlijk. Toen lag ze helemaal stil met haar mond een beetje open.'

Babette sloot nu haar ogen. Ze wilde schreeuwen dat hij moest stoppen met praten, maar ze deed het niet. Ze deed niets, ze zat daar maar.

'Bastiaan wist precies wat te doen, dat was heel gek. Hij zei dat we haar gingen begraven waar niemand ooit kwam en dat was die plek naast de B&B. Braakliggend land, in Italië keken ze daar in geen honderd jaar naar om, zei hij.' Jeroens blikte haakte zich nu aan die van Babette. 'Tot jij het wilde kopen.'

'En ik meedeed aan het programma', vulde Babette zelf in.

'Het was een uitgelezen kans', knikte Jeroen. 'Bastiaan kon niet zomaar opduiken in Italië, dat zou opvallen. Ik ook niet. Maar nu kon ik een goede reden creëren om hier te zijn. Het volle licht is de beste gelegenheid voor de donkerste daden.'

Dat laatste klonk bijna ingestudeerd. Babette trok haar wenkbrauwen op. 'Wat wilde je doen? Je armband zoeken?'

'Nee, dat had ik destijds al geprobeerd, maar die was

niet te vinden. Ik zou Serena opgraven en haar verplaatsen, Bastiaan had al een locatie bedacht en naar me gestuurd. Maar zo makkelijk ging dat natuurlijk niet. Ik wist niet eens meer precies waar ze lag. Ik had meer tijd nodig, maar toen bemoeide Frank zich ermee.' Hij schudde wat met zijn hoofd. 'Het had allemaal heel anders kunnen lopen.'

Babette leunde naar voren en wreef met haar handen over haar voorhoofd. De stilte die nu viel was peilloos diep. Jeroen zoog zijn longen vol lucht en alsof hij daarmee ook nieuwe energie had binnengekregen, rechtte hij zijn rug en schouders. 'Het had allemaal heel anders kunnen lopen', herhaalde hij en zijn stem klonk spijtig, alsof hij echt geen andere keuze had. 'Ik had je hierbuiten willen houden, Babette.'

De energie begon donker te kleuren. Ze drukte haar rug tegen de leuning van de stoel. 'Ik sta hier ook buiten', zei ze. Zelf hoorde ze ook wel dat haar poging om overtuigend te klinken, strandde op het trillen van haar stem. 'Ik heb er niets mee te maken, Jeroen. Net als Frank. Je hoeft niet... Je hebt nu nog een kans om...'

'Je hebt er alles mee te maken', zei hij en hij leek oprecht verbaasd dat ze iets anders had beweerd. 'Je wist al te veel toen ik hier binnenkwam. Die armband was een enorme fout, maar eerlijk gezegd heeft het me altijd verbaasd dat jij de puzzel niet eerder hebt gelegd.'

Babette hoorde hem wel, maar zijn woorden ketsten af op de ruis die haar oren had overgenomen. Hij wilde het gesprek afronden, dat voelde ze aan alles. En ze wist dat hij haar niet zomaar zou laten gaan na wat hij allemaal had verteld. Ze keek naar de deur die dichtbij en tegelijkertijd zo ver weg leek. Eén kans, meer zou ze niet krijgen. Eén keer kon ze hem misschien verrassen.

En toen klonk er ineens een knarsend geluid. De deur ging een stukje open en Babette voelde de opluchting al door haar lichaam stromen, maar het volgende moment kwam die samen met haar bloed in haar aderen tot stilstand. De gestalte van Bastiaan leek de ruimte helemaal op te vullen. Hij zei niets, maar leek allerminst verbaasd hen hier aan te treffen. Babettes ogen zochten die van hem. Met een staalharde blik staarde hij naar haar. Het was allemaal waar, wist ze meteen. Ieder woord van wat Jeroen had verteld lag besloten in de manier waarop hij naar haar keek. Bastiaan draaide zich om en met een sleutel waarvan ze niet wist waar hij die vandaan had, draaide hij de deur op slot.

Ze vloog overeind. Haar overlevingsinstinct nam het over en schakelde alle ratio uit. Ze probeerde te schreeuwen, maar werd van achteren vastgepakt. Een hand schoof over haar mond, ze beet in een vinger. Jeroen vloekte en klemde zijn arm om haar nek. Ze viel naar achter en een pijnscheut schoot door haar hoofd toen ze iets hards raakte.

Het volgende moment zat Bastiaan boven op haar. Als in een bizarre herhaling van wat Jeroen net had verteld, sloten Bastiaans vingers zich om haar keel. Ze kronkelde en gromde, maar hij was sterker dan hij leek. Babette wist één hand te bevrijden en klemde haar vingers om de zijne, maar zijn greep verslapte niet. Zijn handen voelden koel en hij leek uiterst kalm te zijn. Ze probeerde nog om geluid te maken, maar alle toevoer van zuurstof was al afgesneden. Haar beeld begon in stukjes uiteen te vallen, steeds met wat zwart ertussen.

Ze moest bij blijven, ze deed alles om niet te verliezen, maar het zwart werd langer en dieper. Haar hersenen gaven op, schotelden haar beelden en geluiden voor die er niet waren. Het was alsof ze een schoppend geluid hoorde, een mannenstem, maar er was niemand. Alleen Bastiaan die met een verbeten blik bleef duwen, alleen Jeroen die haar schouders tegen de koele stenen vloer duwde. Alleen het donker dat aan haar trok en, nadat de seconden traag maar onherroepelijk hadden weggetikt, haar meezoog naar beneden.

Drie maanden later

HOOFDSTUK 19

'IETS DICHTERBIJ.' JACK WEES NAAR EEN PLEK IN HET midden van de loungebank en Babette schoof op. 'Hier?'

'Ja, prima. En dan jij... Ja, perfect.' Jack knikte goedkeurend. Babette keek opzij, voelde naast zich de warmte van het lichaam dat ze inmiddels zo goed kende. Ze haalde diep adem en legde haar hand op zijn knie, kneep er even in. Op een vreemde manier voelde ze zich nerveus, al was er feitelijk niets om spanning voor te hebben.

'Even de zenders testen', zei Roy, die zijn koptelefoon op zijn hoofd zette en hen om beurten aanwees om een paar woorden te zeggen. Daarna knikte hij goedkeurend. Thijs had zijn camera klaargezet en deed een laatste test voor het licht, dat op dit uur zacht en goudkleurig was en ook nog eens werd verdeeld doordat ze onder de pergola zaten. De blaadjes bewogen in het zachte briesje. Op haar voet voelde Babette de kop van Roxy. Ze keek opzij en ontmoette die blik die aangaf dat ook hij nerveus was.

'Frank', zei Jack die een paar meter verderop stond. 'Zoals afgesproken zal Mandy zo meteen eerst aan jou vragen hoe het met je gaat. Het laatste wat de kijkers te zien krijgen, is een aflevering waaruit blijkt dat jij het ongeluk hebt gehad. Vanaf daar nemen we ze mee naar deze reünie-aflevering, dus de kijker moet even worden bijgepraat.'

Om een understatement te gebruiken, vulde Babette in gedachten aan. Tussen het ongeluk van Frank en de dag van vandaag zaten niet alleen ruim drie maanden maar, naar het haar toescheen, ook lichtjaren aan gebeurtenissen.

'Oké', zei Frank knikkend. Hij legde zijn hand op die van Babette en kneep er even in. Zij slikte haar zenuwen weg. Achter de camera, rechts van Mandy, stonden Lilian en Sabine die voor, zoals ze het zelf zeiden, morele steun naar Italië waren gekomen. In haar hoofd had Babette het opnemen van de reünie heel groot gemaakt, omdat het betekende dat ze weer door alle gebeurtenissen heen moest – alles opnieuw bespreken, beleven. En dat terwijl ze tot een maand geleden nog elke nacht wakker was geworden uit de meest vreselijke dromen. Dromen waarin Jeroen en Bastiaan haar weer aanvielen, dromen waarin een man op een motor door een veel te hard rijdende auto werd geraakt en meters door de lucht vloog, beelden van een jonge vrouw...

Ze schudde met haar hoofd. De beelden konden haar nog steeds overvallen, maar dankzij de intensieve therapie die ze volgde lukte het haar nu beter om ze los te laten. Ze liet haar blik verder glijden, van Lilian en Sabine naar de man die ze in gedachten nog steeds Leo noemde maar die in het echt helemaal niet zo heette. Alessandro Cantano, dat was zijn echte naam. Agent bij de politie in Lecce, en meer specifiek: undercoveragent. Samen met zijn vrouwelijke collega had hij als Leo in de B&B ingecheckt, zogenaamd als toevallige gast, maar in werkelijkheid strak geregisseerd door de politieleiding en Valentina Mancini, die om de undercoveractie had gevraagd. Nog steeds als ze het verhaal aan anderen vertelde, vond Babette het moeilijk te geloven dat het echt zo was gegaan. Dat Roy een telefoongesprek had opgevangen dat Jeroen met Bastiaan had gevoerd, omdat Jeroen na het quoten zijn zender niet had uitgeschakeld. Dat er niet echt iets concreets was gezegd, maar dat het vreemd genoeg was geweest voor Roy om het te vermelden in zijn gesprek met Mancini. Dat Mancini mede daardoor had besloten een undercoveragent neer te zetten in de B&B, deels om informatie te verzamelen, deels om Babette in de gaten te houden. Dat laatste was niet alleen voor haar eigen veiligheid bedoeld, zo had Babette begrepen. Er was ook nog een scenario geweest waarin de politie er rekening mee hield dat Babette zelf betrokken was, omdat er zoveel onduidelijkheden waren dat echt niets kon worden uitgesloten. Een scenario dat na wat er in het kantoor was gebeurd, natuurlijk onmiddellijk van tafel was geveegd. Ook al waren er geen opnames van wat Jeroen had verteld of van wat hij en Bastiaan hadden gedaan, het viel voor die twee achteraf natuurlijk niet meer te ontkennen. Mancini en haar collega's hadden hun nog dezelfde avond een bekentenis afgedwongen. Babette had, nadat ze in het ziekenhuis was nagekeken, op een kamer in hetzelfde politiebureau haar eigen verklaring afgelegd. Ondanks het feit dat ze kortstondig het bewustzijn had verloren, was haar geheugen niet aangetast en kon ze precies vertellen wat eerst Jeroen en daarna ook Bastiaan had verteld.

Ze hadden haar willen vermoorden, daarover bestond geen enkele twijfel. Omdat ze wist van de armband en zeker nadat ze de waarheid uit de doeken hadden gedaan, was ze voor hen natuurlijk een te groot gevaar geworden. Om alle sporen te wissen, wilden ze na de moord brand stichten, zodat op Babettes lichaam geen onderzoek meer gedaan kon worden naar de doodsoorzaak. Bovendien zou het fotoboek dan verloren gaan. En hun plan zou gelukt zijn als er niet iemand naar de deur van het kantoor was gekomen die doorhad dat het niet goed ging daar binnen. Die iemand was Alessandro. En ook Gioia had door de geluiden die ze hoorde onraad geroken en was naar beneden gekomen.

Maar de deur was op slot geweest en het was aan de doortastendheid en ervaring van Alessandro te danken dat de deur op tijd was opengebroken. Babette kon hem niet genoeg bedanken, ze besefte heel goed dat ze haar leven aan hem te danken had. Elke dag stond ze daarbij stil. Natuurlijk was het verschrikkelijk wat er was gebeurd, maar het voelde wel alsof het leven meer waard was geworden. De zonnestralen in de ochtend, de bloemen in de tuin, het frisse water van de mooie strandjes, ze nam niets meer voor lief.

Wel was het nog steeds lastig te bevatten wat Bastiaan en Jeroen hadden gedaan – niet alleen de moord, maar ook wat ze bij Frank hadden geprobeerd. Met het ongeluk van Frank hadden ze willen voorkomen dat hij Mancini zou vertellen over wat hem in het fotoboek was opgevallen. De vondst van de armband had in zijn hoofd iets in gang gezet waarover hijzelf dagenlang had lopen piekeren. Op zoek naar wat in zijn hoofd ongrijpbaar leek, was hij zijn eigen onderzoek in de B&B gestart. Uiteindelijk had hij niet alleen dat bewuste fotoboek maar ongeveer alle fotoboeken doorgespit en zelfs toen hij de foto vond waarop Jeroen de armband droeg, was hij nog niet helemaal zeker van zijn zaak geweest. Daarop had hij een oud-collega bij de politie gevraagd naar vluchtgegevens van dat bewuste weekend twee jaar eerder en het duurde niet lang voor hij de naam van Jeroen was tegengekomen op een vlucht van vrijdagochtend. Dat was de informatie die hij met Valentina Mancini had willen delen en daarna met Babette, maar eerst had hij van Jeroen willen weten wanneer hij nu precies in Italië was geweest in die tijd. Achteraf gezien had Frank daar beter niet naar kunnen vragen. Het eerlijke antwoord had hij niet gekregen en hij had Jeroen in zijn kaarten laten kijken. Die had daarop met Bastiaan gepraat en beide mannen hadden het plaatje van wat Frank wist compleet gemaakt, plus het besef dat de ontdekking van Frank hun ondergang betekende. Daarop hadden ze gehandeld op een onvoorstelbare manier.

Het was nog steeds een pijnlijke gedachte voor Babette dat ze jarenlang haar leven had gedeeld met een man die in staat bleek te zijn tot het doden van een jonge vrouw en daarna, om zijn eigen hachje te redden, ook nog het proberen te doden van Frank en haarzelf. De rechtszaak tegen Bastiaan, en tegen Jeroen, was nog niet begonnen maar ze rekende erop dat beiden fikse straffen zouden krijgen. Aan de ene kant zou geen straf voor haar gevoel hoog genoeg zijn, aan de andere kant probeerde ze niet de hele tijd op het politieonderzoek en de aanstaande rechtszaken gefixeerd te zijn. Liever richtte ze zich op haar eigen herstel, dat vooral mentaal was. En het herstel van Frank.

Ze keek opzij en ving zijn blik. Hij glimlachte naar haar en ze voelde de zenuwen plaatsmaken voor vlinders. Zoals hij hier naast haar zat, met zijn kaki korte broek, zijn donkerblauwe linnen overhemd waarvan hij de mouwen tot aan zijn ellebogen had opgerold en de pilotenzonnebril in zijn donkere haar, leek hij in niets op de man die nog maar kort geleden aan talloze apparaten in een ziekenhuisbed had gelegen. Babette kon het beeld nog zo terughalen, al deed ze dat niet graag. Wat ze wel graag terughaalde, was de herinnering aan het moment, drie dagen na de gebeurtenissen in het kantoor, waarop de artsen Frank uit zijn coma hadden gehaald. Zijn zus was inmiddels gearriveerd en vanaf het eerste moment had Babette het goed met Imke kunnen vinden. En hoe ze daar samen aan Franks bed hadden gestaan, op zo'n bepalend moment, had hun band een ongebruikelijke maar ook diepe start gegeven.

Babette keek even naar Franks zus, die nu wat achteraf stond en met Gioia in gesprek was. Ze hadden heel wat uren met elkaar in het ziekenhuis doorgebracht in die spannende dagen waarop moest blijken of Frank volledig zou kunnen herstellen of juist ernstige schade aan zijn organen of hersenen had opgelopen. De artsen waren positief gestemd, maar ook voorzichtig in hun voorspellingen. Maar gelukkig was gebleken dat Frank weliswaar een lange weg te gaan had, maar dat hij uiteindelijk niets aan het ongeluk zou overhouden. Behalve geheugenverlies van de laatste uren voor de aanrijding. Hij wist zelf niet meer wat hij had ontdekt over Jeroen en de armband en dat hij naar Mancini wilde gaan. Dat hij zich het ongeluk zelf niet kon herinneren, was misschien maar beter, dacht Babette vaak.

Ze liet haar blik door de tuin dwalen. Her en der stonden mensen, meer dan ze gewend was in de B&B. Het idee was geweest om alle deelnemers aan *Amore, Amore* naar Nederland te halen om daar met alle dates in een studio een reünieaflevering op te nemen, waarin de kijker zou horen hoe het de kandidaten na de opnames was vergaan en wie de liefde van zijn of haar leven had gevonden. Maar de reis naar Nederland en de opnames daar waren nog te zwaar voor Frank. Daarop was besloten de volledige reünieaflevering in de B&B op te nemen. Babette keek langs Jack en zag de andere deelnemers, die ze alleen kende uit de afleveringen die al waren uitgezonden. Naast hen stonden Sam en Harold – die laatste had schoorvoetend toegezegd om te komen en alleen nadat Jack had beloofd dat ze het niet over de brand zouden hebben. 'Het was kinderachtig', had Harold bij hun hereniging tegen Babette gezegd. Aan Frank had hij zijn excuses voor het neerleggen van de aansteker aangeboden, die Frank ruimhartig had geaccepteerd omdat het allemaal zo klein en onbelangrijk was in het licht van wat er later was gebeurd.

Babettes blik dwaalde verder, tot de stem van Jack haar uit haar gedachten haalde. 'Goed', zei hij en hij keek eerst naar zijn crew en daarna naar Babette en Frank. 'Zijn jullie klaar voor de opnames?'

Babette knikte, net als Frank. Mandy ging naast de

camera staan en keek nog even in haar papieren. Daarna wachtte ze op het teken van Thijs voor ze de eerste vraag stelde.

'Frank, kun je vertellen hoe het nu met je gaat?'

'Ja, ik... O.' Frank glimlachte verontschuldigend en verbeterde zichzelf toen door de vraag te herhalen in zijn antwoord. 'Ik kan gelukkig zeggen dat het goed met me gaat. Tijdens de opnames van *Amore, Amore* heb ik een ernstig ongeluk gehad, waarna ik geopereerd ben en een aantal dagen in coma heb gelegen. Dat was heel heftig om mee te maken en ik merk nog altijd de gevolgen ervan, maar volgens de artsen kom ik er weer helemaal bovenop. Het was niet altijd makkelijk, maar waar ik ongelooflijk blij mee ben, is dat ik na het ongeluk heb gemerkt dat er iemand is op wie ik altijd kan rekenen. En dat is de vrouw op wie ik voor het ongeluk al heel erg verliefd begon te worden.' Hij keek naar Babette en glimlachte. Zijn hand legde hij op de hare. 'En gelukkig bleek ze ook verliefd op mij.'

Mandy keek naar Babette. 'Kun jij vertellen hoe jouw gevoel voor Frank zich heeft ontwikkeld?'

'Voordat Frank het ongeluk kreeg, speelden er dingen waardoor mijn aandacht werd afgeleid', zei Babette. 'Ik vond de dates met Frank heel erg leuk, maar ik kwam er niet echt aan toe om te bepalen wat ik voelde. Maar in de weken na het ongeluk, toen de opnames van het programma er al op zaten, hadden we ineens veel tijd om elkaar echt goed te leren kennen. En toen durfde ik ook meer aan mezelf toe te geven dat ik hem heel erg leuk vond. Maar het duurde nog wel een tijdje voor we het ook tegen elkaar zeiden.' Ze grinnikte even. 'Allebei waren we te bang om open en eerlijk te zijn, ook om de ander niet in een ongemakkelijke situatie te brengen omdat Frank nog niet mocht vliegen. Hij kon niet weg, eigenlijk.'

'Wie zette de eerste stap?' vroeg Mandy.

'Frank zette uiteindelijk de eerste stap', antwoordde Babette. 'Op een avond kwam ik thuis en had hij uitgebreid voor mij gekookt. Later hoorde ik dat Gioia hem had geholpen, dat zij ook had gezegd dat het er aan alle kanten vanaf straalde dat wij elkaar wilden, maar dat er nooit iets zou gebeuren omdat we allebei niet durfden.' Ze keek even naar haar medewerkster, die haar woorden niet kon verstaan maar stralend toekeek. 'Frank had de tafel in de tuin mooi gedekt en het eten was heerlijk en we dronken een glas wijn, voor het eerst sinds het ongeluk. En toen zei hij dat hij verliefd op me was.' Een golf van warmte trok door haar heen toen ze weer aan dat moment dacht. 'Nou ja, vanaf dat moment was er geen houden meer aan.'

Het gesprek duurde nog wat langer, maar Babette was er met haar gedachten al niet meer echt bij. Na het afronden van de opnames kwam Jack naar Frank toe om iets te vragen. Zelf liep ze even weg van de drukte, de tuin uit, de avondzon in die zijn lange stralen over het nog altijd braakliggende land uitstrooide. Aan de aarde was allang niets meer te zien van de vreselijke vondst die hier was gedaan, maar toch voelde het voor Babette nog alsof ze hier soms moest zijn. De gemeente was inmiddels akkoord en in het najaar, als al het papierwerk was afgehandeld, zou ze de grond aankopen. Ze zou die omtoveren tot een prachtig verlengstuk van de tuin en op de plek waar Serena's lichaam twee jaar in de grond had gelegen, wilde ze een bougainville planten met kleurige, dieproze bloemen. Daarachter zou het zwembad komen en een verlenging van de witte muur, extra olijfbomen en steeneiken voor de schaduw. En...

Haar mijmering werd onderbroken doordat ze een beweging achter zich voelde. 'Hé', zei Frank, die zijn arm om haar middel liet glijden. 'Wat ben je aan het doen?'

Babette haalde kort haar schouders op en gaf geen antwoord. Ze legde haar hoofd tegen zijn borstkas en warmde zich aan zijn lichaam en de zonnestralen. Geen van beiden zei iets, ze stonden daar maar en keken toe hoe de zon langzaam zakte tot die uiteindelijk achter de horizon verdween.

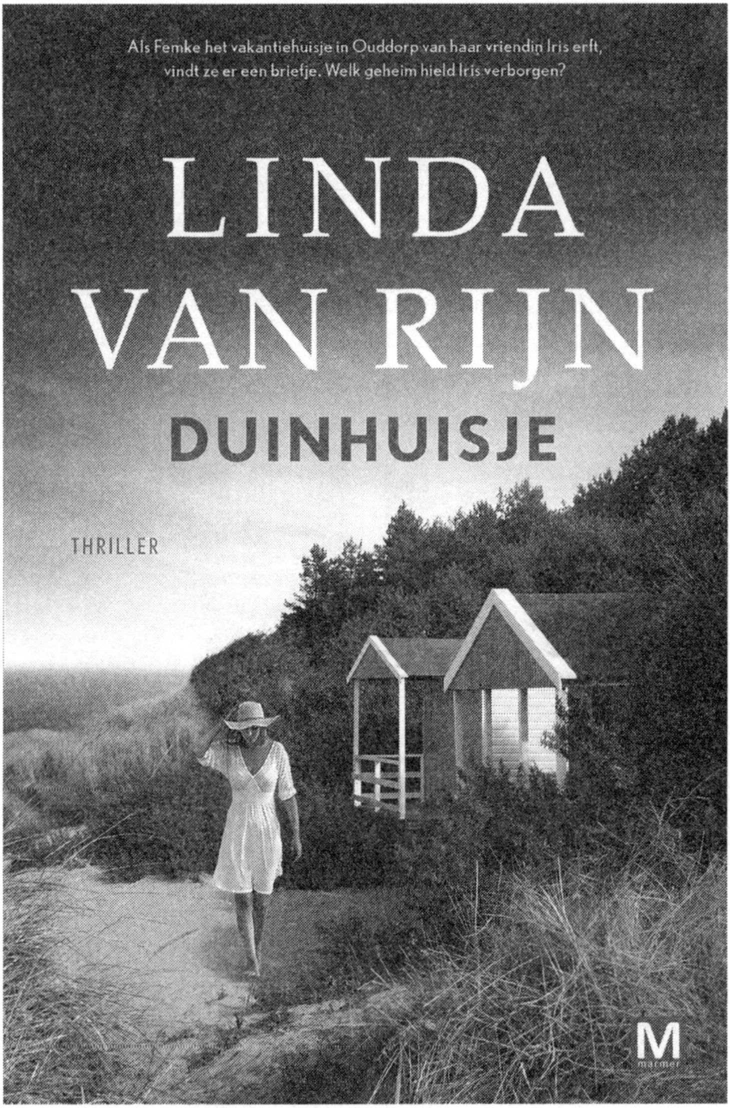

Verschijnt juni 2025

LINDA
VAN RIJN
B&B ITALIA
THRILLER

LINDA
VAN RIJN
MARBELLA
THRILLER

LINDA
VAN RIJN
ARDÈCHE
THRILLER

LINDA
VAN RIJN
TERSCHELLING
THRILLER

LINDA
VAN RIJN
BEACH RESORT
THRILLER

LINDA
VAN RIJN
VILLA ALGARVE
THRILLER

LINDA
VAN RIJN
PLAYA BLANCA
THRILLER

LINDA
VAN RIJN
CIAO BELLA
THRILLER

LINDA
VAN RIJN
SNEEUWBLIND
THRILLER

LINDA
VAN RIJN
PROVENCE
THRILLER

LINDA
VAN RIJN
ZANDVOORT
AAN ZEE
THRILLER

LINDA
VAN RIJN
FAMILIEDINER
LITERAIRE THRILLER

LINDA
VAN RIJN

LINDA
VAN RIJN
STRANDSLAG

LINDA
VAN RIJN
IBIZA CLUB

LINDA
VAN RIJN
ZOUTELANDE

LINDA
VAN RIJN
COSTA BRAVA

LINDA
VAN RIJN
BESTEMMING BONAIRE

LINDA
VAN RIJN
ZOMERNACHT

LINDA
VAN RIJN
CASA IBIZA

LINDA
VAN RIJN
WINTERWERELD

LINDA
VAN RIJN
ZOMERHUIS

LINDA
VAN RIJN
WINTERZON

LINDA
VAN RIJN
ZEEZICHT

LINDA
VAN RIJN
DE JAARCLUB

LINDA
VAN RIJN
VIVE LA FRANCE

LINDA
VAN RIJN
SKI RESORT

LINDA
VAN RIJN
VILLA TOSCANE

LINDA
VAN RIJN
OFF PISTE

LINDA
VAN RIJN
VIVA ESPAÑA

LINDA
VAN RIJN
WINTER CHALET

LINDA
VAN RIJN
BLUE CURAÇAO

LINDA
VAN RIJN
PISTE ALARM

LINDA
VAN RIJN
LAST MINUTE

LINDA
VAN RIJN
VAKANTIEVRIENDEN

LINDA
VAN RIJN
VOETBALVROUWEN

Colofon

Redactie: Karin Dienaar
Omslagontwerp: Riesenkind
Omslagbeeld: iStock/stocknshares
Foto auteur: Hadewych Veys
Zetwerk: Mat-Zet bv, Weesp
Druk: Wilco

Eerste druk april 2025

ISBN 978 94 6068 662 7
E-ISBN 978 94 6309 912 7
NUR 305

Uitgeverij Marmer BV
Noorderstraat 55
3742 BB BAARN
+31 649881429
www.uitgeverijmarmer.nl
info@uitgeverijmarmer.nl

www.lindavanrijn.nl
@lindavanrijnthrillers
@lindavanrijnthrillers